项目资助

山西大学国际关系学院科研项目资助成果

山西大学政治与公共管理学院出版资助

中国与中东欧合作的
发展与机遇

刘华 著

Development and Opportunities of Cooperation between
China and Central and Eastern Europe

中国社会科学出版社

图书在版编目（CIP）数据

中国与中东欧合作的发展与机遇/刘华著.—北京：中国社会科学出版社，2022.12
ISBN 978-7-5227-1037-2

Ⅰ.①中… Ⅱ.①刘… Ⅲ.①国际合作—研究—中国、中欧、东欧 Ⅳ.①D822.351

中国版本图书馆CIP数据核字(2022)第220138号

出 版 人	赵剑英
责任编辑	赵　丽
责任校对	周　昊
责任印制	王　超

出　　版	中国社会科学出版社
社　　址	北京鼓楼西大街甲158号
邮　　编	100720
网　　址	http://www.csspw.cn
发 行 部	010-84083685
门 市 部	010-84029450
经　　销	新华书店及其他书店
印　　刷	北京明恒达印务有限公司
装　　订	廊坊市广阳区广增装订厂
版　　次	2022年12月第1版
印　　次	2022年12月第1次印刷
开　　本	710×1000　1/16
印　　张	15.5
插　　页	2
字　　数	246千字
定　　价	79.00元

凡购买中国社会科学出版社图书，如有质量问题请与本社营销中心联系调换
电话：010-84083683
版权所有　侵权必究

目 录

导 论 …………………………………………………………… (1)

第一章 欧债危机与危机中的欧盟 …………………………… (10)
第一节 欧债危机 ……………………………………………… (10)
第二节 欧债危机中的欧盟 …………………………………… (17)
第三节 中国对欧债危机的态度 ……………………………… (27)

第二章 欧债危机中的中东欧国家 …………………………… (34)
第一节 欧盟东扩与中东欧国家 ……………………………… (34)
第二节 欧债危机对中东欧国家的影响 ……………………… (46)
第三节 中东欧应对欧债危机的努力 ………………………… (61)

第三章 欧债危机背景下中国与欧盟和中东欧的相互认知 …… (75)
第一节 欧盟对中国的认知 …………………………………… (76)
第二节 中东欧国家对中国的认知 …………………………… (86)
第三节 中国对欧盟与中东欧的政策 ………………………… (93)

第四章 欧债危机背景下中国与中东欧的合作 ……………… (105)
第一节 欧债危机背景下中国与中东欧合作的新尝试 ……… (105)
第二节 中国—中东欧合作机制下中国与中东欧的合作状况 …… (110)
第三节 中国—中东欧合作机制下中国与中东欧合作的挑战 …… (116)

第五章 "一带一路"与中国—中东欧合作 ……………………（126）
  第一节 "一带一路"倡议与中东欧国家 ……………………（126）
  第二节 "一带一路"与中国—中东欧合作机制 ……………（131）
  第三节 "一带一路"在中东欧的机遇——以匈塞铁路为例 …（137）
  第四节 "一带一路"在中东欧面临的挑战 …………………（140）
  第五节 应对"一带一路"在中东欧面临的挑战 ……………（148）

第六章 中国—中东欧合作的新增长点——人文交流 ………（155）
  第一节 欧债危机背景下中欧人文交流 ……………………（155）
  第二节 中国与中东欧人文交流现状 ………………………（164）
  第三节 中国与中东欧人文交流的新机遇、
         新挑战和新对策 ………………………………………（170）

第七章 结论：中国—中东欧合作的前景评估 ………………（179）
  第一节 中欧关系的重要组成部分 …………………………（179）
  第二节 多边合作的重要合作伙伴 …………………………（194）
  第三节 "一带一路"倡议的重要实践区域 …………………（197）
  第四节 推动构建中欧命运共同体的实践路径 ……………（205）

参考文献 …………………………………………………………（212）

导　论

20 世纪 80 年代末到 90 年代初东欧剧变和苏联解体之后，中国和中东欧国家之间由以相同的社会制度和价值观念为基础的双边关系转变为不同的社会制度和价值观念的国家间新型双边关系。在"布达佩斯原则"和"布加勒斯特原则"的指导下，中国和中东欧国家间关系发展稳中有升。2004 年以来，共有 13 个中东欧国家成为欧盟成员国，中东欧国家加入欧盟拓展了中国与欧盟的合作领域，同时，中国和中东欧国家间不存在历史遗留问题，也不存在根本利害冲突，双方加强关系的需求增强，中国将对中东欧地区的政策纳入对欧政策整体框架当中，更加积极主动地推动双边关系进一步发展。2009 年年底以来，欧洲主权债务危机（以下简称"欧债危机"）的影响逐步扩散到中东欧地区，成为影响中国与中东欧国家乃至中欧关系的重要因素，另外，危机背景下的合作也成为未来双方发展双边关系新的契机，机遇与挑战并存成为当前及至未来一段时期中国与中东欧国家关系的主要特征。因此，系统而全面地研究欧债危机对中东欧国家的影响及中东欧国家的应对，进而分析欧债危机对中国与中东欧国家之间关系的影响，并在中国—中东欧合作现状研究的基础上提出深化合作机制，促进繁荣共赢的政策建议无论在理论上还是在实践上都具有重要意义。

研究的意义

本书拟从政治、经济、文化、国际关系等多个视角以欧债危机对中东欧国家的影响为切入点研究中国与中东欧国家关系，不仅有助于相关转型研究、国别与次区域研究和比较研究在学术层面的探索，而且对中国与欧盟及中国与中东欧国家关系的政策研究具有一定的借鉴意义。

在学术价值方面：第一，随着部分中东欧国家加入欧盟，传统上属于苏东研究范畴的中东欧研究越来越多地具有了欧洲研究属性。本书把中国与中东欧关系放在中欧关系的整体框架中，在一定程度上摆脱传统苏东研究的束缚，融入欧洲研究理论、视角与路径，使中国与中东欧国家关系研究更具有综合性，更易借鉴国际关系理论与欧洲一体化理论的最新成果。此外，把中国与中东欧国家关系放在中欧关系研究的整体框架中进行研究，有助于突出该领域乃至整个中东欧研究的跨学科性、理论性与系统性。

第二，东欧剧变至今，中东欧国家转型中遇到的难题尚未彻底解决，而入盟后又遭遇了许多新问题，欧债危机更使中东欧面临前所未有的挑战。危机时期，中东欧国家持续转型并将转型作为应对危机的主要途径。中东欧转型是全面转型，不仅包括政治、经济、外交转型，也涉及诸如社会与法治转型等问题，而社会与法制层面的问题也正是此次欧债危机所暴露出来的最深层次的问题。本书在全面研究欧债危机对中东欧国家的影响时，着重考察其对中东欧全面转型尤其是对其社会与法治等方面转型的影响，拓展中东欧转型方面的研究。

第三，随着中国—中东欧合作与"一带一路"倡议的对接，作为"一带一路"沿线重要区域的中东欧具有重要的战略意义。中东欧在应对危机、进一步转型及对华关系方面尽管目标与方向一致，但中东欧国家之间存在很大的异质性，本书在强调把中东欧视为一个整体进行研究的同时，亦注重国别案例研究，从更深层次上把握此种异质性，深化对次区域合作在该地区影响的认识，丰富次区域合作理论，为中国与中东欧关系和中东欧问题研究增加新的研究增长点。

在实践意义方面：第一，中东欧入盟不意味"欧洲化"的结束，也不意味制度变迁的结束，更不意味所有问题都得到了解决，特别是在欧债危机的影响下，欧盟扩大的步伐在克罗地亚入盟后放慢，新成员国在加入欧元区问题上犹豫不决。因此，分析与理解危机对中东欧的影响有助于理解中东欧对欧盟、对继续东扩的态度和新老欧洲的分歧。

第二，中东欧国家的地缘政治和经济地位发生巨大的变化，中国也日益走向世界舞台的中央，为双边关系开辟了新前景。本书在欧债危机的背景下研究中国—中东欧合作关系面临的机遇与挑战，能进一步理解如何将中国与中东欧关系纳入对欧政策整体框架，从宏观上把握增添凝聚关系、促进合作的新因素，进一步认识中东欧在中国外交战略总体布局中所占有的独特地位。

第三，中东欧与中国贸易额虽然有限，但贸易拓展的空间巨大。中东欧地区蕴含巨大商机，劳动力素质高、成本低，投资的软硬环境较为良好，中东欧努力开拓亚洲市场的意愿和力度进一步增加，同中国合作的愿望不断增强。此外，中东欧与西欧市场高度一体化，可成为中国商品和资金进入欧盟的"桥头堡"。本书着力于中国与中东欧经贸关系的研究，这对中国实施"走出去"战略，以及将中东欧视为扩大与欧盟经贸合作的重要阵地具有借鉴意义。

第四，在危机背景下，中欧关系处于"历史转折期"。中东欧入盟后正逐步全面与欧盟接轨，参与欧盟的运作与决策，为中国加强和扩大对外关系搭建了新平台，提供了新渠道。本书将研究如何促进和推动中国—中东欧合作关系的深入发展；如何充分调动中东欧发展对华关系的积极性，促其在欧盟发展对华关系上发挥建设性作用；如何充分运用中东欧在欧盟机构中及其作为欧盟轮值主席国的影响，成为推动中欧关系发展的正能量。

第五，中东欧国家入盟后更加积极、频繁地参与国际事务，增加在大国关系中的回旋余地。中国国力不断增强，国际地位迅速提高，中东欧与中国在重大国际、地区和热点问题上协调立场，战略对话与合作的必要性增强。本书将深入研究中国—中东欧合作机制，为中东欧成为中国在国际事务中的重要伙伴提供政策建议。

研究的现状

在相关学术研究领域，至目前为止，对于欧债危机背景下中国与中东欧国家关系，特别是欧债危机本身对中国—中东欧合作关系的影响以及在此背景下建立的中国与中东欧国家合作机制的研究还没有完全形成体系，更缺乏针对在欧债危机、"一带一路"倡议与中欧关系三重背景下中国与中东欧国家关系发展研究的成果，已有的部分成果为针对一些文件与报道进行的描述性与评论性的文章。但作为本书将依托的几个重要研究领域，即对中东欧国家历史、基本国情、国家形势和社会发展的基础性研究，欧债危机对中东欧国家的影响及其应对，中东欧国家对外政策与中国同中东欧国家关系演变、现状和发展以及中欧关系研究的成果将为本书提供良好的理论与政策研究起点。

在中东欧政治转型研究方面：中东欧转型被视为"第三波"民主化典型，转型十年后，高德平在《东欧国家10年政治体制转轨》中认为，转轨经历了三个阶段。虽然多数东欧国家现行政治体制已正常运作，但要使现行政治体制完全成为西方式的"民主体制"，尚有很长的路要走。项佐涛在《中东欧政治转型的类型、进程和特点》中分析政治转型的类型、过程和特点。高歌在《东欧国家的政治转轨》中从历史因素的作用和经济、国际、民族和宗教等因素与转轨的互动中探讨政治转轨的原因和路径。高歌在另一篇文章《从制度巩固到观念巩固——1989年后中东欧国家政治发展的理论分析》中从制度、观念巩固两个层面观察中东欧1989年后的政治发展，强调西方民主制在制度层面已经巩固，而在观念层面仍需加强。郭洁在《东欧剧变20年：回望与反思》以及《东欧的政治变迁——从剧变到转型》中都对中东欧剧变的产生以及由此产生的一系列国际问题进行思考。孔寒冰的《东欧史》与《东欧政治与外交》是国内学界有关中东欧历史、社会、文化的全方位著作。朱晓中的《2009年：从公开信看"新欧洲"与美国关系的新变化》，高歌的《欧盟东扩与中东欧国家的政治发展》，带动国内对中东欧地区的整体研究趋势，强调中东欧地区在整个世界格局中的重要作用。马细谱与李少捷的《中东欧转轨25年：观察与思考》侧重于从历史层面分析中东欧转型的过程、特点及后果。

在中东欧国家政治转型的国别研究方面，方雷和孙奇的《中东欧国家的政治转轨：以波匈捷为例》以波匈捷为例分析政治转轨，黄晨和王鸿鸣的《政治转型中的精英主义与民粹主义：以匈牙利和波兰为例》，认为转型从内部看是在经历了改革失败和政权更迭后展开的，从外部看是随回归欧洲、欧盟东扩和一体化的历史进程向前推进的。

在中东欧经济转型研究方面，王义祥的《中东欧经济转轨》、孔田平的《中东欧经济转型的成就与挑战》和《东欧经济改革之路——经济转轨与制度变迁》、程伟的《中东欧独联体国家转型比较研究》等著作及相关论文涉及经济转轨的各领域，包括战略选择、宏观经济稳定、经济自由化、国企私有化、金融改革、社保制度重建等。孔田平的《国际金融危机背景下对中东欧经济转轨问题的再思考》在转轨20年后对经济转轨进行再思考，涉及转轨是否结束，转轨战略争论的意义，转轨后的实绩，全球化、欧洲化与中东欧经济及其增长模式以及后危机时代改革等。此外，中国学者还持续关注中东欧作为转型和新兴市场经济国家的发展，涉及金融业的稳健发展与吸引外资、竞争政策、加入WTO的影响等。在中东欧国家加入欧元区方面，周茂荣和周念利的《论欧盟新成员加入欧元区进程：政策挑战与前景展望》对欧元区东扩问题给予关注。关雪凌和王晓静的《斯洛文尼亚率先加入欧元区的进程、原因和影响》就斯洛文尼亚加入欧元区的进程及其影响进行分析。刘兴华的《欧元区东扩：基于中东欧国家视角的解析》认为，中东欧国家因经济规模、发展速度及医疗、养老保险制度等方面差异，在加入欧元区的进程中将分化出目标明确、层次鲜明的三级梯队。刘军梅的《中东欧国家入围EA：过程与困境》认为，由于中东欧国家的政治经济问题，中东欧国家加入欧元区的道路不会一帆风顺。

在欧债危机对中东欧国家的影响及其应对的研究方面：庄起善和吴伟丽在《为什么中东欧国家是全球金融危机的重灾区？》中分析中东欧为何成为危机的重灾区。孔田平在《试论国际金融危机对中东欧国家的影响》中探讨危机对中东欧国家影响的路径。刘军梅、张衡在《世界经济全球化与一体化视角下的中东欧银行业危机》中从经济全球化和一体化视角分析中东欧银行危机，认为其根源在于一体化进程中形成的中东欧国家对外资、外债和外贸的过度依赖。周念利在《金融危机视角下欧元区东扩困境及应对思路》中对欧元区东扩的困境进行分析。在欧债危机对中国—中东欧合作关系的影响方面，于洪君的《携手共进，推动中国与波兰和中东欧国家关系新发展》，中国社会科学院欧洲研究所"中欧关系"重点学科课题组的《2011年中欧关系的回顾与展望》，崔洪建的《中国与中东欧之间的"重新发现"》，刘作奎的《新形势下中国对中东欧国家投资问题分析》等，从经贸、政治等视角切入，对由危机所导致的对中国—中东欧合作关系的影响作出分析。姜琍在《欧元区债务危机对中欧维谢格拉德集团四国的影响》中详细论述欧债危机对维谢格拉德集团四国政治、经济等多方面的影响，以及维谢格拉德集团四国经济的脆弱性与外部影响之间的相互关系。

在中东欧国家对外政策及其与中国关系的研究方面：中东欧外交政策研究的关注点多分散在双边或多边领域。朱晓中在《十年巨变，中东欧卷》中指出，随着中东欧地缘政治变化，其对外关系的性质、内容和重点也相应发生重大变化。孙晓青等的《中东欧国家的外交政策：定位、取向及影响》认为，中东欧国家加入欧盟、北约是其外交的首要目标，"亲美不脱欧"，重视和改善与俄罗斯的关系将是其外交选择。在中国—中东欧合作关系研究方面，中国现代国际关系研究所中东欧课题组《中国对中东欧国家政策研究报告》认为，国家安全利益和经济利益是中东欧对外政策的基本出发点，随着东扩的实现，中国对中东欧的政策将纳入对欧政策的整体框架。朱晓中的《冷战后中国与中东欧国家关系》分四个阶段详细介绍冷战后中国与中东欧关系。赵洁、房乐宪的《欧盟东扩的内外影响及其对中欧关系的意义》从中东欧国家加入欧盟的角度阐释其对中欧双边关系的影响。李纬的《中国与波兰、捷克、匈牙利近二十年经贸合作发展述评》从国别角度对中国与部分中东欧国家经贸关系作出论述。高潮的《"一带一路"建设中匈牙利的投资机遇》、齐丽的《匈牙利："向东方开放"与"一带一路"》，从匈牙利视角看"一带一路"倡议在中东欧地区推进的进程和出现的问题。布拉尼斯拉夫·乔尔杰维奇与严嘉琦的《中国和欧盟在"一带一路"战略框架下的政策协调：现状及前景——塞尔维亚的视角》，塔德乌什·霍米茨基的《波兰："一带一路"重要参与者》，是以在"一带一路"倡议中比较活跃的国家为着眼点，探讨"一带一路"倡议在中东欧地区引起的反响。冯敏、宋彩萍的《运用"一带一路"发展中国与中东欧关系对策》，于军的《中国—中东欧国家合作机制现状与完善路径》，罗琼和臧学英的《"一带一路"背景下中国与中东欧国家多元合作问题》，刘作奎的《"一带一路"倡议背景下的"16+1合作"》，扈大威的《中国整体合作外交评析——兼谈中国—中东欧国家合作》，龙静的《"一带一路"倡议在中东欧地区的机遇和挑战》，塔马斯·马都亚的《"一带一路"背景下中国与中东欧合作的各方机遇》，在"一带一路"倡议的大背景下，从整体合作层面论述中国—中东欧合作关系发展的宏观意义。姚玲的《"一带一路"战略下的中国与中东欧经贸合作》，郑东超的《中东欧智库的"一带一路"观》，理查德·图尔克萨尼与邴雪的《"16+1合作"平台下的中国和中东欧国家合作及其在"一带一路"倡议中的作用》，王明国的《中国对中东欧国家人文外交：发展、挑战与对策》，是从经济、政治、人文的不同层面探讨"一带一路"背景下中国—中东欧合作关系发展的机遇与挑战。

与本书研究相关的国外研究成果在中东欧对华政策研究方面，重点主要集中于对俄关系、与美国及北约关系、与欧盟国家关系，对华关系并不是其重点，因而相关重量级成果较少，多停留于描述或评论。

研究的内容、路径和有益探索

本书由三大部分、共七个章节组成：第一部分是背景研究（第一章），首先对国际金融危机和欧债危机作出框架性阐释，然后着重从理论与实践两个方面考察危机对中东欧的影响，包括欧债危机对中东欧国家政治经济转型的影响，对中东欧国家与欧盟关系的影响，对次区域合作的影响，以及对中国与中东欧国家关系的影响。

第二部分是主体部分（第二章至第六章），从政治、经济等领域切入全面分析中国与中东欧国家关系的现状，分析中国与中东欧有关国家和次区域集团的双边关系，进而在此基础上分析当前及未来一段时期中国与中东欧国家关系发展面临的挑战与机遇。

第三部分是结论部分（第七章），主要涉及中国与中东欧国家关系在中欧关系总体框架内如何定位、如何发展、如何促进中欧关系，侧重分析中国—中东欧合作机制在未来应采取的措施，提出中国发展同中东欧国家关系的政策建议。

通过上述三个部分的研究，本书重点突出以下四个基本观点：第一，通过考察危机对中东欧的影响，深入思考危机如何影响中国—中东欧合作关系；第二，通过全面梳理中国—中东欧合作关系发展演变的脉络与现状，更加深刻地理解将中国—中东欧合作关系纳入中欧关系整体框架的重要意义及中东欧在中国总体外交中的地位；第三，通过典型个案研究，深化对中国—中东欧合作关系中相互依存性和复杂性同步上升的认识及其应对思路；第四，通过分析中国—中东欧合作关系面临的机遇与挑战，提出针对性的拓展合作的政策建议，如何更好地运用中国—中东欧合作机制。

结合本书的主要内容和具体章节，本书在整体思路与框架设计上的理论思路为：中国的对外行为离不开外部环境并且要表现于外部环境之中，而外部环境也对中国产生互动作用，中国在与外部环境的互动中形成对他者和环境的认知，即行为体的属性、利益与行为是在与其他行为体或其他相互关系中建构而成的，并会因这种相互关系的变化而有所变化，行为体的身份和利益是互动的内生动因。具体分析框架采用如下分析路径：危机背景下的欧盟与中东欧国家—欧盟、中东欧与中国的认知与互动选择—中国—中东欧合作双方利益与行为界定—中国—中东欧合作双方回应及对外行为选择。

由于欧盟是一个特殊的国际行为体，而中东欧国家中的大部分又是欧盟成员国，因而不能对既有的国际政治分析层次生搬硬套。一般认为，欧盟对外政策与对外行为分析的层次包括：决策者个人、决策者角色、成员国政府结构、欧盟制度结构、欧盟内的社会因素等。依据本书涉及的基本情况，选取欧盟和中东欧成员国的制度结构（主要机构）、政府结构、决策者角色以及欧盟和中东欧成员国的社会因素作为整个研究的分析层次。

综上，本书将在坚持习近平新时代中国特色社会主义理论为指导原则的基础上，力求理论与实践结合，历史与现实结合，微观与宏观结合，政治与经济结合。

理论与实践相结合意味着，本书一方面要对欧债危机以及欧债危机中的欧盟和中东欧国家进行阐述，另一方面要对中国对于欧债危机的态度及举措进行考察，并将二者有机地结合起来。再者，欧盟和中东欧国家对于中国的认知是在互动中建构起来的，对其进行研究，必然要重视欧盟和中东欧国家对于中国的发展战略和对欧盟和中东欧政策的实际反应。

历史与现实相结合决定了本书研究既关注现实也关注历史。中国与欧盟及中东欧国家的互动交流是基于中国历史与现实国情的必然选择，也是基于当今世界发展潮流的必然选择；而现实的欧盟也是从历史中发展而来的，欧盟整合的成功经验是从一体化的历史实践中取得的，因此，在危机背景下，欧盟和中东欧国家与中国的互动也不可能脱离历史与现实的双重环境，同时这种互动也是一个不断发展变化的过程。

微观与宏观相结合意味着，本书着重于对欧债危机背景下中国与中东欧国家互动的解读与评价，关注欧盟作为一个整体在欧债危机背景下与中国的互动；同时，把中国与中东欧国家之间的互动作为个案进行阐释。将中东欧国家的个案放在欧盟整体视野下进行分析，以求较为客观、准确地考察欧债危机中的中东欧。

　　政治与经济相结合意味着，在欧债危机背景下，中国与欧盟和中东欧国家的互动是一项综合研究，是对中国与欧盟和中东欧国家在"高政治"领域和"低政治"领域全面互动的国际政治经济学研究。

　　本书的研究内容和研究方法决定了本书在一定程度上推动了相关研究的进展：一是对欧债危机之于中东欧国家在各个方面的综合影响进行专项研究，有别于目前更多关注中东欧国家经济领域受到欧债危机影响的研究模式；二是将中东欧国家分类进行案例研究，目前部分中东欧国家加入欧盟，部分中东欧国家尚未加入欧盟，因此，针对中东欧国家的不同情况进行分类研究可完善中东欧国别研究；三是对中东欧内部的次区域合作，如维谢格拉德集团进行研究，为欧洲一体化次区域合作的理论与实践研究提供新资料；四是将中国与中东欧国家关系纳入中欧关系整体框架进行研究，为更好地融合苏东研究范畴内的中东欧研究和欧洲研究范畴内的中东欧研究进行有益的探索；五是对中国—中东欧合作机制进行研究并提出政策建议，为今后更好地发挥这一机制作用提供部分借鉴。

第一章

欧债危机与危机中的欧盟

2008年8月，美国两大房贷巨头——房利美和房地美的股价纷纷暴跌，直接导致美国抵押贷款次级市场的彻底崩溃。美国次贷危机不单侵扰美国的金融系统和银行系统，而且传播范围遍及全球。不仅给世界经济带来沉重的负面影响，而且使欧洲诸多国家深陷主权债务危机的泥潭之中。在希腊时任总理乔治·帕潘德里欧执政仅半个月后的2009年10月，希腊新政府突然间开始修改政府财政赤字和公共债务，此后不到两个月，标普、惠誉和穆迪这三家当今世界最主要的信用评级机构先后下调希腊国家主权的信用评级，揭开一场从希腊开始，蔓延并迅速影响欧洲域内的诸多国家（欧元区国家为主）的欧洲国家主权债务危机的大幕。2010年欧债危机已蔓延到欧盟的全部成员国，不断恶化的欧债危机必将深刻影响欧洲一体化在21世纪的发展进程，也将对世界经济金融格局的未来发展带来深刻的影响。因此，研判欧债危机之于欧盟及中东欧的影响对于中国对欧盟政策及中国—中东欧合作的决策将起到重要作用，也对中欧关系及中国—中东欧合作关系的未来发展具有重要意义。

第一节 欧债危机

一 欧债危机的发展

由美国次贷危机引发的发生在欧洲诸多国家的主权债务危机，即欧洲主权债务危机，简称欧债危机。美国2008年的次贷危机是欧债危机最主要的导火索。美国是欧洲最为重要的贸易对象和投资国之一，美国爆发危机，必然会导致欧洲国家的出口锐减、外汇收入降低，经济增长步伐放缓。此外，欧洲高福利国家的民生政策也导致各自国家财政负担不断增加。危机则导致政府的税收收入大幅减少，政府财政赤字因而大幅增加。政府债务的迅速扩大引发世界投资者的担忧，冰岛的三家大型银行在美国次贷危机的冲击下宣布无力开展业务，并由政府开始接管。冰岛这三大银行的外债竟高达近1400亿美元，冰岛政府债务也上升到占冰岛国内生产总值（GDP）的82.91%。在这种严峻形势下，冰岛在2010年3月7日举行全民公投，决定宣布冰岛国家信用破产——冰岛成为第一个彻底爆发危机的欧洲国家。在此之后，欧债危机持续恶化，开始蔓延到葡萄牙、西班牙、希腊、意大利和爱尔兰等国。

1997年，欧盟阿姆斯特丹首脑会议上通过的《稳定与增长公约》要求欧元区国家政府赤字不可以超过本国本年度GDP的3%，公共预算赤字导致的外债率不可以高于GDP的60%，危机爆发后除去西班牙之外，葡萄牙、希腊、意大利和爱尔兰等欧元区国家的公共预算赤字导致的外债率都达到了《稳定与增长公约》中的上限，其中希腊的公共债务最高：其公共债务占2010年希腊本年度GDP的比重竟高达到134.54%，高出《稳定与增长公约》中要求的两倍有余。欧盟27国公共预算赤字率在2008年是2.4%，2009年和2010年分别为6.8%和6.4%，公共预算赤字导致的外债率在2008年是62.3%，2009年和2010年分别为74.4%和80%。欧洲五个债务危机最严重的国家，即"欧猪五国"（PIGs），自金融危机爆发以后，公共预算赤字导致的外债率和赤字率都无可避免地提高，国家财政的抗风险能力也变得越来越弱。爆发债务危机的国家迅速被拉高的赤字率和外债率更是对世界三大投资评级机构对于这些国家的信用评级产生了严重影响。惠誉在2009年12月将希腊主权信用评级从A-调低至BBB+；2010年5月底将西班牙主权信用评级的AAA调低至AA+；2011年1月将希腊主权信贷评级从BBB-级调低至BB+；2011年3月将葡萄牙主权信用评级的A+调低至A-；2011年10月将意大利长期主权信用评级从AA-调低至A+，并将西班牙长期主权信用评级从AA+调低至AA-；2011年11月将葡萄牙主权信用评级从BBB-调低至BB+；2011年11月将匈牙利本外币债券评级调低至垃圾级Ba1级；2011年1月将匈牙利主权信用评级从BBB-调低至BB+。此后，三大国际评级机构都将匈牙利主权信用评级调低至垃圾级。标普在2009年12月将希腊长期主权信用评级从 A - 调低至 BBB + ；2010 年 4 月将葡萄牙长期主权信用评级的 A + 调低至 A - ；2011 年 3 月将希腊主权信用评级从 BB + 调低至 BB - ；2011 年 7 月将希腊的长期评级调低至 CCC 级；2011 年 7 月将希腊主权评级调低至 CC 级；2011 年 4 月将爱尔兰主权信用评级从 BBB + 调低至 BBB - ；2012 年 2 月将 9 个欧元区国家长期信用评级进行调低，法国和奥地利的 3A 主权信用评级调低了一个级别到 AA + ，葡萄牙、意大利和西班牙的评级分别被调低了两个级别。穆迪在 2009 年 12 月将希腊主权信用评级从 A1 调低至 A2；2010 年 4 月将希腊主权债务评级从 A2 调低至 A3；2010 年 6 月将希腊主权信用评级从 A3 调低至 A4 级；2010 年 7 月将葡萄牙信用评级从 AA2 调低至 A1；欧债危机在欧洲大陆持续发酵和恶化。随着欧盟对危机发生国短期援助计划的实施以及欧洲稳定机制的成立，2012 年后，欧债危机得到缓解，至 2013 年、2014 年，危机似乎已得到有效控制。但 2015 年 7 月希腊债务危机的再次爆发又加剧了人们对欧债危机的关注和担忧。

二　欧债危机爆发的原因

美国金融危机影响，加之三大国际信用评级机构的"火上浇油"，使欧元区国家在经济持续恶化的重压下，到处大额度举债，一旦政府财政无力偿还债务，债务危机爆发在所难免。在导致危机爆发的众多原因中，哪些是根源性因素，目前这些因素消解了吗？

第一，欧盟政治和经济的一体化的不同步，财政政策和货币政策的分隔，是欧元区欧元机制运行的最主要的矛盾。欧债危机的爆发是欧元区自身固有的矛盾因素导致的，也深刻反映出欧元区内部的本质问题：欧元区内部的财政政策和货币政策相互分隔，财政政策过紧而货币政策又不够宽松，这样的内部结构性问题在美国金融危机的诱导下一触即发。因此，美国次贷危机仅是导火索，即便没有美国次贷危机，欧债危机也迟早会被其他经济金融危机所诱发。所以，欧债危机的爆发并不是偶然，而是必然。

第二，欧元区内部一直存在着"北强南弱"的深层次问题。从文化层面来看，北欧信奉新教，南欧信仰天主教，而新教更为崇尚简朴、严谨和有序的生活，欧洲"北南文化"差异较大。从经济层面来看，欧元区建立以来，欧元区内部的贸易往来得到极大便利，但是，在北欧与南欧之间，北欧常处于贸易顺差的境况，南欧诸国开始沦为消费市场。从经济结构层面来看，北欧国家重点发展的是技术密集型产业，南欧国家的经济能力和科技创新能力相对都比较薄弱。北欧和南欧的经济结构不同，但南欧在发展成为福利国家的进程中并未落后于北欧国家，导致南欧国家的财政赤字不断加剧。

第三，在欧元区国家中，尤其是欧债危机中的"欧猪五国"，与其相对完善的社会福利政策相对应的是较低的经济增长率。"欧猪五国"的经济竞争力在欧元区内部较弱，其国家内部的高福利政策发展步履艰难，但是，政府为了获得选民手中的选票，坚持国内的高福利政策，这导致政府财政赤字加剧扩大，公共债务不断增加，国家财政持续入不敷出，只能够依靠大幅借债方能度日。当遇到美国次贷危机这一"压死骆驼的最后一根稻草"之后，发生债务危机不可避免。此外，欧洲老龄化和低出生率一时间难以逆转，使欧洲人力成本持续增加，导致政府收入难以呈现可持续性增加，加剧欧债危机的恶化。

综上所述，欧债危机的根源性因素，一方面是源于国际资本市场的恐慌和借机做空欧元。欧元区整体的公共财政状况好于英美等国家，但是，国际资本市场对于欧债危机的反应过于激烈，这种非理性的激烈反应导致欧债危机加速恶化，市场信心的丧失和过度恐慌的蔓延导致欧债危机难以在短时间内得到缓解。另一方面是源于欧元区内部财政政策和货币政策的不一致。在欧元区的成员国之中，北欧国家和南欧国家的经济状况差异较大，南欧国家的财政状况相对来说更为糟糕。南欧国家搭乘欧元这一顺风车，将国内高福利政策所带来的经济社会压力转移给了欧元区的其他成员国，而本质问题在于欧元区内部的财政政策和货币政策的不一致，因此，只有在欧元区各国的共同努力下，协调欧元区成员国利益，破除欧元区内的政治阻力，推动欧元区内部的财政政策和货币政策的一体化进程，才能够从根本上解决欧债危机，进而提升欧元区的整体国际竞争力。

三 欧债危机的解决方案

理论上，欧债危机的解决方案有三种：第一种是取消欧元，欧元区解体，欧元区成员国恢复本国原有货币；第二种是强国版欧元区，淘汰欧元区的弱国，欧元区的强国继续发行欧元；第三种是改革版欧元区，在欧元区推进成员国的财政政策和货币政策的一体化，深化欧洲一体化的整体进程。

第一种方案是取消欧元，欧元区解体，欧元区成员国恢复本国原有货币。在欧债危机爆发的初期，即有人提出了取消欧元，欧元区解体，欧元区成员国恢复本国原有货币的建议。该建议强调，欧元区各成员国退出欧元区以后，可以借助重新发行本国货币而使本国货币贬值，进而刺激外部世界的进口，恢复本国优势产业的优先发展。同时，重新发行本国货币也使欧元区成员国恢复通过本国决策的货币政策和财政政策来灵活应对本国经济增长乏力的困局。但是，这一方案的可能性微乎其微。欧元区成员国，无论是债务国，还是债权国，都已经认识到欧元区解体的成本将是无法估量的，是欧元区各国无法承受的。虽然，取消欧元转而发行本国货币可以通过货币贬值来增强本国产品的国际竞争力，从而刺激经济复苏，但成员国本国货币的贬值将破坏现有国际贸易秩序，将会引起全球贸易的失衡。与此同时，成员国本国货币的贬值必然会带来国内市场的通货膨胀，政府超发货币，将引发恶性通货膨胀，带来又一轮更为严重的危机。

第二种方案是强国版欧元区，淘汰欧元区的弱国，欧元区的强国继续发行欧元。这一解决方案将为欧元区成员国的加入和退出提供一种动态的平衡机制。对于强国而言，它们获得了提升欧元在国际储备货币市场中地位和推进欧元区的财政政策和货币政策一体化的机会，从而得以有机会建立健全欧元区的体制机制，促使欧元区焕发新的活力。对于弱国而言，退出欧元区转而恢复本国货币将使弱国重新掌握独立自主制定本国财政政策和货币政策的权力，弱国可以通过灵活调整财政政策和货币政策来刺激本国对外贸易、增加外汇储备、平衡国际收支、偿还政府债务，进行产业升级，提升经济竞争力。但是，弱国也很有可能进入第一种方案的窘况。作为同一区域的国家，弱国一旦再次深陷危机，强国势必无法独善其身。在全球化的催化下，潜在的区域性乃至全球性的链式反应不容小觑。因此，这种维护欧元区短期利益而损害欧元区长期利益以缓解危机压力的方案是不足为取的。

第三种方案是改革版欧元区，在欧元区推进成员国的财政政策和货币政策的一体化，深化欧洲一体化的整体进程。在不强迫欧元区成员国退出欧元区的情况下保留欧元，将会在最小的程度上提升欧盟区域内的国际经济与贸易的交易成本，降低因欧元区解体而产生的一系列负面影响。因此，推进欧元区成员国的财政政策和货币政策的一体化是改革版欧元区的关键。欧元区成员国具有相同的政治经济制度和文化传统，短期内可以实现成员国彼此差异的减小，并通过救助工具平衡成员国财务状况，因此，在经济上让渡一定的国家主权减弱了成员国对于本国经济的控制力，并会引发较大的政治阻力，但最终将换来一个稳健发展的欧元区。

四　欧债危机与世界经济金融格局的未来变化

欧债危机的爆发和不断发展变化的情况，毫无疑问给世界经济金融格局带来了巨大的影响。因此，我们需要充分理解和认识欧债危机，研判欧债危机对中国及中国对外政策的影响将具有重要意义，也将对中欧关系及中国—中东欧合作关系的发展产生巨大影响。基于对欧债危机的研判，欧债危机将会通过财政政策和货币政策的一体化来得到根本的解决，欧元区国家将会团结起来实施必要的货币和财政改革，提升欧元区的经济免疫力，增加欧元区的经济活力，形成一个更加可持续的和稳定的经济增长之路。

其一，欧债危机的发展及其走向将对现存国际货币体系提出挑战。第二次世界大战之后形成的国际货币体系，一直以美元作为主导货币。日本经济崛起和欧元区成立以来，日元和欧元等逐渐占据了世界货币体系的另一半空间。一方面，美国次贷危机和欧债危机的爆发并没有改变世界货币向多极化发展的趋势，另一方面，资本市场的长期发展趋势必将是长期的理性行为，而不是当前欧债危机下的这种短暂的非理性行为。国际投资者因受到政府债务率、财政赤字率不断上升和货币持续贬值的威胁，对美元世界储备货币的作用产生了极大的质疑。美国次贷危机和欧债危机的爆发更让国际投资者深刻感受到以美元为世界主要储备货币的金融体系存在着严重的道德风险矛盾，因此，国际货币体系的长远发展必须要朝着更为多元化的方向发展，国际社会需要更为稳定、健康的国际货币体系。假使通过财政政策和货币政策的一体化解决了欧债危机产生的诸多问题，那么，欧盟成员国之间的国际贸易和国际资本的流动效率必然会随着欧洲财政政策和货币政策一体化的不断深化而提升，而欧元在国际货币体系之中的重要地位也将不断得到提升并平稳增强。与此同时，美国政府的公共财政情况进一步恶化，而其又缺少坚持稳步推进诸项改革的政治决心与行动意愿，进而导致国际投资者对美国国家货币的可持续性和信用的极大担心，全球大宗流动资本将可能从美国资本市场转移，从而导致国际货币体系的动荡。

其二，欧元区的货币政策和财政政策一体化将为世界金融市场的发展、世界资本的流动以及世界金融监管提供实际经验和最佳案例，也将有助于实现世界金融监管体系和世界金融监管的稳步发展。欧元区的建立及其发展表明，货币的统一有助于提高同一区域内的贸易成交量、提升对外经贸合作竞争力，以及世界资本的加速流动，进而促使货币统一区的经济可持续增长和金融稳健发展。另外，欧债危机也进一步说明了实施统一的财政政策和统一的货币政策的必要性。货币统一和世界资本自由流动也需要建立在完善的金融财政防火墙、严格的跨境金融货币监管之上。同时，欧元区内部诸多成员国之间协调解决危机的经验也说明，金融财政的一体化和金融货币的合作监管将会遭遇政治阻力，迫切需要国家间的交流沟通和区域内主导国家的全力以赴。危机中既有"危"，也有"机"。"危"的紧迫感常常是"机"的动力，欧元区在货币政策和财政政策一体化方面的努力不仅将深化欧洲一体化，而且也将为世界金融的稳定和世界金融体系的改革与合作提供有益的借鉴。

其三，欧债危机也将严重影响欧洲乃至世界贸易格局的发展变化。欧元区金融改革和财政改革将依靠欧元区成员国之间的协调努力，降低政府支出，削减财政赤字，增强其减缓债务的能力，降低国债的长期收益率。在财政改革方面，削减的福利支出即降低的工资成本，这将有助于恢复就业和提高劳动的生产率，也将降低出口产品的相对价格，有助于国际贸易竞争力的提升，从而降低经常账户的逆差，甚至产生贸易顺差。深化欧洲一体化也将有助于欧盟成员国经常账户逆差的改善和国际贸易竞争力的提升，提升欧洲在国际贸易中所占的比例。

第二节 欧债危机中的欧盟

一 欧债危机对于欧盟的影响

自2009年年底爆发以来,从希腊主权债务危机开始、最终波及整个欧元区甚至欧盟的债务危机在2013年以后形势趋于稳定。但应当认识到,此次危机持续时间长、波及面广,势必对欧盟和欧洲一体化的长期发展产生深远影响。

一是欧洲区域内和域外投资者对欧洲市场的稳定产生不信任的危机。欧债危机爆发之后,欧盟的北欧成员国和作为欧盟"发动机"的德国和法国陆续制定和实施非常保守的财政政策和货币政策,而这种财政紧缩性政策,更使各自的银行束手束脚,难以发挥金融效用,导致危机不断恶化,欧洲广大民众和欧洲域外的世界也开始质疑欧洲一体化的政策制定者们是否真的有能力缓解乃至解决欧债危机。同时,这种质疑加剧了欧洲民众担心自身失业和福利待遇的大幅削减,从而使其降低了消费欲望和消费能力,导致欧洲消费市场萎缩,从而进一步减少了欧洲内部诸多生产部门和域外投资者的投资,并导致欧债危机更加难以在短时间内得到缓解。欧洲区域内和域外投资者对欧洲市场信心的大幅降低将进一步导致对于欧洲一体化深化的质疑,而欧洲市场发展一旦进入恶性循环,欧盟成员国的各国民众对于欧盟的负面情绪将不断提升,将很容易引起欧盟内的"去一体化"浪潮。因此,那些原本想加入欧元区的国家将会继续保持观望态度,而对于想脱欧的英国等欧盟成员国而言,将会对欧盟产生更强烈的质疑乃至反对,加速脱欧进程。更为严重的是,在欧债危机的影响下,欧盟内部很有可能形成一个"多速"欧洲:首先,非欧元区的欧盟成员国,如英国、瑞典和丹麦等在欧债危机的影响下,已基本改变了过去"暂时不加入欧元区"的政策,而是非常明确地表示不会考虑加入欧元区。时任英国首相卡梅伦在谈到欧债危机时如是说:"我希望他们(欧元区国家)能解决他们的问题,我们希望我们继续在单一的市场之中,我们希望欧洲国家之间相互合作,但是我们不希望加入欧元区。"① 这也就意味着欧债危机实际上已导致欧盟内部出现实实在在的两种速度的欧洲一体化，即走货币联盟道路的欧洲一体化和不走货币联盟道路的欧洲一体化。其次，"财政契约"的签订和批准过程在法理层面显示出欧洲一体化的两种速度已成定局。从"财政契约"的缔约国组成和生效程序来看，该条约不是对欧盟两部基础条约——《欧洲联盟条约》（《马斯特里赫特条约》）和《欧洲联盟运行条约》（《罗马条约》）的修订，不属于欧盟立法。准确地说，"财政契约"是一部由部分欧盟成员国参与的政府间条约，它与"申根协定"在性质上很相似，只是加入"申根协定"的国家不限于欧盟成员国，而加入"财政契约"的国家仅限于欧盟成员国。"财政契约"具有一般国际条约的特征，在很大程度上对现有的经济与货币联盟架构具有强化作用，但远非建立真正的财政联盟。不仅如此，该条约的非欧盟立法属性使欧洲一体化的"双速"性得以合法化，在欧盟内部形成了欧洲联盟条约体系与欧盟成员国之间的政府间条约体系。最后，为解决欧债危机，欧盟内部已形成了两种相互交错的机制安排，即欧盟层面与欧元区层面，一方面，业已存在的欧盟机制中形成了新"欧元集团"协调机制。例如，在部长级欧盟经济财政理事会中，欧元区成员国的财政部部长在处理欧元危机过程中逐渐建立起涉及银行监管、监督、公共债务管理等问题的"欧元集团"协调机制。另一方面，随着欧债危机的发展，欧盟内部还形成了一些专门属于欧元区的新机制。例如，目前已产生由欧元区19国首脑参与的每年举行一次的欧元区峰会，并且还选出了峰会主席。此外，欧洲银行管理局等新机构表面上对所有欧盟成员国开放，但主要是管理欧元区19国的银行。

二是欧洲社会持续升级的不稳定性，降低了欧盟的国际地位，减少了其对域外的吸引力。欧洲债务国深陷危机不能自拔，面对超高的国家财政赤字则不得不推行货币紧缩政策，但是，欧洲债务国身为高福利国家，一旦降低社会福利必将引起国民的不满，引发一系列反政府的游行示威和罢工罢学罢市，进而导致社会不稳定的出现。同时，失去国民信

---

① Cameron Says Euro Needs Single Government, Global Times, May 10, 2012, http://www.globaltimes.cn/NEWS/tabid/99/ID/708718/C ameron-says-euro-needs-single-government.aspx.

任和支持的刚刚上台的政治家又不得不迅速下台，而后继者为了稳定自身地位和政党利益，不得不恢复讨好国民的政策路线，但这不仅无助于应对危机中的经济形势，反而进一步引发国民对政府的反感甚至反对。此外，2016年的欧洲难民问题也成为增加欧洲社会不稳定的因素。上述动因不同程度地导致了欧洲社会更大的政治和经济压力。2009年下半年以来，欧洲社会不稳定问题不仅没有得到进一步的解决，欧盟超国家机构的合法性、有效性遇到了质疑甚至否定，欧债危机爆发后的欧盟委员会和欧洲议会统统被"束之高阁"，而欧元区内的国家间合作却出现了常态化。与欧盟超国家机构地位作用同时下降的还有欧元的价值和信用。欧债危机爆发以来，欧元不断进行贬值，这主要是由两个原因导致的：欧元在设计上存在内在缺陷，降低了欧元作为世界储备货币的作用和国际地位，国际资本市场对于欧元的需求持续减少，导致国际投资者不再像从前一样信任欧元，欧元区的经济因欧元失信而发展放缓，世界各地流向欧洲的投资减少，因此，国际市场对于欧元资产的需求量也不断降低。在上述两个原因的共同作用下，日元、人民币等国际主要货币对欧元出现了升值。事实上，从欧元诞生之日起，就有人对欧洲货币一体化的合理性和可行性持反对和质疑态度，并将欧债危机爆发的根源归结于欧洲货币一体化政策。此外，欧元的汇率贬值，欧洲的进口需求下降，进而影响与其他国家的贸易往来，从而导致全球经济增长率的降低。欧债危机也加速了欧盟外交政策采取保守主义和欧盟贸易保护主义倾向的抬头，大范围增加与其他国家的贸易争端，欧元区对于国际社会的影响力和吸引力不断降低。与此同时，欧债危机在欧洲大陆不断蔓延，欧洲债务国银行的不良贷款率持续上升，在"欧猪五国"之中，政府因无力偿还政府债券而使上述国家的不良资产率不断提升，2009—2011年，"欧猪五国"的不良贷款比例已分别高达11.5%、10.4%、38.8%、9.2%和7.8%，大量的不良贷款又导致上述国家银行的资金流动性问题凸显。

三是欧债危机刺激欧洲一体化多重矛盾的共同爆发，欧盟的改革已经迫在眉睫。欧盟成员国的货币政策和财政政策的分离是导致欧债危机的根本原因之一，所以，欧元区必须对于当前的财政政策和货币政策进行反思。面对欧洲区域内的需求持续疲软，欧元区国家首先需要坚持深化结构性改革来提升欧元区经济增长的潜力。当前，在欧洲生产力无法在短期内获得迅速提升的状况下，确保迅速执行针对上述问题的一揽子改革将是保障和提升欧洲经济复兴至关重要的核心问题。此外，欧洲一体化大市场中，保守主义和非关税壁垒保护主义已无法施行和贯彻，必须放松市场监管，摒弃过时的保守观念，通过一系列的改革来消除贸易投资壁垒，恢复一个开放的、健康的欧洲统一大市场，进而不断提升吸引力，促使投资稳步回归。因此，投资的增强将促使欧元区政府推进在稳健发展的基础上扩大欧元区内部的市场消费需求，缓解消费市场由于社会福利政策的削减所产生的情况恶化。从长远的经济一体化发展来看，欧元区乃至欧盟成员国的财政一体化才是欧元区未来发展的根本出路，债务危机的最终解决方法的关键亦在于此。欧洲央行是执行欧元区财政一体化的唯一核心机构，但初建时的欧洲央行并未被给予与想象中一样多的职能，它在设立之初的工作目标也比较简单明了，即应对欧洲的通货膨胀问题，这明显缺少长远性的设计，横亘在欧元区国家之间的巨大经济差异被完全忽视。自欧债危机爆发以来，由于对欧债危机状况和欧元区成员国之间的经济差距的认识不足，加之欧元区改革的大权被德、法等核心国家所掌控，所以，欧元区太过单一的金融政策应对危机无法得到良好的预期效果也是在意料之中的。欧洲央行制定和实施欧元区全面的经济发展规划是十分关键的。与从欧债危机爆发伊始的欧盟诸多成员国无所表态、漠不关心和本国国家利益至上的基本态度相比较，后续欧盟陆续制定和实施了一系列加强协调的政策和行动来化解危机，例如，制定和实施统一的宽松货币政策，通过积极有效的救助方案来挽救深陷危机泥潭而无法自拔的成员国，并将为此而设立的临时救助机制设定为永久性的而不再是临时性的组织机构，并通过这样的方法加强欧盟的财政联盟。爱尔兰在2013年走出欧债危机的泥潭就充分反映出欧盟吸取了应对危机的经验，说明其对于深化欧洲一体化的反思和政策制定是富有成效的。所以，欧盟在应对和处理危机中表现出强劲有力的统一的政治意识，重新树立起欧盟区域内外的政治公信力，并弥补在财政政策和货币政策一体化方面的发展缺陷，深化健全欧盟治理体系，欧盟在不远的将来必将会化"危"为"机"，并为处理和解决欧债危机奠定坚实的基础。如果欧盟治理体系能够获得进一步改革，欧盟将会形成一个崭新的身份重归全球政治舞台，并发挥更加健康的经济体的巨大示范作用。

从现实的世界政治经济来看，国际格局正不断发生着深远又富有意义的巨大变化，欧盟作为当今世界的一支主要力量，危机爆发后，在欧盟和欧元的国际作用遭受极大打击的情况下，欧盟诸多成员国为了实现国家利益和目标，必须在危机中不断前行并推进欧洲一体化的逐步深化，而这些也正是促进欧洲一体化不断深化的契机和力量。让我们来回顾一下欧洲一体化的发展史：法国国民议会在1954年否决了《欧洲防务共同体条约》和时任法国总统戴高乐在1965年由于不赞成欧共体内部决策机制从"一致通过"变为"多数赞成"，而拒绝派代表参加欧共体会议长达六个月之久，因而，引发了一场"空椅子危机"。但是，欧洲一体化过程中的这些危机并没有使欧洲一体化退步，反而加速了欧洲一体化的深化。虽然在欧债危机爆发之后，欧洲民众对欧盟的信任度大幅降低，但也引发欧洲民众支持欧盟机构深化改革的思潮。欧元区内体制机制的改革和创新已是"箭在弦上"，这也是欧洲一体化深化的必由之路。纵使欧盟成员国之间的矛盾持续不断和日趋复杂，但是欧盟成员国之间仍在尽可能地寻求合作，例如，欧盟区域内的财政政策和货币政策的深度融合，建立健全欧元区的财政货币机制，使社会负担一直居高不下的福利政策和税收政策之间相互协调，欧洲央行被赋予行使更多更大的权力，监管力度的加强等。尽管这个过程将会特别的艰难，而且欧债危机所带来的负面影响也难以迅速消除，但从欧洲一体化的长远发展来看，这也是欧洲一体化深化发展的机遇。

四是欧债危机催生欧洲地缘政治矛盾的一齐迸发。其一，欧债危机自2009年以来，德国出人意料地成为拯救欧元区的核心力量和主要希望。德国前任外长吉多·韦斯特韦勒曾强调："现在的情形是，德国担当起欧元区的领导责任，会遭受一些国家的批评；不担当领导责任，则遭受所有国家批评。"[①] 这一点更为激烈地体现在欧债危机的处理和解决的思路方面。德国以自身坚定的财政紧缩政策来指导欧元区改革的尝试引发了欧元区诸多成员国的担心，担忧"欧罗巴之德意志"将会变为"德意志之欧罗巴"。而更多的欧洲大中型企业对于投资则持有更加小心谨慎的态度，纷纷开始启动欧元区解体和欧元废除的紧急应对方案，其中包含投

---

① 德国前任外长吉多·韦斯特韦勒在柏林外交政策论坛上的发言，2011年11月19日。

资的削减,转移资金到德国,将欧洲南部的总部迁往北部,甚至停业,等等。这是一场发生在欧洲南部与北部不同生产方式之间的矛盾,也是一场实体经济与非实体经济之间的矛盾,还是一场发生在德国和欧元区其他国家之间的矛盾。其二,欧盟诸多成员国对于英国反对修改欧盟条约的决定持一致的反对态度,英国与欧盟其他成员国,尤其是法国之间的关系不断恶化,彼此攻击。英国国内的"疑欧派"团体更加积极鼓吹英国"完全地离开欧盟"。英国与欧洲大陆之间的隔阂将越来越大——"英吉利海峡将会变得越来越难以跨越",这对欧洲一体化来说绝非好事。而非欧元区的其他欧盟成员国家也可能会仿效英国,进而引起欧盟内部的深度不和。英国的案例仅是欧元区成员国与非欧元区成员国之间矛盾的一个侧面。例如,匈牙利也在蓄谋尝试脱离欧盟。然而,波兰在欧债危机中的极佳表现增强了吸纳波兰进入欧元区以使欧元区脱离危机的外界期盼。欧债危机在2009年之后,欧元区俨然成为利益共同体,欧洲一体化必将成为欧元区一体化,欧盟的共同外交将成为欧元区的统一对外政策。而在内政外交上的这些变化则将引起欧元区成员国与非欧元区成员国在欧洲一体化与欧盟对外关系等问题上的矛盾加剧。其三,欧债危机所引发的一系列美欧之间可能出现的问题:首先是经济问题。"鉴于欧洲是美国最大贸易和投资伙伴以及欧美大型金融机构普遍交叉持股,一旦欧债危机突然加剧,美国经济必将遭受新一轮外部冲击。"[1] 其次是国际责任与义务之间的问题。欧洲防务和对外援助的削减,外交投入的减少,使其不能提供充分的国际公共产品,无法帮助美国分担国际义务。再次是软实力问题。欧债危机极大地降低欧盟的外部形象和影响力,前苏东地区国家将可能退回到莫斯科的发展模式之上。最后是战略问题。在南海、南亚、非洲和拉美等地,美国正在谋求扩大影响力,但其缺少强有力的欧洲合作伙伴。总之,美国对欧战略,已从阻碍欧元的产生和壮大转变为减缓欧洲的乏力,进而努力帮助欧盟尽快脱离危机。基于上述判断,美国不会对欧债危机的走向置之不理。其四,欧债危机已成为

---

[1] U. S. Senate Committee on Foreign Relations, Subcommittee on European Affairs, The European Debt Crisis: "Strategic Implications for the Transatlantic Alliance", 2011, http:/www.foreign senate, gov/hearings/the-european-debt-crisis-strategic-implicationsfor-the-transatlantic-alliance.

世界经济复苏的主要不确定性因素之一。在债务市场的融资和外汇储备的多元化等方面，欧元与美元产生了激烈的竞争，导致国际货币市场的利率和汇率大幅度波动，引发世界经济的持续动荡，而这也正是三大国际评级机构一而再、再而三地降低欧元区成员国的主权信用评级的内在驱动力。欧元区与其他世界经济体之间的矛盾也体现在欧债危机发酵了欧元区的贸易保护主义，导致欧洲与其他区域的经贸合作往来放缓甚至锐减。

二　欧盟应对欧债危机的努力

欧债危机爆发之后，一方面，欧盟各成员国不断努力协调制定和实施一系列应急措施以缓解危机所带来的经济和财政方面的压力，另一方面，欧盟各成员国之间就制定和实施的应急措施不断进行讨论和博弈又减缓了治理的步伐和效果，仅能以更为灵活变通和短期应变的措施来应对欧债危机的负面影响。

欧盟建立了一系列促进欧盟整体发展的体制机制，但却缺乏应对危机的金融救助机制。欧债危机爆发以后，欧盟采取的应对措施之一是设立了在欧盟层面的短期的、灵活的金融救助机制。欧盟着手联合欧洲央行和国际货币基金组织为欧盟深陷危机泥潭的成员国，如"欧猪五国"等，注入"新鲜血液"。从2009年欧债危机爆发到2013年年底，欧盟承诺先后向其成员国注资5000多亿欧元来缓解债务危机所引发的一系列经济社会问题。其中，欧盟所设立的欧洲金融稳定机制（EFSM）分别向爱尔兰、葡萄牙、希腊注入了154亿欧元、211亿欧元和1330亿欧元。同时，欧洲金融稳定机制历经欧盟成员国之间的无数次权力博弈之后，在2012年年底逐步演变为欧盟的一项永久性救助基金——欧洲稳定机制（ESM），从制度上完善欧盟缺少金融援助机制的缺陷。此外，在欧盟中扮演重要角色的欧洲央行通过应对欧债危机和挽救欧盟成员国，扩展其原有权限，为推进欧元区财政政策和金融政策的一体化奠定组织保障。在欧债危机爆发之前，欧洲央行的核心工作就是稳定欧元区的物价，管控通货膨胀在2%以下。欧债危机期间，欧洲央行的传统救助方式，如多次连续降息、使用专有系统调配欧盟内部资金和通过联合其他国家央行互换货币保持流动性等的效果都比较有限，因此，欧洲央行不得不打破原有的制度束缚,主动拓展其机构权限,从救助希腊开始,采取了一系列有效的应对措施,例如,主动降低监管标准,同意将希腊的低等级债券作为合格的抵押品,增强希腊债券的银行补充流动性。欧洲央行为了加速缓解危机,制订了证券市场的计划,直接从欧盟债务国手中购买数量有限的国家债券,并进行对冲操作;欧洲央行借助银行业联盟的帮助获得类似最后贷款人的权能,从而得以直接向欧盟债务国银行注资提供金融支持;2011年12月至2012年2月的两轮共计1万亿欧元规模的长期再融资操作（Long-Term Refinancing Operation,LTRO）,向欧盟有关国家银行提供3年期1%利率的低息贷款,极大补充了银行间的流动性。考虑到部分银行将LTRO资金以存款方式交还欧洲央行等影响流动性的因素,以及金融市场依然持续动荡的现实,欧洲央行在2012年9月推出了更直接的无限制购买国债的解决方案（Ouantitative Monetany Transactions）,这种欧洲版量化宽松（QE）的解决方式虽较美联储保守,但依然成为解决危机的"金融核武器"。这都是欧洲央行主动拓展权限的努力尝试,增强欧洲央行在欧盟的地位和作用。

欧盟采取的应对措施之二是重新塑造欧盟的稳固财政。欧债危机之后,欧盟连续重新立法,不断改善和调整《稳定与增长公约》,从降低欧盟债务国的高赤字和高负债问题入手,采取了一系列举措来恢复债务国的财政预算平衡,例如,设定60%GDP（国内生产总值）的债务上限与3%的赤字率指标;对违反债务或赤字标准的成员国,强制其进入过度赤字程序并要求其整改;设定详细的惩罚规则,对拒绝或拖延财政整顿的成员国强制缴纳0.2%GDP的无利息保证金,对继续顽抗者将其保证金转为罚款。与此同时,欧盟加大立法对于欧盟债务国的监管和制约作用,要求欧盟各成员国将财政收入平衡或有所盈余的立法承诺写入其宪法或相关法律之中,通过法律形式实现欧盟内部的"财政契约"。随着欧债危机的深化,欧盟不再满足于短期应对措施,为了稳固欧洲一体化的长远发展,并且有效解决欧元区财政政策和货币政策的分离问题,欧盟要求其成员国在"财政契约"中要承诺实现各自国家的中期预算目标,期限一般为3—5年,同时,在每个年度都要努力达到或趋近目标的实现。"财政契约"强化了欧盟成员国的财政纪律,要求欧盟成员国努力实现经济增长与预算支出相匹配,成员国每年度开支的增长率原则上不得超过其国内生产总值的增长率,尤其是那些政府债务已超过GDP 60%的国家必须要每年按照5%的比例递减,对于违反中期预算目标的国家,可在要求违反者整改的同时要求其缴纳有利息的保证金。除去修改《稳定与增长公约》和设立"财政契约",欧盟在其成员国中建立了一个全新的财政监管机制——"欧洲学期"机制。"欧洲学期"机制的核心任务就是为了更好地实现欧盟各成员国的财政预算,监督、规范和指导欧盟各成员国的财政预算,进而执行落实欧盟的各项财政制度。欧盟将在每年年初制定出《年度增长调查》(AGS),欧盟成员国根据这个报告,制订相应的、反映各国实际情况的《稳定和融合计划》(SCP)和《国家改革计划》(NRP),再经由各国议会批准正式列入国家财政预算。在欧盟成员国执行各自预算的过程中,欧盟将进行全天候监督,一旦发现问题将迅速要求整改。

欧盟采取的应对措施之三是改革欧盟的社会保障制度,拓展对外经济合作,以恢复和提升欧盟整体竞争力。在欧元区成立之前,欧洲诸国就以高福利和高税收而闻名,但是,在全球化的巨大冲击下,欧洲的"两高"国家遭遇到前所未有的来自新兴国家的市场竞争,尤其是在人力资源方面。欧洲的"两高"国家不仅面临着高成本的社会保障,而且面临着社会老龄化的日益严重,不断加剧的社会运行成本,逐渐使其丧失竞争力。例如,欧债危机中的"欧猪五国",在2000—2007年,在外部借贷持续增长的背景下,希腊、爱尔兰和西班牙国内的实际私人消费增长了20%以上,而同期德国的私人消费增幅很小,这些欧洲的"两高"国家搭乘欧洲一体化的顺风车,过度消费了一体化的红利,忽视和延缓了各自的经济结构改革,结果造成了劳动力成本和政府外债的共同骤增。因此,及时而果断地改革欧洲社会保障制度成为缓解欧债危机的必要措施,尤其是德国在欧债危机之前的社会保障改革更是给欧盟其他成员国作出榜样,唯有如此,才能减轻欧洲"两高"国家的社会负担。同时,面对欧洲老龄化带来的社会问题,一方面是要制定延长退休年龄的政策,例如,德国(从65岁延长至67岁)、希腊(从60岁延长至65岁)等,另一方面是要建立健全社会立体化养老模式,适当增加企业与个人的共同义务,适当削减过于优厚的医疗保险,逐步降低政府的社会保障成本。同时,改善欧盟劳动力市场的境况是提升欧盟竞争力的首选,不仅要鼓励欧盟成员国的民众积极主动的自主创业和灵活就业,加大力度扶持和开展就业培训和职业介绍,而且要降低就业保护,缩减失业救济水准和领取时间,附加失业金领取者须接受相应工作安排的条件,以堵塞领取者借故长期逃避工作的漏洞。例如,希腊不仅不同程度地实施了上述举措,而且还通过削减公务员来刺激人才市场,不断刺激其劳动力在欧盟内部的广泛流动。欧洲社会保障制度是制约和束缚深化欧洲一体化的主要障碍,从这次欧债危机中就可见一斑,因此,改革社会保障制度日益成为欧洲迎接新时代挑战而被迫进行的又一次自我救赎。此外,面对欧盟内部需求不足的窘境,欧盟不得不通过刺激外部需求来提升经济增长率。一方面,欧盟迫于国际贸易组织多哈回合谈判的再次停滞,以及在国际贸易组织中开展经贸往来不占有优势的情况下,主动开发欧盟与日本、欧盟与东盟印度的双边自由贸易区,规避经贸短板;另一方面,欧盟与美国重启双边自由贸易谈判,而这与美国的想法不谋而合,欧美急于通过双边自由贸易区的建立实现通过贸易创造和贸易转移效应来拉动经济与增加就业,抢先制订贸易新规则和新兴产业标准,利用欧美巨大的市场规模产生的区域溢出效应在全球新贸易体系建设方面获得主导权等目标,进而重新占据国际经贸主导权。

从2009年欧债危机爆发到2013年,欧盟通过协调成员国之间的权力博弈制定并实施了一系列缓解欧债危机负面影响和恢复欧洲经济繁荣的举措,可以说,欧洲已走出债务危机最为困难的时期,但是,影响和制约欧洲经济发展的深层次问题并没能在欧债危机中得到根本的解决,欧洲无法避免地进入了一段长期的低增长率、高通胀率和高失业率的情况之中,并将时刻面对着影响和制约欧洲一体化发展的关键问题。欧盟的财政政策、货币政策和福利政策的深层次改革举步维艰,为欧洲社会的长期稳定发展埋下了巨大隐患。

一方面,虽然欧洲金融稳定工具为欧洲金融市场的流通和稳定注入了资本的"新鲜血液",让欧洲市场一时间恢复了信心和希望,但是,欧洲社会的深层次问题,例如,欧洲经济增长乏力、公共债务居高不下、成员国产业结构失衡、不合理的福利制度和僵化的人力资源市场等,并没有通过欧盟的财政改革、金融改革和福利政策改革带来改变,而且这些影响和制约欧盟发展的深层次关键问题也不是欧盟层面可以解决的,需要欧盟所有成员国的共同努力。欧盟的经济增长乏力，无力解决欧盟的高失业率，而高失业率又加重了欧盟高福利政策下的社会成本。事实上，欧洲金融稳定工具提供给欧盟成员国的国家央行救助资金无法从根本上解决欧盟成员国长期以来所形成的财政高赤字率和高外债率，被救助国的政府和企业将救助金更多地用于偿还债务利息，而不是用于国家经济产业的升级和企业生产的创新，同时，民众也将救助金用于偿还银行贷款及其利息，而不是刺激经济增长的消费。深陷危机泥潭的欧盟成员国尝试进行各自国家内部的结构性改革，但是，削减债务作为结构性改革的关键目标并未提振经济增长，反而增加了欧盟成员国的债务压力。此外，基于经济学理论上的考虑，欧盟成员国将救助资本投向了欧盟核心国家的企业和资产之中，欧盟核心国家受惠于欧洲救助资本和欧洲域外经济的刺激，而对欧盟边缘国家的企业和民众施行"去杠杆"政策，又延误了欧盟边缘国经济复苏，导致边缘国家长期的经济增长乏力，因此，欧盟整个社会发展陷入了一个旋涡之中，亟须系统的深层次改革。

另一方面，欧盟成员国在国际经济贸易格局中原本占有优势地位，但是，美国次贷危机以及欧债危机导致世界经济贸易格局发生了变革，世界经济增长缺乏强有力的引擎。次贷危机中的美国开始实施国家监管华尔街的政策，努力复兴本国的工业发展，并大力支持新兴产业的崛起；日本制定和实施非常规的财政与金融政策，促使日元贬值来刺激出口增长，进而刺激经济增长和摆脱通货膨胀；中国推出供给侧结构性改革，提出了调结构、稳增长的发展目标，提出"一带一路"倡议来扩大出口和加强对外经贸合作，以提升金融危机中的经济发展动力。然而，基于对美国、欧洲、日本和中国的现阶段经济发展的横向比较，世界经济的发展尚且缺乏强有力的引擎来推动，世界经济需要根本性的产业大改革来刺激和带动整个世界的经济复苏和增长，因此，仍需美国、欧洲、日本和中国等世界主要经济体能够找到明确的引领世界经济复苏和增长的强有力引擎。

第三节　中国对欧债危机的态度

由美国次贷危机引发的波及整个欧盟的欧债危机不仅对欧洲本身，

而且对欧洲的各个贸易伙伴造成极其消极的影响。作为中国的最大贸易伙伴，欧债危机对中国产生的影响不亚于对欧洲自身的影响。

对中国来说，首当其冲的是对贸易本身的影响，欧洲身陷债务泥潭，经济遭受打击，GDP增长的"三驾马车"——投资、消费和出口均遭到削弱，由此而来产生了失业、国家财政收入减少、出口降低、国内居民消费减少等问题，由于欧洲国家的消费能力不足，中国对欧盟的出口强度相应地遭到削弱，对国内的企业造成了巨大的压力。欧债危机前，中国对欧盟的进出口额一直稳步上升，自危机发生后，贸易额急剧下降，急剧回落到数年前的水平。希腊债务危机发生后，多家国际评级机构调低了它的信用评级，国际社会开始对欧元市场逐渐不信任。这一方面导致欧洲的股市价格大跌，欧洲市场一片惶恐，政府、企业和个人对欧洲经济发展都不抱期望；另一方面欧元区的表现引起欧元遭到各个机构看空抛售，不断贬值，人民币对欧元的汇率优势逐渐缩小，中国商品的价格由于人民币升值而逐步抬高，导致出口企业在外国市场的竞争力不断下降，外贸企业的竞争压力陡增。而危机的出现使外国市场开始以邻为壑，贸易保护主义逐渐浮出水面，中国遇到的"反倾销"数量逐渐增多，过高的关税和过多的惩罚导致中国对外贸易进一步下降。曾经标榜自由放任的资本主义经济互相筑起了围栏，应对危机所采取的不是抱团取暖以期度过寒冬而是各自为战希望祸水东流。

究其原因，中国的产品在国际上的科技水平不高，属于可替代性强的产品，一旦需求市场出现变化，中国作为供方市场会很容易进退两难，这就要求中国在经济发展方式上作出改变。改革开放初期，中国产业类型不齐全，劳动力数量巨大，科技水平不高，因此不得不走劳动密集型产业道路来释放就业压力。劳动密集型产业大部分是低价格、低利润、低科技的产品，没有价格优势的话则毫无竞争力，而且会消耗巨大的社会资源和自然资源，不是经济发展的长久之道。高技术产品的利润率远远高于低科技产品，可替代性也大大降低，所以，随着经济发展，技术含量低的企业一定会慢慢淘汰，逐步退出市场经济的舞台。经济发展需要按阶段进行产业升级，并且一定要注重可持续性，把原有的低端产业结构进行升级或者转移，腾笼换鸟，把科技型企业引入进来，增强自主创新能力，鼓励企业研发，保护知识产权，为人才提供好的创新环境。

只有掌握自己的技术品牌和核心科技，中国商品才能有与外国商品在市场上一较高下的能力。

导致美国金融危机的原因是对房地产不良资产的打包出售以及再保险再出售，多层杠杆的叠加使源于房地产的坏账逐步波及美国主体经济，金融业可以使一潭死水焕发出生机，也可以使稳定的社会经济一夜之间凋零。危机的产生源于金融产业的衍生，没有强大而完善的基础工业和实体经济，金融衍生品无法得到实质的支撑，只是膨胀的泡沫，其侵吞了大量资产却最终破灭，导致危机的爆发，所以政府要管控好金融产业及其衍生品的运作，加强对金融衍生品的监管，刺破过多的泡沫，将其控制在一定范围内有助于经济的发展。此外，实体经济要巩固发展，建立扎实的工业基础，能源材料要充分保障，把资金稳定在实体经济里面，出现巨大泡沫的时候要做好应对措施，主动出击，既要做好阵痛的准备勇于刺破泡沫，也要做好经济的软着陆工作，能避免出现经济不稳定的情况就尽量避免，做好社会经济的保障工作。

除出口方面以外，中国还需要拉动国内的消费市场。作为经济增长的三驾马车之一，内需的潜力巨大。中国有世界上最多的人口，人口潜力巨大，消费潜力也极其巨大，中国消费模式和消费结构需要升级，应提高人民的消费质量和消费水平，在市场经济中每个地方都有着巨大的消费潜力，亟须挖掘。内需作为不受外界影响的经济组成部分，可以很好地应对经济危机的影响，要拉动内需，首先得让人民的钱袋子富足，要让人民的钱袋子富足则要求企业能够提高工资待遇，扩大企业招工人数。国家要支持企业发展，要制定相应的优惠政策，鼓励企业发展，企业发展好了，可以上缴税收，可以拉动就业，可以创造产品，政府有税收就可以投资，人民有就业就有消费来源，就可以去购买企业的商品，政府、企业、民众三者从而得以形成一个良性循环模式，以抵御国外经济危机对自身的影响。人民的消费动力源于政府的福利保障，保护好人民的消费权益，打击不良商品和商贩，提供失业、医疗保障，人民才不会把钱仅仅存进银行。只有当财富在社会中充分流动起来，社会才会流动，社会阶层才不会固化，这有助于促进城乡差距的缩小，加速中国的城镇化发展。

国外机构对欧元的看跌以及对欧元的抛售，导致欧元在货币市场不断贬值,除了导致中国商品竞争力下降以及中国企业的压力增大外,还有更加深远的影响。欧元,作为欧元区的货币,是欧盟19个国家的货币,也是欧元区唯一合法货币,欧元区囊括了法、德、意、比、荷、奥(地利)、西、葡,以及波罗的海立陶宛、拉脱维亚、爱沙尼亚三国,北欧芬兰,斯洛伐克、斯洛文尼亚等中东欧国家和塞浦路斯、希腊和马耳他等地中海国家。正因为有这些国家的经济作为货币的支撑,所以欧元受到了世界范围内的广泛追捧。人们纷纷把欧元作为外汇储备金,以期得到保障。经济发展良好的时候,外汇稳定,稍微有点不如意的时期,这些国家的扛压能力通常也强于其他国家。但欧债危机发生以来,欧元区的国家遭受了前所未有的经济挫折,数个国家和地区出现政府破产的情况,连老牌强国,例如,法国和德国,在面对危机时也难以完全招架。欧元区的表现未能阻止危机的扩散,政府的调控手段也不能平衡危机带来的负面影响,各个国家的财政捉襟见肘,迟迟拿不出财政预案和财政拨款,导致欧元汇率大幅波动,人民币与欧元的高杠杆汇率导致中国的外汇储备遭到了巨大的损失。按照欧元对人民币1∶7.8的汇率,欧元的每一次波动都对中国外汇储备造成八倍的影响,在欧元贬值的时候,给中国企业的利润和国家的资产造成了巨大的损失。由此可见,外汇储备不能放在一个篮子里,汇率的不稳定性需要中国选择那些经济规模大,经济发展平稳,政治环境稳定的国家的货币作为外汇储备。而且,单一货币不宜储量过多,在全球经济不乐观的情况下,黄金作为一种稳健的资产和战略物资可以购买,一方面扩大了中国的黄金储备,另一方面也能利用金价的相对稳定来维护中国的金融安全,是对中国经济的一针强心剂。

欧债危机除了在贸易和汇率上对中国造成影响,在投资方面也给中国带来很多问题,相较于欧债危机下的欧洲经济步履蹒跚,迅猛发展的中国经济引来了很多资金的青睐,由于人民币汇率升高,大批资金进入买入人民币,试图在人民币升值的热潮中赚取差价。这些资金不以投资产业为目的,而是以汇率波动作为其获利的基础,一旦这些资金撤出套利,势必会导致人民币的突然贬值,这将对国际贸易和已经稳定下来的中国经济造成恶劣的影响,也会给全球经济稳定带来风险。这就要求中国加强对这部分资金的监管,外资的进出需要接受中国政府的监管，避免以投机为目的的大额资金进入中国市场，这需要政府加强甄别能力和管控能力，政府需要大力打击地下钱庄等渠道，防止外资利用不法手段进出中国市场，做好预案和预警措施，准备好足够的外汇资金，充分保证外汇兑换的稳定。进入中国市场，既是对外来资金的肯定也是对中国市场的肯定，双方都要为彼此作出保证。中国需要加强法规建设，以保护外资的合法利益，在市场上打造出公平公正的投资环境，让外资能够扎根中国市场，减少其外流的倾向。企业本身也要作出创新的成果和管理模式、经营理念，充分吸纳外资资源，对社会资本充分尊敬，平等对待，利用好外资这一资源，为企业开拓市场和进一步建设作出努力。此外，中国还应逐步放宽对外资进入领域的限制，并吸纳民营资本的进入，使双方充分竞争，努力为社会主义市场经济建设作出贡献。

中国作为稳健发展的实体经济大国，有着强大的资金实力，可以利用欧债国家对资金的需要以相对优势的地位进入这些国家，鼓励中国企业走出去。这样做一方面可以增强中国与海外的交流，提升企业能力，逐步补齐中国实行市场经济以来在海外实践的短板，积极学习国外先进的管理方式，进行企业制度改革，完善各方面的法律法规，使国内企业看到自己的短处，增强国内企业在海外的竞争力。另一方面企业也可以通过走出去获得更多的机遇，促进企业的生产需要，提高业务水平，调整企业的运营方向，扩大企业生产。政府部门需要做好鼓励工作，应在法律法规制定层面，完善关税、外汇等方面的制度，对企业进行积极引导，指导企业在各国进行产业投资和并购。此外，国家还应向企业推行各国政治经济文化等方面的信息，对投资作出适当的评估和建议，让企业不会盲目投资建设造成资源浪费。中国政府要针对自身经济发展的不足在海外并购方面进行弥补，遇到适合的企业可以积极撮合，弥补国家经济发展中的弱项。对新兴产业，国家需要引导和扶持，看到它们未来前进的方向，开辟新的经济增长点，鼓励其成长，以便在未来与其他国家的竞争中处于比较优势地位。

欧债危机除了带给中国各种"危"之外，也蕴含着"机"：一方面，中国的第一大贸易伙伴是欧盟；另一方面，当今世界"经济三极"中重要的一极也是欧盟，因此，中国应与欧洲国家共克时艰，积极帮助欧元区的重债国摆脱困境，支持和维护欧元稳定。更关键的还在于，从全局高度和战略角度考虑，欧盟经济的稳定与繁荣对全球发展具有重要影响。但是，事物的发展过程中，内因将起到决定作用，外因仅起到促进和辅助作用。中国对于援助危机国家的态度也是如此。欧盟由于自身一体化发展的缺陷而导致的欧债危机单纯靠外部帮助无法解决，欧债危机的解决之道唯有依靠欧盟自身努力。如果欧洲可以依靠自身改革消除欧债危机的负面影响，那么，再加上中国等外部力量的帮助，欧盟可以很快恢复经济的活力，提升欧盟整体的经济增长率，进而深化欧洲一体化进程。欧盟想通过救助工具和机制改革来提高欧洲经济体的竞争力，进而增加社会就业岗位，保障欧洲社会的稳定进而恢复经济的稳健增长。但是，作为当今世界最主要经济体，欧盟贸然采取贸易保护主义政策将对欧盟复苏起到巨大的负面作用。因此，中国与欧盟作为当今世界主要经济体和重要贸易伙伴，必须携手反对任何形式的贸易保护主义，确认彼此的核心利益差异，明确彼此的共同利益目标，扩大相互之间的经贸往来，尤其是在高科技和新兴产业领域加强合作，共同繁荣，共享发展。胡锦涛主席在2011年11月3日的G20戛纳峰会的讲话中指出："坚持在合作中谋求共赢。……我们应该加强团结，释放合作谋共赢的强有力信号，增强国际社会对世界经济复苏和发展的信心。"[1] 2012年2月2日，温家宝总理与德国总理默克尔举行会谈，并在会后共同会见中外记者。在谈到欧债危机时，温家宝表示："中方有关部门正在对中国通过国际货币基金组织出资的具体方式，以及通过欧洲金融稳定基金和欧洲稳定机制等渠道，对更多参与解决欧债问题进行研究和评估……希望欧方为中欧加强金融合作、携手应对欧债问题营造客观积极的环境并提供合适的投资产品。"[2]

　　中国在参与解决欧债危机方面，采取了积极的态度和行动。一方面是通过双边关系的方式。中国与欧盟成员国，包括匈牙利、西班牙、希

---

[1] 胡锦涛在G20戛纳峰会上的讲话，中国经济网，http://www.ce.cn/xwzx/gnsz/szyw/201111/04/t20111104_22812612.shtml。

[2]《中方正对更多参与解决欧债问题进行评估》，中国经济网，http://intl.ce.cn/sjjj/qy/201202/03/t20120203_23039854.shtml。

腊、意大利、葡萄牙等分别签订了双边协议。中国不仅购买了这些国家的政府债券，还增加了对欧洲商品的进口，更加大了对欧元区直接进行投资。这是中国在无法与欧盟层面达成解决危机的协议时采取的主要方法，通过这一方法来支持欧洲国家应对债务危机、恢复经济增长。另一方面中国希望双方在经贸、投资方面实现平等的待遇。毫无疑问，中国当然需要欧洲的技术、投资和市场，但是欧盟方面至今也没有明确承认中国完全市场经济地位，所以，中国希望在帮助欧盟解决危机的同时，能够解决双方贸易中存在的一些不合理问题。中国已经认识到，只要欧洲经济有微小的变动，就会对世界经济造成很重大的影响，这跟欧洲经济是世界经济的重要组成部分密不可分。当今世界早已实现经济全球化，欧洲和世界是紧密联系在一起的，相互之间不可能分离，世界各国应该共同抵御欧债危机，当然这其中也包括中国。欧洲一体化历史的发展一向都是由危机推动向前的，其发展的动力就是危机，只有真正直面危机，才会解决危机，而解决危机的办法一定是发展的前进方向。目前欧洲虽然遇到了危机，但是经过多轮会谈与协商，欧盟内部在诸多方面已经达成了化解危机的共识。就欧债危机而言，中国必须有清醒的认识，既要感受到中国经济的发展离不开欧盟，也要领悟到深化自身经济改革的重要性，所以，欧债危机给中国既带来了发展的危机感，又带来了发展的机遇期。

第 二 章

欧债危机中的中东欧国家

2004年，中东欧八国，即波兰、捷克、匈牙利、斯洛伐克、保加利亚、爱沙尼亚、拉脱维亚、立陶宛，加入欧盟；2007年，罗马尼亚和斯洛文尼亚加入欧盟；2013年，克罗地亚加入欧盟，中国—中东欧合作中共有11个中东欧国家是欧盟的成员国。中东欧11国正式成为欧盟国家，拓展了中国与欧盟的合作领域，同时，双方不存在历史遗留问题，也不存在根本利害冲突，加强双边关系的要求增大，中国将中东欧政策纳入对欧政策整体框架当中，更加积极主动推动中国与中东欧国家关系的进一步发展。但是，欧债危机爆发以来，中东欧国家在欧盟内部遭遇多种挑战，尤其是在欧债危机催化下外部世界的综合变化，为未来中东欧国家的自身发展带来诸多新挑战和新问题，也为中国—中东欧合作带来新的机遇与挑战。

第一节 欧盟东扩与中东欧国家

一 历史背景

20世纪80年代末至90年代初，东欧剧变、苏联解体，中东欧地区的政治经济社会形势发生了重大变化，华沙条约组织与经济互助委员会相继解散，中东欧国家开始效仿欧美国家建立起新的政治制度和相应的经济制度，其社会性质彻底变革。由于剧变发生突然，加之中东欧国家长期积累的政治经济矛盾，冷战终结给中东欧国家的发展带来了许多新的挑战与困境。冷战期间，由于中东欧国家地处苏联势力范围和华沙条约组织的框架内，其政治、经济与社会各个领域的发展不约而同地受到苏联的影响与制约。冷战结束之后的短时间内，中东欧国家在国际社会中处于政治孤立地位，经济更是处于崩溃边缘，中东欧国家要向何处去？如何摆脱政治孤立与经济困境？此时的中东欧国家选择了政治制度和经济体制全面转轨、全盘倒向西方，实行议会民主制与市场经济体制。与此同时，中东欧国家也把加入欧盟和北约作为实现其政治、经济和安全体制转型的路径。

由于国际形势的变化，美国与整个西方世界战略的调整，特别是欧盟及其成员国面对世界格局多极化的必然趋势与欧洲一体化本身发生的诸多变革，以及欧盟各成员国对本国利益的综合考量，欧盟及其成员国希望在新一轮格局转换中再次树立起更具有战略优势的国际地位。中东欧国家迅速融入西方世界的愿望并未能很快成为现实，西方世界出于整体性和综合性考虑并未立即接纳中东欧国家加入西方大家庭。中东欧国家在经过一系列努力，采取更加有效的措施之后，首先在经济领域与欧共体取得了不错的合作进展，双边经济联系与合作日趋紧密。双方于1990年相继签订了关税减让、经济互惠等一系列贸易协定。1991年10月，波兰、匈牙利、捷克斯洛伐克三国政府领导人在克拉科夫宣言中表示，与欧共体发展全面关系是三国对外政策的首要目标。[1] 自1991年起，波兰、匈牙利与捷克斯洛伐克和当时的欧共体签订了联系国协定，过程虽然曲折艰难，但双方最终实现了商品、劳务、人员和资金的自由流通，过渡期为十年。此外，欧共体及其成员国资本也大量进入上述三国，进行直接投资。然而，好景不长，欧共体及其成员国开始进一步对三国政治经济改革施加压力，重新开始设置针对波兰、匈牙利和捷克斯洛伐克的各类贸易壁垒，以达到最大限度地维护自身经济与贸易利益的目的，中东欧国家希望迅速实现"回归欧洲"的期待落空了。从中东欧国家当时的现实处境和外部形势看，只有西方世界可以为其提供政治经济转型的动力和安全保护，中东欧国家最现实的选择就是回归欧洲，加入欧洲一体化进程。欧盟及其成员国的发展为中东欧国家提供了政治经济乃至安全转型与发展的范本，加入欧洲一体化，实现与欧盟及其成员国全方位的合作，有助于中东欧国家政治、经济的顺利转型，以及对安全利益

---

[1] 参见贾瑞霞《中东欧国家区域经济合作转型》，中国发展出版社2013年版。

的关切，进一步降低中东欧国家的转型成本，减少外部世界对其转型的压力。然而，中东欧国家与欧共体关系的不和谐再一次无情地打击了中东欧国家，中东欧国家对欧共体及其成员国的各种限制、壁垒与打压极为不满，中东欧国家想要迅速融入欧洲一体化如履薄冰、进退维谷。

二 次区域一体化合作

虽然历经波折，但中东欧国家融入西方、回归欧洲的目标并未改变，并且一直致力于谋求与欧盟及其成员国建立更密切的关系。中东欧国家另辟蹊径，优先建立规模较小的次区域合作，建立次区域一体化机制，以期向欧洲一体化逐渐靠拢。建立次区域合作机制，有助于参与国在与欧盟的谈判中增加谈判筹码，通过对外一致的方式，以集体的力量为参与国的产品进入欧盟市场提供更多机会与更具竞争力的优势。与此同时，次区域合作机制能够增进各参与国在贸易、金融等经济往来中的合作，增进互信，取长补短，精准定位参与国经贸发展的适合位置，进一步提升中东欧国家的竞争力，同时在相互贸易中减少同质化恶性竞争。因此，建立次区域合作机制是中东欧国家加快政治、经济与社会转型，加速融入欧盟的明智之举。从欧盟及其成员国的视角出发，欧盟及其成员国同样希望中东欧国家的合作方式越来越机制化，并且将制度化作为其政治经济转型的基础。1991年，在与波兰、匈牙利、捷克斯洛伐克进行联系协定谈判的过程中，欧共体要求中东欧国家消除双方合作的贸易壁垒。作为回应，建立次区域自由贸易区就成为达成这一"号召"的必然选择。所以，从客观上讲，欧共体的这一举动也是三国最终建立起次区域合作机制的原因之一。从外部形势以及自身利益考量，波兰、匈牙利、捷克斯洛伐克三国的宗教文化背景相似、经济结构与发展水平接近，具备进一步加强联系和实现次区域合作的客观条件。从三国政府的主观意愿出发，三国基于国内政治、经济和社会发展的迫切需求和加强一体化合作的愿望，都致力于构建更加平等互惠的新型合作机制。

基于上述欧盟及其成员国外部的压力和中东欧国家国内政治经济转型的需求，波兰、匈牙利和捷克斯洛伐克开始进行建立次区域合作机制的努力。1990年4月9日，捷克斯洛伐克总统瓦茨拉夫·哈韦尔邀请波兰、匈牙利领导人在布拉迪斯拉发举行首次关于三国进行区域合作的首脑会晤，此次会议的议题与三国的政治经济利益紧密相关。由于存在一些暂时无法弥合的分歧，导致此次会议最终并未取得实质性的成果，但其树立三国合作决心的象征意义开创了中东欧国家进行次区域合作的新时代。次年，波兰、匈牙利、捷克斯洛伐克三国领导人在匈牙利再次举行首脑会晤，决定加强彼此间合作，在加入欧盟方面协调行动并成立次区域合作组织，会后三国共同发表了《维谢格拉德宣言》，正式宣布三国合作组织的成立，为了纪念1335年波兰、波西米亚和匈牙利国王曾在维谢格拉德城堡结成联盟的历史，特将这一合作机制命名为"维谢格拉德集团"。在捷克斯洛伐克解体为捷克共和国和斯洛伐克共和国之后，维谢格拉德集团成员转变为四国，即波兰、匈牙利、捷克和斯洛伐克。因此，这一次合作机制也改称为"维谢格拉德四国集团"（以下简称V4集团）。

在谋求加入欧盟的进程中，V4集团先朝着经济一体化合作的方向迈进。四国在1992年达成《中欧自由贸易协定》，目的是加强区域合作，加强国家间贸易合作，密切各国经济合作关系。更为重要的是，在正式加入欧盟前这一时期，基于《中欧自由贸易协定》，V4集团成员国间实现了贸易正常化，与欧盟及其成员国的各类贸易也明显增加，有效提升了四国的国际竞争力。《中欧自由贸易协定》事实上已经成为四国与欧盟相关贸易标准逐渐接轨的桥梁，帮助V4集团逐步适应欧盟的自由贸易标准与体系。V4集团经过多年的探索，逐步建立起符合哥本哈根标准所要求的市场经济体制，不断加速国内工业与农业贸易自由化进程。在集团内部，四国彼此充分利用各自的贸易竞争优势，力图在组织内实现互补和良性循环，例如，匈牙利的传统优势在于农业，捷克、斯洛伐克则是工业。同时，中欧自由贸易区的建立也是一个良好的契机，其不仅仅是区域内各国贸易发展的有效平台，更是国外尤其是西欧国家直接进入该区域投资的加速器。例如，对匈牙利而言，经济贸易发展离不开国外的直接投资，依靠自身具有的丰富市场资源和廉价的劳动力资源，吸引外资企业加大投资，扩大本地企业的占有率，极大提升了匈牙利农产品出口的数量与质量，帮助匈牙利农产品出口在欧洲乃至全世界占有一席之地。

在进行贸易与经济合作的同时，V4集团表达了希望迅速融入欧洲一体化进程的政治意愿，早日成为欧盟成员国，并且寻求通过集体诉求的力量与欧盟进行对话与谈判。为此，V4集团成员国领导人在一系列首脑会晤中不断推动V4集团合作，明确政治合作的主要方向：一是鼓励V4集团成员国尽快加入跨大西洋结构；二是努力融入欧洲一体化。V4集团在国内进一步完善政治体制的改革，加速建立符合哥本哈根标准的政治架构，保持各国国内的政治稳定；在安全领域，V4集团采取共同行动努力加入北大西洋公约组织，寻求冷战后的安全庇护。经过一系列努力，波兰、匈牙利和捷克于1999年成为北约正式成员国，斯洛伐克也在2002年加入了北约。V4集团还制定并实施了轮值主席国机制，该机制仿效欧盟的轮值主席机制，为各国适应欧盟机制进行了准备，加快了成员国融入欧洲一体化的步伐。

三　欧盟东扩与融入欧盟

伴随欧盟加速实施东扩进程的决心，2004年首批十个中东欧国家加入欧洲一体化进程，成为欧盟正式成员国。欧盟东扩是欧盟及其成员国、中东欧国家各方博弈与选择的结果，它表明，中东欧国家不断倒向欧盟的政策得到落实，欧盟实现"大欧洲"理想也更进了一步。与此同时，欧盟东扩也给中东欧国家带来了新的发展机遇。

首批加入欧盟的中东欧国家领导人认识到既有中东欧次区域合作机制的重要性，同时也清醒地注意到必须在欧洲一体化框架内重新改革，以适应欧盟不断发展的关系网络与架构，积极拓展欧盟框架内与各成员国的合作方向、深化合作关系。V4集团于2004年5月签订《克罗梅日什宣言》，强调V4集团的共同目标是加强对欧盟的认同，在欧盟框架内捍卫中欧地区利益，促进事关中欧地区的广泛项目合作。

入盟伊始，中东欧国家出于对自身利益的考量，发展战略目标各异，彼此间合作关系较为脆弱、互补性差。以V4集团为例，只有在涉及V4集团共同利益的时候，才会临时协调立场，采取相应的共同措施。经过入盟的最初阶段，中东欧国家在区域内外寻求合作的意愿有了明显的改变。捷克国际研究协会的维特·多斯塔尔认为："维谢格拉德四国加入欧盟加强了维谢格拉德集团的作用，因为维谢格拉德四国在欧洲政治中可发挥作用，维谢格拉德集团可作为欧盟内部的院外活动集团或压力集团发挥作用。"① 所以，在合作态度上，V4集团从消极向积极转变；在合作内容上，从以地区事务为主向以欧盟事务为主转变；在合作方式上，从发表空洞的政治宣言向认真制定和实施具体、明确的政治合作项目转变。②

加入欧盟成为其新成员国之后，中东欧国家积极参与欧洲一体化进程和欧盟事务。在政治领域，中东欧国家支持《欧盟宪法条约》。2005年6月10日，V4集团国家总理会晤在波兰成功举行。他们一致主张以符合欧盟各国国情的速度和方式继续宪法批准程序，不停止欧盟扩大进程。③但由于欧盟爆发宪法危机蔓延到中东欧国家，国内民众舆论出现疑欧声音，政府被迫采取措施延长或停止《欧盟宪法条约》在本国的进程。在经济领域，欧盟之前曾许诺给予中东欧国家经济援助，为了该计划的顺利实施，中东欧国家大力支持欧盟在预算方面的讨论。2005年，V4集团在欧盟内部发挥了整体"作战"效应，在欧盟进行磋商预算问题之前迈出关键性一步。V4集团国家总理呼吁欧盟各成员国对欧洲负起责任，顺利完成中期财政预算谈判。④但由于欧盟各成员国利益分歧最终并未完成预期设想。

共同行动是中东欧国家特别是V4集团重要的合作方式，中东欧国家把共同行动也纳入欧盟框架内的合作中。2009年6月，欧盟在布鲁塞尔举行首脑会议，中东欧成员国领导人在会议召开前先行协调共同立场，其他欧盟成员国，尤其是时任法国总统萨科齐，对此表示严重不赞同，这说明了中东欧成员国在欧盟内部的影响力进一步增强，也间接印证了中东欧国家次区域内合作的意义和价值。此外，作为中东欧成员重要代表的V4集团一致要求在欧盟新成立的对外行动署获得足够的代表资格，"以保障恰当的地域平衡和欧盟所有成员国代表的均衡存在"。V4集团担心有利可图的外交职位被欧盟大国占据，甚至威胁说，一旦它们的要求不能得到满足就可能背离欧盟的外交政策。⑤ 2010年7月，在波兰华

---

① 中国社会科学院欧洲研究所网站，http://ies.cass.cn/Article/cbw/qt/201103/3597.asp。
② 姜琍：《维谢格拉德集团合作的演变与发展前景》，《俄罗斯中亚东欧研究》2011年第4期。
③ 邢广程主编：《应对挑战》，社会科学文献出版社2006年版，第253页。
④ 邢广程主编：《应对挑战》，社会科学文献出版社2006年版，第254页。
⑤ 参见 Visegrad zada o vetsi vilv v rodia se diplomaticke sluzbe EU, 12.03.2010，转引自姜琍《维谢格拉德集团合作的演变与发展前景》，《俄罗斯中亚东欧研究》2011年第4期。

沙举行的 V4 集团政府首脑会议一致认为，欧盟峰会前四国有必要就关键性问题进行提前协商，以提升 V4 集团在欧盟中的作用。

2009 年，捷克成为中东欧成员国中首个担任欧盟轮值主席国的国家。时隔两年，匈牙利和波兰相继担任欧盟轮值主席国。中东欧成员国都希望借此机会加大自身话语权，提升自身国际地位和国际形象。更重要的是，担任轮值主席国为中东欧成员国在欧盟框架内推动解决中东欧国家所关注的议题，特别是与中东欧发展密切相关的能源与地缘政治安全的合作议题提供了平台。2009 年，俄罗斯与乌克兰爆发"天然气危机"，加大了中东欧国家能源安全的威胁，担任欧盟轮值主席国，就有机会优先讨论能源安全问题，提升其在欧盟议题中的影响，希望运用欧盟的力量缓解俄乌天然气危机对中东欧国家带来的现实与潜在的威胁。与此同时，波兰在任欧盟轮值主席国期间也提出欧盟应该设立对外能源政策的对话机制。无独有偶，匈牙利对于担任欧盟轮值主席国的优先任务是要积极促进欧盟共同能源政策的形成和实施。

2011 年，波兰和匈牙利分别担任欧盟轮值主席国期间的另外一个主要议题是罗姆人问题，旨在促进更紧密的合作关系，推动欧盟境内罗姆人融合战略框架的达成。之前中东欧国家制定了《中欧罗姆人战略》，致力于消除社会对罗姆人歧视的问题。欧盟罗姆人融合战略主要涉及的四个领域包括教育、就业、医疗和住房。2011 年 4 月，欧委会通过了欧盟国家罗姆人融合战略框架。[①] 在中东欧国家合作的议程中，"东方伙伴关系"（欧盟与 6 个原苏联加盟共和国，即亚美尼亚、阿塞拜疆、白俄罗斯、格鲁吉亚、摩尔多瓦、乌克兰进行合作）计划逐渐成为中心议题之一，中东欧成员国与东方伙伴国也举行定期会议，为促进欧盟与东方伙伴国家之间政治经济合作创造机会。捷克在担任欧盟轮值主席国期间，积极推进"东方伙伴关系"计划。2011 年，两个来自中东欧国家的欧盟轮值主席国，波兰和匈牙利共同举办了东方伙伴关系峰会，通过了东方伙伴关系峰会联合宣言，积极推动欧盟与东方伙伴国建立起彼此更加紧密的联系，"东方伙伴关系"有了一个关键性的提升。

---

① 参见 An EU Framewerk for National Roma Integration Strategies up to 2020，转引自周弘《欧洲发展报告（2011—2012）：欧债危机与欧洲经济治理》，社会科学文献出版社 2012 年版。

四 欧盟东扩对中东欧国家的影响

欧盟东扩迎合了冷战后中东欧国家全面倒向西方的趋势,为欧洲一体化实现"大欧洲"梦想向前迈进了一大步。一方面,中东欧国家通过融入并推动欧盟进程,提升了自身在欧盟框架内的政治、经济地位与话语权;另一方面,欧盟东扩亦存在着风险与挑战,中东欧国家在受益的同时,一些不断显现的新问题也值得关注。

从正面影响来看,中东欧国家对欧盟及其成员国的历史、政治、经济、社会和文化具有强烈的认同感,认为中东欧是欧洲重要的不可分割的组成部分。中东欧国家进入欧洲统一大市场,与欧洲一体化全面接轨,不仅能进一步扩大欧洲的发展,维护欧洲的稳定,而且有助于尽快缩短与欧盟原有成员国之间的差距,提升中东欧国家的政治、经济地位,并在国际舞台上发挥更大的作用。

首先,推动中东欧国家彻底的政治转型。冷战结束以后,中东欧国家的政治转型进程与欧盟东扩进程并行不悖,欧盟加速东扩对中东欧国家的政治转型具有至关重要的意义。在政治转型方面,针对正在经历转轨的特殊时期的中东欧国家,欧盟制定了哥本哈根标准,要求候选国必须具备符合欧盟标准的稳定的政治体制。中东欧国家为了达到哥本哈根标准,建立了以多党制和三权分立为标志的议会民主政治架构,哥本哈根标准不仅有力地推动中东欧国家议会民主制及政权运转逐步纳入法制化的轨道,而且有助于中东欧国家确立并巩固西方式民主制度,以保障、巩固和扩大政治转型成果。

中东欧国家把加入欧盟这一目标视为主要政党的共同意愿和政党合作的政治基础。由于加入欧盟是中东欧国家主要政党和历届政府的共同选择,欧盟提出的政治要求得以"促使申请国在民主和法制上向欧盟成员国看齐","在十几年之内,这些国家完成了从冷战后的混乱状态到民主国家的转变"[①]。在正式入盟的前几年,中东欧国家基本实现了政治体制转型、建立起多党制、议会民主制以及三权分立的政体。由此来看,

---

① [比]尤利·德沃伊斯特、门镜:《欧洲一体化进程——欧盟的决策与对外关系》,中国人民大学出版社2007年版,第154页。

入盟为中东欧地区转型成功提供了强有力的保障，促成了中东欧国家构建起一套稳定的、长期的西方式政治制度。

其次，帮助中东欧国家走出经济困境。中东欧国家加入欧盟后，欧盟及其成员国成为它们最主要的贸易伙伴，为中东欧国家经济发展提供更大的市场，欧盟作为世界上最主要的经济体，既能为其成员国的发展提供强大的经济资源，又能从整体上保证各个国家的稳定、全面发展。尤其是经货联盟的实施，欧元与欧元区的建立对欧洲经济的整合发展带来了新的动力，不断刺激欧元区内贸易往来，推进区域经济整合向完全的经济货币联盟的方向发展。欧盟所拥有上述巨大的经济优势对中东欧国家产生了巨大的向心力和激励示范作用。

虽然与欧盟老成员国相比，新入盟的中东欧国家经济发展较为落后，差距较大，但是新老成员国之间的互补性和依存度较高，这就为中东欧国家经济发展带来了机遇。中东欧国家加入欧盟意味着在一定程度上减小成员国之间的发展差距。中东欧国家同欧盟的贸易长期以来处于不对等地位，双方贸易体量悬殊，贸易结构存在差异。入盟后，欧盟统一大市场将扩大至中东欧国家，这意味着中东欧国家可以充分利用市场的便利条件，向欧盟出口更多商品，减少贸易逆差。入盟后的中东欧国家借助欧盟统一大市场，调整自身产业结构，吸引外资投入，扩大出口贸易量，带动其经济增长，彻底实现中东欧国家经济转型。欧委会的一份报告显示，2004—2009 年，得益于西欧国家大量涌入的资本及欧盟统一大市场为其扩大出口提供的广阔空间，中东欧新成员国的经济发展获得了快速增长，平均增速达到 5.5%，较之入盟前五年，即 1999—2003 年，提高了两个百分点。[①]

中东欧国家得到了欧盟凝聚与区域发展基金、农业发展基金等基金的支持，促进了中东欧国家缩小与其他欧盟成员国的经济差距与不平衡发展。具体来说，上述欧盟基金为中东欧国家创造了新的就业机会，增加了部分国家的国民收入，提高了中东欧国家的整体经济竞争力，缩小

[①] 参见 EU Commission Report, "Five Years of an Enlarged EU: Economic Achievements and Challenges"，转引自郭洁《东欧的政治变迁——从剧变到转型》，《国际政治研究》（季刊）2010 年第 1 期。

了区域之间的经济差距与不平衡发展。波兰在 2007—2013 年共计上缴欧盟 210 亿欧元，但得到了 597 亿欧元结构基金和凝聚基金用于发展落后地区的经济以及加强农业建设。同期，斯洛伐克也得到了 100 多亿欧元的欧盟财政转移。[①] 通过欧盟对中东欧国家的诸多结构性援助，中东欧国家获得更多的经济利益，分享了欧盟经济发展与繁荣的红利。

再次，为中东欧国家提供新的安全保障。中东欧国家在冷战期间始终作为两大军事政治集团对峙一方的前沿阵地，具有特殊的意识形态与价值观念，冷战结束使中东欧国家意识形态和价值观迅速发生了转变。同时，摆脱苏联继承者俄罗斯的控制也成为中东欧国家优先的安全目标。为了维护已获得的政治独立和经济利益，求得政治稳定、经济转型的时间与空间，以及安全环境，中东欧国家迫切希望加入欧盟。[②] 因此，中东欧国家将加入欧盟作为其获得安全保障的重要选择与依托。基于历史经验和现实处境的考量，小国的外交主动权较小，其首要的外交任务就是维护自身利益，同时必须力求与大国或区域组织结盟来为本国提供更为可靠的安全保证。中东欧国家正是认识到这一点，因而将加入欧盟和融入欧洲一体化来为本国提供更多的安全保障作为主要的安全目标。中东欧国家在传统安全领域内的现实考虑是其战略地位和地缘政治性质在后冷战时期有了根本性的变化，加入欧盟可以使其远离俄罗斯的阴影，在政治与安全上寻求新的依靠对象。在非传统安全领域，中东欧国家亦可通过欧盟现有机制解决诸如跨国毒品走私、大规模有组织犯罪、恐怖主义等非传统安全问题。同时，中东欧国家也可以在安全合作的过程中扩大在欧盟内部事务中的话语权，更好地维护自身利益。

从负面影响来看，加入欧盟意味着中东欧国家必须遵守欧盟既有的法律与规则，这在一定程度上将会削弱它们原有竞争优势，必须面对由于经济社会发展水平远远落后于欧盟平均水平所导致的事实上的不平等，在欧盟内部的一些重要领域中，它们的权利也会受到限制。同时，欧盟的老成员国也不愿意中东欧国家加入欧盟后在欧盟内部享受与自己平等

---

① 贾瑞霞：《中东欧国家区域经济合作转型》，中国发展出版社 2013 年版，第 125—126 页。

② 李世安、刘丽云：《欧洲一体化史》，河北人民出版社 2006 年版，第 279 页。

的地位。因此，对于中东欧国家而言，加入欧盟也存在一系列负面影响。

第一，影响中东欧国家政治局面的稳定发展。中东欧国家迫切进行政治经济转型的动因之一是努力加入欧盟，部分中东欧国家也为这一努力而建立了次区域合作机制。波兰、匈牙利、捷克与斯洛伐克四国为加入欧盟而作出集体努力之时，各国意识形态不同的政党暂时将其不同政见与政策倾向搁置了起来，加入欧盟成为它们共同的努力方向。然而，在实现入盟的目标之后，各政党失去了之前合作的主要基础与方向，进而导致内耗加剧，波兰、匈牙利、捷克、斯洛伐克四国党派纷争加剧，引发了四国政府频繁更迭，政局动荡难安。例如，在2004年，波兰总理莱谢克·米莱尔在波兰入盟后次日便向总统递交了辞呈；捷克总理弗拉迪米尔·什皮德拉7月辞职，政府解散；匈牙利总理迈杰希·彼得于8月也辞去了总理职务。[①]

新老欧盟国家之间差距较大、分歧重重，也是导致中东欧国家出现一系列史无前例的政治问题的重要原因。V4集团成员国政府被指责在入盟谈判过程中过多地向欧盟进行让步，损害了本国利益。同时，加入欧盟之后，中东欧国家由于受到了欧盟法律的约束与机制管制，在一定程度上削弱了各自国家议会的权力。一时间，中东国家内部泛起"疑欧主义"，社会舆论纷纷质疑入盟的必要性。加入欧盟后，波兰、斯洛伐克执政的都是认同"欧洲怀疑主义"的保守派政党。2005年，波兰法律与公正党赢得了议会选举，其领导人赖赫·卡钦斯基当选为总统。2006年，斯洛伐克社会民主党上台执政，斯洛伐克人民党（争取民主斯洛伐克运动和民族党）在议会选举后参加了执政党领导的新一届政府。

第二，造成欧盟新老成员国间经济发展差异化。一方面，加入欧盟之前，中东欧国家之间的经济发展就有很大差距，发展基础、水平参差不齐。根据来自欧洲议会的数据，假设欧盟15国人均GDP在2000年4月的平均值为100欧元，则同期匈牙利为49欧元，波兰为37欧元，捷克为64欧元，斯洛伐克为46欧元。入盟后，中东欧国家调整自身产业结构、加速经济体制转型，取得了不错的成绩。但与那些欧盟老成员国相

---

① 吴恩远主编、孙力副主编：《俄罗斯东欧中亚国家发展报告（2010）》，社会科学文献出版社2010年版，第240页。

比，它们的贸易体量、经济发展依然远远落后，若无切实有效的政策，这一趋势或许会给欧洲一体化带来新的难题。

另一方面，在欧盟既定的政策方面，新老成员国享受的利益与福利也不尽相同。例如，在农业方面，尽管欧盟采取了诸多措施来削减从中东欧地区进口农产品的附加额、消除关税壁垒等，但单从农业补贴层面来看，中东欧成员国从欧盟处得到的补贴额远远低于欧盟老成员国。这对于中东欧国家极不公平，意味着中东欧向欧盟完全打开了本国的农业市场，但由于欧盟政策的倾斜，使其农产品处于劣势地位。在目前的欧盟差异化农产品补贴政策之下，具有优势的农业国波兰农产品价格高于德国农产品，导致其向德国出口的农产品比德国向波兰出口的农产品还要少，根本原因就在于德国从欧盟获得的补贴大大高于波兰所得。根据欧盟现有政策，中东欧国家在入盟前就达成协议：欧委会可对中东欧出口的农产品进行检疫，中东欧国家在出口时必须遵守欧盟内部严格的农业和食品安全政策。欧盟的检疫表面上可以为其内部农产品的安全性提供一定的保证，但以食品安全为由制造贸易壁垒是欧盟一贯的做法，所以，欧盟对中东欧制定的种种附加政策会增加中东欧国家的担忧。

第三，中东欧国家失业和移民问题更加严重，社会动荡加剧。依据入盟协议，中东欧国家在加入欧盟后短期内继续向欧盟其他成员国出口劳动密集型产品的局面将被打破。依据欧盟共同就业及劳工政策，中东欧国家必须采取改善劳动力工作环境、提高薪资等措施以符合欧盟标准，这样势必会增加中东欧国家的生产成本，劳动力需求锐减，中东欧国家中小企业的发展前景堪忧。由此来看，迫于欧盟共同就业及劳工政策的相关规定，中东欧国家开始采取一系列措施进行削减劳动力，首当其冲的便是农村和传统行业。各国的失业率保持在较高水平，尤其是经济本身就比较落后的中东欧国家，入盟后社会发展不稳定、失业问题迫在眉睫。其中，最为严重的是波兰的失业问题，在各国失业浪潮中高居首位，仅在 2005 年波兰的失业率就已经达到了 18%。普遍严峻的失业现象背后是严重的贫困，中东欧国家相当一部分家庭生活质量严重下滑。更令人担忧的是，伴随着中东欧国家失业率居高不下，新一轮非法移民或将威胁整个欧洲社会，带来难以想象的挑战。例如，2004 年斯洛伐克劳动力大量移民英国，就是因为当年其失业率再创新高，导致人民纷纷外迁。尽管欧盟一直倡导人员自由流动，构建统一大市场，但非法移民、廉价劳动力外迁会引起老成员国不满及对中东欧国家的歧视情绪，破坏欧洲稳定。

第二节　欧债危机对中东欧国家的影响

一　对中东欧国家政治发展的影响

欧债危机对中东欧的政治经济影响不断显现。首先，以波兰、捷克为代表的一些中东欧国家较早已表露出强烈的疑欧心态，他们希望欧洲一体化朝着更加开放和民主化的方向发展。捷克前总统瓦沁拉夫·克劳斯曾指出，欧洲一体化的深入是政治精英不断自上而下推动的结果，但民众仍对欧洲主义持怀疑的态度，他们并不认同由布鲁塞尔决定的欧洲未来，认为它无法兼顾每个国家。认同危机反映了政治精英与普通民众间的巨大鸿沟，也反映了在现实的和政治的欧洲之间存在巨大的鸿沟。在波兰，2015年10月上台执政的法律与公正党提出，中东欧国家自己的繁荣发展之路，并不仅仅局限于缩小东西欧差距这条道路上。离心倾向在欧尔班政府带领下的匈牙利表现得更为明显。匈牙利政府于2013年出台了"向东开放"的政策，主要针对中国、独联体国家、东南亚和中东地区。对此，匈牙利进出口银行的一份声明表示，该政策旨在促进匈牙利同这些国家地区的经贸往来，不仅促进出口，而且也要吸引资本。2015年，匈牙利外交与贸易部长彼得·斯齐亚托宣布了"向南开放"的战略，重点关注非洲和南美地区。V4集团其他成员国也纷纷效仿，逐步扩大合作伙伴。捷克工业和贸易部的一位发言人曾指出，捷克自2012年开始实施出口促进战略，推动出口多元化即推动捷克商品出口至世界各地。波兰专家多米尼克·威克劳表示，波兰政府关注的5个潜在市场遍布亚洲和拉美，分别为印度、越南、伊朗、阿尔及利亚和墨西哥。

其次，欧洲货币一体化作为欧盟政治经济博弈的产物，特别是作为欧洲一体化的标志，其政治意义不言而喻，代表了欧盟国家走向欧洲一体化的坚定政治决心和意志。但是，欧债危机的持续扩散使中东欧国家对欧元的态度产生了极大的负面影响，进而影响部分中东欧国家对欧洲一体化未来的信心及其本国政府对待欧盟的态度。中东欧大国波兰、匈牙利、捷克对加入欧元区持谨慎态度，一方面是上述国家的政府希望在欧债危机中独善其身，把危机带来的风险降低到最低程度，避免本国本已脆弱的经济受到严峻的挑战；另一方面是中东欧国家的这一普遍态度又代表了其对欧盟及欧洲一体化的怀疑，进而造成中东欧国家对于欧盟的不信任。与此同时，中东欧国家亦不愿意因永久游离于欧元区之外而失去在欧盟中讨论决策的重大权力，均不同程度地表示将加入欧元区视为"战略目标"，但中东欧国家内部各政党、利益集团以及民众对加入欧元区持不同态度，这加剧了部分中东欧国家内部的政治分裂和政治不稳定状态。斯洛伐克于2009年1月1日在中东欧国家中率先加入了欧洲货币一体化，希望通过加入货币一体化进一步加速发展本国经济，同时在经济发展水平上缩小与欧盟老成员国的差距，提升斯洛伐克在欧盟事务中的话语权。然而，事与愿违，随着欧债危机向中东欧地区的扩散，斯洛伐克的普通民众纷纷质疑政府的做法，对货币一体化抱有强烈的怨恨情绪。危机带来的是更严重的政治影响，持续蔓延的欧债危机极大地打击了当时的斯洛伐克政府，斯洛伐克政府支持的欧洲金融稳定机制（ESFS）增资方案导致了斯洛伐克政府的更迭。时任斯洛伐克政府总理的伊维塔·拉迪乔娃（Iveta Radičová）在应对欧债危机、救助希腊问题上支持欧盟建立欧洲金融稳定机制，其本意是希望通过在欧盟内承担更多的经济责任来提升斯洛伐克的地位与重要性，其负面效应是向该机制投资是一项花费较大的工程，不利于本国的经济发展，拉迪乔娃政府的方案在国内遭到了一致反对。之后，拉迪乔娃政府试图将本国的信任案表决与欧洲金融稳定机制扩容方案表决合并在一起，以期通过投票。但斯洛伐克议会最终否决了这一方案，同时，议会通过了对政府的不信任案，拉迪乔娃政府被迫下台，成为欧债危机爆发以来欧元区中第一个因拯救欧元区而倒台的政府。斯洛伐克中左翼政党"方向—社会民主党"在议会大选中获胜，并单独组阁。

再次，难民问题加剧新老欧洲分歧。2015年6月23日，V4集团发表联合声明拒绝接受欧盟难民配额。同年9月4日，V4集团再次发表声明拒绝接受欧盟提出的重新分配12万名难民份额的方案。V4集团在难民问题上的一致强硬立场日益突出了新老欧洲之间的结构性矛盾。V4 集团相互支持配合对抗来自欧盟的压力，拒绝接受欧盟强硬的难民分配政策。同时，V4 集团在布拉格举行的首脑会议呼吁欧盟准备一份"后备计划"（Plan B），旨在协调中东欧国家在欧盟讨论难民危机时所持的立场，降低马其顿和保加利亚与希腊边境的渗透性。① V4 集团的立场如下：V4 集团将制订一项单独的计划，不与欧盟其他国家协调，以阻止巴尔干半岛的移民潮。V4 集团再次表示反对引进难民自动安置机制。斯洛伐克和匈牙利总理对该区域的难民危机提出了最强硬的立场。罗伯特·菲科表示，要从"欧盟的不负责任的政策"中保护斯洛伐克，只要他担任斯洛伐克领导人，他就不会允许在斯洛伐克建立一个"紧密的穆斯林社区"。匈牙利总理欧尔班·维克托在难民危机上的立场坚定，帮助执政党青民盟克服了一场公众支持危机。捷克政府也在努力将可接受的难民数量降至最低，并坚决反对自上而下强加的配额。与此同时，德国仍在推动建立永久难民安置机制。新老欧洲在难民分配政策上的对峙仍在持续。

最后，中东欧国家国内主权受到干涉、"多速欧洲"的战略使中东欧国家的民族自尊心受到打击，加速了民族主义和疑欧情绪的进一步发酵。匈牙利和波兰的国内政策近年来屡遭欧盟的质疑和干预。例如，欧盟多次针对匈牙利关于提高外国资助非政府组织透明度的法律、高等教育法修正草案等法律或修正草案提出"意见"，要求匈方作出答复。2018 年 9 月 12 日，欧洲议会对匈牙利政府启动欧盟《里斯本条约》第七条，认定其损害司法独立及移民权利。波兰则因砍伐原始森林被欧委会起诉至欧洲法院，欧洲议会还通过决议要对波兰启动《里斯本条约》第七条规定的程序审查。2018 年 9 月，波兰最高法院决定服从欧盟最高法院的裁决，暂停实施之前通过的关于大法官提前退休的相关条款，并撤销对因新法律而受到影响的法官的相关裁决。随即，波兰政府表示欧盟最高法院的裁决无效，波兰新法将继续推行。匈牙利和波兰最近发生的两件事件，表面上凸显了新老欧洲间的在司法领域的矛盾，实际上展示了新老欧洲

---

① Behind the scenes of Plan B, "The migration crisis seen from the perspective of the Visegrad Group", *Centre for Eastern Studies*, 2016.

之间深刻的差异，也反应了超国家主义的困境。同时，欧委会在《欧洲的未来白皮书》中提出了"多速欧洲"设想。中东欧国家因此感到被边缘化，并因之不符合其入盟构想而极力反对这一设想，呼吁欧盟作为一个整体应谋求同速发展。而欧盟内部的双重质量标准使中东欧国家加重被"边缘化"的感觉。同样品牌的产品，在中东欧销售的产品质量明显比在西欧的质量要差，使中东欧诸国强烈不满。2017年3月，在中东欧国家的不懈努力下，欧盟春季峰会将意大利费列罗公司的产品质量标准存在差异问题写进了会议公报。同年9月，欧委会主席容克在年度咨文中把解决双重标准问题提到了成员国平等的高度。

二 对中东欧国家经济转型的影响

美国次贷危机引发欧债危机之后，中东欧国家在出口恢复的带动下，经济社会形势自2011年起开始逐步好转。其中，波兰成为欧盟中唯一在危机中保持经济增长的国家，其经济增长速度在整个中东欧国家中保持领先。依据贸易数据，中东欧的主要国家年经济增长率在2020年前将高于平均水平，例如，波兰、捷克、匈牙利和斯洛伐克进口和出口的主要行业为汽车等工业品行业，这从侧面反映了四国在欧洲供应链中正在扮演越来越重要的角色。如表2—1所示，V4集团在欧债危机后经济发展态势良好，呈现不同程度的增幅。波兰近十年经济增幅约为56.58%，匈牙利约为39.97%，捷克约为39.10%，斯洛伐克约为40.49%，同比欧盟增长率为28.76%，V4集团的经济增长率显著高于欧盟整体增长率。而西欧主要国家德国经济增长率为37.63%，法国约为21.31%，意大利约为11.70%。受欧债危机影响，主要西欧国家经济增长率尚未达到欧盟平均水平，只有德国，作为欧盟中最大的经济体，保持了较高的经济增速。总体来看，尽管中东欧国家已经加入欧盟，但与欧盟老成员国仍存在不对称的贸易和投资依赖关系，中东欧国家虽然在经济总量上难以和主要西欧国家媲美，但其经济发展态势良好，为欧盟经济发展注入了新的活力。

表 2—1　　　　　　2009—2018 年各国 GDP 总量统计表　　　　单位：百万欧元

年份	2009	2010	2011	2012	2013	2014	2015	2016	2017	2018
波兰	317082.9	361803.9	380241.7	389376.8	394733.8	411163.2	430254.5	426547.5	467304.2	496461.8
匈牙利	94262.5	98826.0	101317.0	99502.4	101890.5	105547.0	110898.7	113903.8	124050.3	131935.1
捷克	148682.0	156718.2	164040.5	161434.3	157741.6	156660.0	168473.3	176370.1	191721.8	206822.9
斯洛伐克	64203.1	67577.3	70627.2	72703.5	74169.9	76087.8	79138.2	81226.1	84850.9	90201.8
法国	1936422.0	1995289.0	2058369.0	2088804.0	2117189.0	2149765.0	2198432.0	2228568.0	2291697.0	2348991.0
德国	2460280.0	2580060.0	2703120.0	2758260.0	2826240.0	2938590.0	3048860.0	3159750.0	3277340.0	3386000.0
意大利	1572878.3	1604514.5	1637462.9	1613265	1604599.1	1621827.2	1652085.4	1689824	1727381.5	1756981.5
欧盟(28国)	12330593.3	12841529.7	13217460.9	13484172.4	13596777.9	14072020.7	14828642.4	14958293.0	15382590.6	15877040.2

资料来源：https：//ec.europa.eu/eurostat/search? p_auth = J2hEJUG3&p_p_id = estatsearchportlet_WAR_estatsearchportlet&p_p_lifecycle = 1&p_p_state = maximized&p_p_mode = view&_estatsearchportlet_WAR_estatsearchportlet_action = search&text = gdp，访问日期：2019 年 5 月 27 日。

综上所述，虽然一些加入欧盟的中东欧国家得到了利益，发展了本国经济，但是，这些国家在贸易、投资、生产、流通、金融等领域与欧盟老成员国相比仍然存在不对称、不平等和依赖关系。基于上述经济环境的影响，中东欧国家较为薄弱的经济基础极易受到欧盟和国际社会等外部因素的影响，经济复苏较难，复苏速度较慢。与此同时，高失业率、高通胀率、融资困难等欧债危机长久遗留的潜在隐患仍会不同程度地威胁它们的经济增长和社会稳定。欧洲贸易联盟研究所高级研究员贝拉·高尔戈企表示，V4 集团在经济方面相当大的程度上依赖于欧盟。[①] 以匈牙利为例，其出口总额占据其 GDP 的 80%，而出口欧盟贸易额就占到出口总额的 80%，尤其是德国，是匈牙利最重要的贸易伙伴。因此，欧盟内部市场成为 V4 集团经济快速发展的"工具"，同时也为中东欧国家起到示范作用。

欧盟凝聚政策（也称欧盟地区政策）下的"结构基金"旨在减少地区间收入、财富和机会差距。通过对该基金的支出情况进行考察，可以发现波兰和匈牙利都是该基金的最大受益者。该基金为 V4 集团提供了出

---

① 王素：《维谢格拉德四国集团兴衰沉浮》，《进出口经理人》2018 年第 4 期。

口导向型增长的机会，促进了其急需的技术转让和管理方法，并促使该地区吸引外国直接投资。因此，V4集团也都在贸易中强烈地倾向于欧元区，尤其是德国，它们之间存在着高水平的相互贸易。德国是中东欧国家最重要的贸易伙伴。其中，德国占捷克的出口比重最高，几乎占其总出口的三分之一。波兰、斯洛伐克和匈牙利对德国出口约占各自出口额的四分之一。同时，中东欧国家互为彼此重要的贸易伙伴。以斯洛伐克为例，斯洛伐克对其他中东欧国家的出口占其贸易额的31.5%，甚至高于斯洛伐克对其主要贸易出口伙伴德国的出口（占斯洛伐克出口的22.3%）。[1] 在捷克、匈牙利和波兰的贸易额中，与其他中东欧国家贸易额虽低于对德贸易额，但仍处于较高水平。如表2—2所示，波兰、捷克、斯洛伐克等国出口货物主要集中于制成品，与此同时，以工业为主的德国制成品进出口比重同样较高。德国为波兰、捷克、斯洛伐克和匈牙利等国提供技术支持，而波兰、捷克、斯洛伐克和匈牙利等国则报以低劳力成本，二者间形成了完整的产业链。随着经济发展，波兰、捷克、斯洛伐克和匈牙利等国对彼此也有了越来越多的经济意义。由此，波兰、捷克、斯洛伐克和匈牙利等国由于具有较高的经济增速，有效拉动了欧盟整体经济发展。虽然波兰、捷克、斯洛伐克和匈牙利等国在经济总量上与西欧国家仍存在一定的差异，但其快速发展的经济，为欧盟带来了一个区域性的繁荣市场，使欧盟内部市场不再仅仅单一集中于大西洋沿岸，同时为欧盟经济发展注入了新的活力。

表2—2　　　　　2018年各国进出口货物比重表*　　　　单位：%

指标	德国	波兰	捷克	斯洛伐克
农业原材料出口占货物出口比重	0.73	1.29	1.31	0.89
食品出口占货物出口比重	5.5	12.9	5.1	3.9
燃料出口占货物出口比重	2.2	3.3	2.9	3.6
制成品出口占货物出口比重	84.1	78.9	88.9	89.2
矿物和金属出口占货物出口比重	2.5	3.6	1.6	2.1

[1] "Visegrad group and the internal market: Benelux of the 21st century?" *Association for International Affairs*, 2016.

续表

指标	德国	波兰	捷克	斯洛伐克
农业原材料进口占货物进口比重	1.4	1.6	1.3	1
食品进口占货物进口比重	7.9	8.5	6.1	5.7
燃料进口占货物进口比重	9.2	7.6	6.5	8.1
制成品进口占货物进口比重	72.6	77.2	82.7	82.2
矿物和金属进口占货物进口比重	4.1	3.5	3.4	2.6

注：＊匈牙利数据暂缺。

资料来源：http://data.stats.gov.cn/easyquery.htm?cn=G0104。

中东欧国家进入欧盟内部市场，保持它的顺利运作和进一步加强内部市场一体化符合V4集团的利益。对V4集团来说，它们的GDP很大程度上依赖于欧盟内部市场的市场准入。总体来看，入盟后中东欧国家经济增长态势良好，近十年的经济增速显著高于欧盟总体的经济增速。具体体现在以下方面：第一，欧盟成员国身份使中东欧国家，尤其是V4集团的GDP每年多增长了大约1%。2018年，V4集团GDP占欧盟总和的5.8%。在2007—2013年财政预算期内，欧盟分配给V4集团的各类补贴共计1309亿欧元。来自欧盟基金的补贴对匈牙利、斯洛伐克、捷克和波兰GDP的年均贡献率分别为0.7%、0.5%、0.3%和0.5%。[1] 第二，中东欧国家人均GDP显著增加。2009—2018年，V4集团的人均GDP增加了42%；捷克人均GDP增加37.21%；匈牙利人均GDP增加43.56%；波兰人均GDP增加56.86%；斯洛伐克人均GDP增加40.16%。同一时期，欧盟老成员国法国和德国的人均GDP仅增加25%。第三，V4集团与欧盟老成员国之间的收入差距缩小。2017年欧盟统计局公布的人均GNP（购买力平价计）显示，2017年欧盟人均GNP为4.23万美元，捷克为3.57万美元，斯洛伐克为3.17万美元，波兰为2.87万美元，匈牙利为2.77万美元。其中捷克、斯洛伐克均接近欧盟水平，只波兰和匈牙利与欧盟水平略微有些差距，但相较入盟时已有显著提升。第四，V4集团多

---

[1] Visegrádskáčtyřka—10 let členství EU（Ⅱ），EU aktualit číslo129červen2014，http://www.csas.cz/static_internet/cs/Evropska_unie/Mesicnik_EU_aktualit/Mesicnik_EU_aktualit/Prilohy/mesicnik.

数成员国生活质量显著改善。入盟后捷克、斯洛伐克和波兰的生活质量大大提高，只有匈牙利的生活质量指数排名较为靠后。2018年联合国公布的全球生活质量最佳国家排名中，波兰位列第23位，超过许多其他欧盟国家的排名。

自2004年入盟后，中东欧国家经济快速发展。据欧盟统计局数据显示，2003年V4集团GDP总量只占欧盟28国的3.7%，截至2018年，V4集团GDP占欧盟28国的5.8%。依据世界银行的标准定义，捷克、斯洛伐克和匈牙利、波兰均属于高收入国家。V4集团经济的良好走势很大程度归功于欧盟内部市场，尤其德国同这些国家的经贸往来起到了较大的促进作用。德国作为V4集团最大的贸易伙伴国，将该地区的部分企业纳入德国的市场体系和标准之中，双方建立起完整的产业链。国际货币基金组织发布的一份有关"德国—中欧供应链"的研究报告显示，进入21世纪后，中欧由于其较低的劳动力成本已成为世界商品制造的基地。报告指出，V4集团同德国形成的产业链是欧盟内部经济一体化程度最高的区域，远远超过西班牙和北欧。在德国和V4集团双边贸易往来中，V4集团不仅为德国提供了廉价高素质劳动力，同时也从德国获取了技术和管理经验，提高了生产效率。在V4集团的进出口比重中，德国都稳居第一。据波兰中央统计局的数据，波兰2018年进出口总额为5295亿美元，德国仍旧是波兰最大的贸易伙伴国，波兰出口德国总额占其出口总额的28.2%，进口则占22.4%。捷克、匈牙利和斯洛伐克的情况也是如此。据匈牙利进出口银行的数据，2018年，匈牙利进出口总额为2471.3亿美元，其中344.3亿美元出口到德国，占出口总量的27.4%，同比增长8.6%。在捷克2018年的3857.5亿美元的进出口总额中，有651.5亿美元出口到德国。同时，依据各国统计局的数据显示，机电产品、运输设备等在各国出口比例中占据较大的份额，由此可知，V4集团对德国的工业依赖度较高。尤其是在汽车工业领域，其在V4集团进出口比重中占有较大份额。如今，随着中东欧国家同德国产业链日渐完善，其汽车生产总量跃居欧盟第二，仅次于德国，而10年前这一指标仅排欧盟第六，落后于德国、法国、西班牙、英国和意大利。

三 对中东欧国家与欧盟关系的影响

自 2004 年中东欧国家加入欧盟以来，中东欧开始在国际舞台上扮演更重要的角色，其国际地位显著提升的同时，也强化了其在欧盟内部的地位与话语权。欧债危机的爆发与蔓延在一定程度上也为中东欧国家加强合作提供了较好的时机。

(一) 经济领域

中东欧国家经济增速超过欧盟平均水平，成为拉动地区经济发展的引擎。自中东欧国家入盟后，其经济快速发展，不仅在经济增速方面超过西欧国家，而且在出口贸易方面也得到了显著提升。如前所述，中东欧国家在欧债危机后经济发展态势良好，呈现不同程度的涨幅。V4 集团的经济增长率显著高于欧盟整体增长率。从总体来看，中东欧国家虽然在经济总量上难以和主要西欧国家媲美，但其经济发展态势良好，为欧盟经济发展注入新活力。波兰、匈牙利和捷克等中东欧国家于 2010 年 7 月底在匈牙利布达佩斯召开了政府首脑峰会，参会国领导人一致同意重新启动"中欧自由贸易区"合作机制，通过这一机制巩固和提升中东欧国家之间的区域合作，并以这种区域合作的形式协调中东欧国家的利益差异并拓展深度合作，进而提升其在欧盟内部的影响力和发言权，重塑东欧剧变以来其在国际社会中的区域形象和国际影响力。因此，中东欧国家以执行"欧洲 2020 战略"、修订欧盟预算、应对全球环境变化和改造基础设施建设为契机，竭力实现提升其在欧盟域内外影响力的目标。

中东欧国家入盟有助于欧盟共同市场的进一步深入。GNI 代表国民总收入，即一个国家所有常驻单位在一定时期内获得的劳动者报酬、生产税、补贴、固定资产折旧、营业盈余和财产收入等原始收入总额，是反映一个国家整体经济活动的重要指标。从表 2—3 中可以看出，中东欧国家 GNI 指标日渐上涨，这与加入欧盟有着不可分割的关系。同时，捷克和斯洛伐克两国与欧盟平均水平差距较小，波兰和匈牙利对比捷克、斯洛伐克两国的差距较大，但波兰的 GNI 指标增长较快，匈牙利虽然在 V4 集团中 GNI 指标最低，但也保持着一定的增幅。GNI 指标同时又反映了一国的经济活力。V4 集团作为中东欧具有较大影响力的次区域组织，无论在市场管理还是在基础设施的建设上，均有较大的发展空间，可以为欧洲提供一定市场，扩展欧盟共同市场，同时也可以作为西欧产业链的延伸，扩大生产。而且，V4集团在中东欧颇具影响力，可以为欧洲经济一体化在中东欧的实践起到示范作用。进入欧盟统一市场的捷克、匈牙利和斯洛伐克是极其开放的经济体，出口与GDP均处于非常高的水平。只有波兰，由于具有较大的国内市场，相比于V4集团其他三个成员国对外开放水平较低。但是，若将波兰经济同其他欧盟成员国经济相比较，它仍旧具有较为明显的对外依赖的特征。因此，中东欧国家的经济主要依赖于对外贸易。

表2—3　　　　欧盟与V4集团国家GNI指标比较　　　　单位：美元

年份	2014	2015	2016	2017
欧盟（28国）	27681	28966	29149	29983
捷克	22220	23614	23932	24861
匈牙利	18057	18933	19232	19739
波兰	17989	19155	19185	20107
斯洛伐克	21091	21839	22054	22552

资料来源：https：//ec.europa.eu/eurostat/search？p_auth=J2hEJUG3&p_p_id=estatsearchportlet_WAR_estatsearchportlet&p_p_lifecycle=1&p_p_state=maximized&p_p_mode=view&_estatsearchportlet_WAR_estatsearchportlet_action=search&text=gdp。

中东欧国家为欧盟提供了廉价劳动力，反映出中东欧地区可为欧盟市场提供某些稀缺生产要素。依据欧盟统计局公布的数据显示，欧盟近十年就业率增幅均维持在0.2%左右，但其人口却有2.2%的增幅，人口持续增长但就业率却没有相应提高，从中可以看出欧盟整体人口增长速度慢，尤其是西欧的发达国家，且人口老龄化严重。[1] 老龄化成为影响欧盟国家经济发展的重要因素。从表2—4中可以看出，捷克就业率除了在2011—2014年出现过短暂低迷状况，其余时间均保持较高水平。斯洛伐克的就业率也比较稳定，仅匈牙利和波兰维持较低的就业率或持续出现

---

[1] 参见https：//ec.europa.eu/eurostat/search？p_auth=J2hEJUG3&p_p_id=estatsearchportlet_WAR_estatsearchportlet&p_p_lifecycle=1&p_p_state=maximized&p_p_mode=view&_estatsearchportlet_WAR_estatsearchportlet_action。

负增长的情况。对比中东欧国家近十年的人口增长状况，可以看出匈牙利和波兰的人口呈现负增长状态：匈牙利2009年约有1000万人口，到2018年仅约有970多万人口；波兰的情况也是类似的，近十年间波兰总人口减少了约7万人。[①] 从人口增长的角度看，匈牙利和波兰的就业率不高也就可以理解。总体来看，中东欧国家劳动力较多，但由于国家发展不如西欧等发达国家，其高素质劳动力可以为西欧如德国等国家提供成本较低的劳动力资源，降低生产成本，同时又形成了完整的欧洲产业链，使得欧洲制造业更加稳定。

表2—4　　　　　　　　　中东欧国家就业率　　　　　　　　　单位：%

年份	2009	2010	2011	2012	2013	2014	2015	2016	2017	2018
捷克	0.6	0.2	-0.2	0.1	0.0	0.1	0.2	0.2	0.2	0.4
匈牙利	-0.2	-0.2	-0.3	-0.5	-0.3	-0.3	-0.2	-0.3	-0.3	-0.2
波兰	1.0	0.1	0.0	0.0	-0.1	0.0	-0.1	-0.1	0.0	0.0
斯洛伐克	0.2	0.2	-0.6	0.2	0.1	0.1	0.1	0.2	0.1	0.1

资料来源：https：//ec. europa. eu/eurostat/search? p_auth = J2hEJUG3&p_p_id = estatsearchportlet_WAR_estatsearchportlet&p_p_lifecycle = 1&p_p_state = maximized&p_p_mode = view&_estatsearchportlet_WAR_estatsearchportlet_action = search&text = gdp。

（二）政治领域

中东欧国家通过积极的对外交往扩大其政治影响力，推进新老欧洲之间的理解与融合。中东欧国家虽然常常抱团发声，但其内部成员诉求不尽相同。斯洛伐克作为中东欧国家中最小的一个国家，它更愿意将中东欧国家之间的合作扩大到其他国家，深化和加强伙伴合作，故而V4集团为斯洛伐克提供了一个在地区和欧盟层面追求国家利益的机会。同样，波兰也将维护中东欧国家关系视为其首要任务之一，中东欧国家也是波兰进行磋商的首选。作为中东欧国家中规模最大以及一个中等规模的欧盟国家，它自然在某些方面与其他中东欧国家的偏好略有不同。然而，

---

① 参见https：//ec. europa. eu/eurostat/search? p_auth = J2hEJUG3&p_p_id = estatsearchportlet_WAR_estatsearchportlet&p_p_lifecycle = 1&p_p_state = maximized&p_p_mode = view&_estatsearchportlet_WAR_estatsearchportlet_action。

其他中东欧国家帮助波兰在欧盟内部巩固了地位,并且在一定程度上体现了波兰对与较小国家的合作持开放态度。在中东欧国家入盟前,"V4+法德"就入盟问题举行过会晤。中东欧国家入盟后,为扩大中东欧国家影响力并获取更多话语权,"V4+"框架在欧盟内部异常活跃,如"V4+斯洛文尼亚+奥地利","V4+卢比荷""V4+波罗的海国家+北欧国家","V4+希腊+罗马尼亚+保加利亚",通过这样的机制进行欧盟内部的政治协调。为发展合作伙伴,"V4+"框架也不仅限于欧盟内部国家,例如,2008年举行的"V4+瑞典+乌克兰"会晤,探讨了欧盟与乌克兰的关系。同时,"V4+"也将目光扩展至域外国家,例如,"V4+日本"峰会,"V4+日本"安全研讨会和"V4+韩国"部长级会晤。由于"一带一路"与中国—中东欧合作机制在中东欧发展态势良好,"V4+"多次提出与中国建立"V4+中国"的会晤机制,如2015年斯洛伐克外交部部长米罗斯拉夫·莱恰克在中科院的演讲中明确提出了建立"V4+中国"会晤机制的提议。[①] 随着"V4+"框架的不断完善,V4集团所代表的中东欧地区利益表达更加完善、统一,使欧盟在制定政策的时候逐渐整合中东欧利益,推动东西欧间平衡发展。

中东欧国家通过利用欧盟制度性框架,推进地区问题的解决,从务实的态度获取欧盟认可,进一步扩大其在欧盟的影响力,为即将和已成为欧盟成员国的中东欧国家树立榜样。作为中东欧地区核心国家的匈牙利和波兰两国,分别在2011年上下半年担任欧盟轮值主席国,匈牙利和波兰在上任伊始即提出要实现"强大欧盟内强大的中欧"的目标,因此,在担任欧盟轮值主席国期间,匈牙利和波兰主导的欧盟议程,不仅维护了欧盟整体利益诉求,而且保障了中东欧国家特别利益诉求,特别是在促进其中东欧区域伙伴克罗地亚的入盟问题上。在匈牙利担任欧盟轮值主席国期间,匈牙利积极推进欧盟与克罗地亚的入盟谈判,确保了克罗地亚的入盟谈判在2011年7月前结束,匈牙利的努力不仅为克罗地亚

---

① Prospects of Closer EU-China Cooperation, "A View from central Europe lecture presented by Deputy Prime Minister and Minister of Foreign &European Affairs of the slovak Republic H. E. Miroslav Lajcak at the Chinese Academy of social Sciences and Institute of European Studies in Beijing", China on February 3, 2015.

的入盟创造了有利的条件，而且为深化欧洲一体化进程作出了贡献。在波兰担任欧盟轮值主席国期间，欧洲理事会主席、时任波兰总理唐纳德·图斯克对克罗地亚进行了国事访问，图斯克正式代表欧盟将克罗地亚的入盟条约递交给时任克罗地亚总理亚德兰卡·科索尔，波兰在克罗地亚签订入盟条约的过程中发挥了积极的作用，为克罗地亚的入盟扫除了一切障碍，克罗地亚在2011年年底顺利签署了入盟条约，并在2013年7月正式加入欧盟，至此，欧盟的成员国数量扩充到28个。克罗地亚的入盟不仅对于其国家自身的发展转型作用巨大，而且为位于中东欧的西巴尔干国家的入盟重新赋予了希望，西巴尔干国家在冷战结束后经历了长期的动荡，当前西巴尔干国家社会渐趋稳定，匈牙利和波兰充分发挥欧盟轮值主席国的作用，为中东欧国家入盟和欧盟继续东扩创造了契机。这充分证明了中东欧国家具有推进欧洲一体化的能力，凸显了中东欧国家在欧盟次区域中的重要地位。与此同时，匈牙利和波兰2011年担任欧盟轮值主席国期间，正值欧债危机不断恶化之际，匈牙利和波兰以欧盟轮值主席国的身份积极投入拯救欧盟的行动之中，提出了诸项改革欧元区经济运行机制的倡议，试图最大可能地阻止欧盟经济的衰退。匈牙利在担任欧盟轮值主席国期间启动并完成了第一个"欧洲学期"，"欧洲学期"促使欧盟及其成员国在欧债危机期间制定区域和国家政策时协调各方力量、增强政策透明和提升执行效果。此后，中东欧国家，如匈牙利、波兰和捷克等，在欧盟的各种不同场合都在呼吁，欧盟的中东欧成员国在保障欧洲条约、申根条约执行以及深化欧洲一体化等方面作出了重大贡献，欧盟的其他成员国不应该轻视和忽略中东欧国家的声音。

中东欧国家积极参与"欧盟战斗群"（EU battle group）的组建，通过在军事方面的努力获取欧盟更多的政治信任，推动共同防务的发展。"欧盟战斗群"的理念源自法国和英国在2003年2月两国政府首脑峰会上提出的组建"战术群"（Tactical Groups）的倡议。该战术群的主要任务是应对某些非洲国家由于动荡、战乱引起的人道主义危机，在联合国授权的前提下，欧盟能够针对此类问题快速部署军事力量。在2004年2月慕尼黑安全会议上，英法德三国提出了"欧盟战斗群"的详细概念文件，并提交欧盟政治与安全政策委员会。① 该文件指出，"欧盟战斗群"可以由欧盟一国或多个国家组成，如果由多国组成，其中贡献最大的国家将作为"框架国家"；一个战斗群的规模在1500人左右；在联合国的授权下执行在动荡国家或地区的安全任务；有能力在15天内部署到位等。② 2004年11月，欧盟正式对外宣布组建"欧盟战斗群"。"欧盟战斗群"奉行联合国授权与成员国一致的原则，以维和为主要目的，以少而精为部署原则，并具有一定的开放性，鼓励多国参与。在"欧盟战斗群"形成伊始，中东欧国家积极参与欧盟其他国家组建的战斗群学习军事合作方式，之后开始尝试主动组建战斗群，如表2—5所示。早在2007年匈牙利一个轻步兵营便参加了由意大利担当框架国的"欧盟战斗群"。在2008年上半年，捷克与斯洛伐克两国第一次尝试组建一支"欧盟战斗群"，这也是中东欧国家第一次独立组建"欧盟战斗群"的尝试。该战斗群由捷克担任框架国，行动司令部位于德国波茨坦，并接受到来自德国的指导，成功完成了2009年下半年的待命值班任务。经过这次有效尝试，中东欧国家开始积极组建"欧盟战斗群"，积极为欧盟集体安全作贡献，展示自身愿为欧盟发展承担责任的信念。2010年上半年，中东欧国家组建了一支欧盟多国参与的战斗群，由波兰作为框架国，斯洛伐克、德国、拉脱维亚和立陶宛共同参与。同时，除了积极参与"欧盟战斗群"，中东欧国家加入北约后还积极为欧盟共同安全与防务政策作出贡献，进而增加其在欧盟内部的政治话语权。随着中东欧国家经济持续增长，中东欧国家在国防预算中的投入比重也在不断增加。尤其是波兰，在国内经济持续健康发展的前提下，波兰现在是北约盟国中少数几个将GDP的2%或更多用于国防预算的国家之一。与此同时，波兰一直与V4集团其他三个国家保持密切的合作，加强彼此的军事合作。2016年7月在华沙举行的北约峰会上，波兰在"华沙战略适应倡议"（Warsaw Strategic Adaptation Initiative）中明确了北约在中东欧的地位，积极支持北约的行动。同

---

① Karl-Heinz Kamp, European "Battle Groups": A New Stimulus for the European Security and Defense Policy, "Analysen und Argumente" of the Konrad Adenauer Foundation 2004. p. 10.

② Capabilities Development in Support of EU RAPID Response, "The Battlegroups Concept", FR/DE/UK food for thought paper. （www. geopowers. com/Allianzen/EU/akt_eu/RRV_BGConcept）

时，捷克和斯洛伐克也曾宣布打算继续增加他们的国防预算，继续努力实现向北约承诺的将GDP的2%用于军费开支。如表2—6所示，世界银行最新公布的世界各国军费支出占GDP比重显示，截至2017年，仅波兰的军费开支达到北约要求的占GDP的2%，其余三国均刚超出1%。到2020年，捷克的军费开支可能达到其GDP的1.4%，斯洛伐克则可能达到1.3%，这些共同的增长给了V4集团真正的机会去展示团结。

表2—5　　　　　中东欧国家参与欧盟和北约战斗群人数　　　　　单位：人

国家	捷克	波兰	斯洛伐克	匈牙利
人数	728	1870	460	640

资料来源：https：//en.wikipedia.org/wiki/Visegr%C3%A1d_Battlegroup。

表2—6　　　　2018年中东欧主要国家军费支出占GDP的比重　　　　单位：%

国家	波兰	匈牙利	捷克	斯洛伐克
比重	2.0	1.1	1.1	1.2

资料来源：https：//data.worldbank.org.cn/。

作为西巴尔干国家入盟的倡导者，中东欧国家希望推动该地区尽早入盟，扩大以V4集团为代表的中东欧在欧盟中的话语权，以此巩固自身地位。加入欧盟是西巴尔干国家的共同愿景，欧盟也再三重申其对西巴尔干国家入盟的支持，欧盟的中东欧成员国积极支持西巴尔干国家入盟，中东欧国家可以为该地区提供一定的入盟经验供其借鉴，同时由于相似的历史文化、地缘环境，西巴尔干国家在入盟后也会积极响应中东欧国家的号召。例如，早在2011年为纪念V4集团成立20周年发表的《布拉迪斯拉发宣言》中对巴尔干国家入盟问题就曾明确表示V4集团的积极态度。2017年2月，黑山总理杜什科·马尔科维奇在到访匈牙利后与时任匈牙利总理欧尔班在会谈时，欧尔班明确表示支持黑山入盟。同年7月，"V4+奥地利+斯洛文尼亚+克罗地亚"外长会晤，一致支持西巴尔干国家入盟。10月，在V4集团和巴尔干地区部长级会晤以及V4集团四国元首峰会上，四国都重申了支持西巴尔干国家入盟的立场。2018年发布的《维谢格拉德集团针对欧洲未来的联合声明》中表示要保证欧盟向巴尔干地区扩大。[1] 同时，西巴尔干国家入盟问题一直都是V4集团在担任欧盟轮值主席国期间主要推动的议题。按照目前欧洲议会按人口总数及递减比例原则的席位分配原则，西巴尔干国家入盟后将占据总席数的7%左右。同时，在欧盟理事会基于人口的加权投票中，西巴尔干国家也具有一定的优势。而在英国脱欧后，中东欧国家缺少像英国般立场一致同时票数高的盟友。此时拉拢西巴尔干国家，将会强化中东欧国家在欧盟的地位，扩大中东欧在欧盟的话语权。在帮助西巴尔干国家入盟的同时，中东欧国家在这一过程中的积极态度，也将为欧盟各国树立一个良好的印象，为将来承担更多欧盟事务打下基础。

第三节　中东欧应对欧债危机的努力

一　拓展与欧盟成员国的全面合作

在欧盟东扩初期，中东欧国家开始意识到开展与欧盟其他成员国合作将有助于进行彼此间卓有成效的优势互补。因此，中东欧国家纷纷开启了与欧盟其他成员国在政治、经济、社会、人文等方面的合作。

2005年2月，V4集团与荷比卢联盟的代表在布拉迪斯拉发举行会晤，就V4集团与荷比卢联盟之间的重点合作事项进行了磋商，确定的重点合作事项包括申根事务、荷比卢商标设计署（Benelux Trademark and Design Office）参访事宜、荷比卢联盟议会合作、"欧洲交通检查服务组织"（Euro Contrôle Route，ECR）等方面的合作，以及在欧洲结构基金、环境保护、投资政策、旅游推广以及劳动就业政策等领域的合作。同年7月到12月，V4集团总理与奥地利总理、斯洛文尼亚总理、欧委会主席、英国首相以及荷比卢联盟国家政府首脑等举行了多次双边或多边会晤，就有关合作问题进行沟通磋商。2006年，V4集团与波罗的海三国组成

---

[1] "Visegrad Group Statement On The Future Europe（Visegrad Group Heads of Government）" 26 January 2018，http//www.visegrad group.eu/calendar/2018/维谢格拉德集团 - statement-on-the。

"签证平等联盟"（Coalition for Visa Equality），接连于11月和12月在布鲁塞尔举行外长会晤，发表联合声明，表达了7个国家要按照事先设定的时间表在2007年10月加入申根区的坚定态度和立场，并称若因所谓技术问题加入申根区进程被延迟，将会有损欧盟在几个新成员国民众心目中的信用，同时，也表达了将继续与欧盟紧密协作推动申根区扩大进程的意愿。2007年6月，V4集团总理与当年欧盟轮值主席国葡萄牙总理在"V4+"框架下举行了首脑峰会，就欧盟重要议程以及葡萄牙加入申根区和欧洲货币联盟方面的经验进行了沟通交流。12月，V4集团总理与斯洛文尼亚总理在"V4+"框架下于捷克举行了领导人峰会，会后发表联合声明，就科索沃问题、西巴尔干国家融合发展、申根区扩大、能源安全等议题进行了沟通并发表了共同的态度和立场。作为欧盟重要的组成部分，中东欧国家渴望增强在欧盟内中东欧地区的身份认同，在初获拓展合作的巨大实惠之后，中东欧国家进一步拓展与欧盟其他成员国的合作。2008年11月，V4集团外长与保加利亚、爱沙尼亚、立陶宛、拉脱维亚、罗马尼亚、瑞典等国外长在华沙举行会晤，发表联合声明，就欧盟面临的挑战、加强合作、协调立场、促进欧盟发展等问题表达了态度和立场。2009年4月，V4集团以及保加利亚、罗马尼亚的农业部部长在华沙举行了会晤，就农业领域的合作进行了沟通，并同意在2013年后实施共同农业政策。2011年2月，V4集团与奥地利、德国以及乌克兰总理在布拉迪斯拉发举行峰会，会后发表了一份针对白俄罗斯的联合声明，以及一份V4集团总理联合公报。2012年9月，在联合国大会举行期间，V4集团与荷比卢联盟在纽约举行会晤，就乌克兰局势发表联合声明，表示欧盟认识到并支持乌克兰融入欧洲一体化进程的愿望，融入欧洲一体化的进展需要基于乌克兰在法治、人权等领域的发展和改善。2013年2月，V4集团，北欧理事会，波罗的海三国等国家的外长在波兰格但斯克举行会晤并发布声明，表示同意北欧和中东欧各国必须积极合作促进欧洲一体化，并就单一市场、能源安全、交通运输、东部伙伴关系、对俄关系、防务安全等问题进行了沟通交流，表示格但斯克会晤是北欧和中东欧各国就欧洲有关问题进行合作的重要一步，并表示将进一步推动北欧理事会、波罗的海三国以及V4集团之间在区域融合发展方面的合作。2013年3月，V4集团、法国总统、德国总理在华沙举行峰会，就欧盟多年度财政框架（MFF）、经济货币联盟（EMU）、竞争力与经济增长、防务安全合作等议题进行了沟通磋商。同日，V4集团以及法国和德国的国防部部长也在华沙举行了会晤，发表了一份名为《合作共建防务，团结共担责任》的联合声明，就全球金融危机带来的挑战、多边防务合作、防务能力建设等问题发表了共同的态度和立场。2014年12月，V4集团总统以及奥地利和斯洛文尼亚总统在布拉格举行了峰会，强调了V4集团与奥地利和斯洛文尼亚之间紧密关系所具有的意义，同时也就共同关心的各个政策领域进行了沟通磋商，并表示将继续为中欧各国之间的合作提供支持。2015年6月，V4集团总理与法国总统在布拉迪斯拉发举行领导人会晤并发布了新闻公报，V4集团总理对作为欧洲政治经济大国和欧盟创始国的法国对与V4集团合作的重视表示欣赏，对法国为建立一个强健、团结、开放的欧洲所起到的作用表示认可，双方都对多边主义、国际秩序、和平解决争端、积极参与联合国和其他国际组织等问题有着相同的看法和立场，双方还就气候变化、能源政策、研发创新、经济复苏、区域安全、难民危机等问题进行了沟通磋商。双方表示，此次会晤显示了双方拥有很多共同利益和共同关心的重要问题，对V4集团来说，法国是欧盟中非常重要的战略合作伙伴，对法国来说，V4集团是法国在欧盟决策方面重要的合作伙伴。双方同意将就共同关心的问题进行定期沟通磋商，加强在各个政策领域的合作。2017年3月2日，V4集团与保加利亚、克罗地亚、罗马尼亚以及斯洛文尼亚等国负责区域融合发展的部长在华沙就未来区域融合发展举行了会晤，并在会后发表联合声明，认为区域融合发展对欧盟范围内的投资便利化、经济增长、创造就业、社会发展目标的实现等具有重要作用。会议就区域融合发展的成果以及2020年后远期融合发展政策取向进行了沟通，并呼吁欧委会尽快创设一个由欧盟所有国家代表组成的非正式沟通平台，为尽早启动2020年后远期规划进程做准备。2018年5月11日，V4集团和巴尔干地区欧盟国家外交部部长在雅典苏尼翁表示，相关国家应深化合作、共同应对挑战，并呼吁欧盟加快吸收新成员的步伐。2018年6月21日，V4集团总理与奥地利总理在布达佩斯举行会晤。与会各国一致认为，欧洲应有能力保护自己的边界并为公民提供安全。

二 拓展欧洲睦邻政策框架内的对外合作

在共同外交与安全政策的框架下，欧盟制定了一整套有效的对外政策机制，V4集团成员国作为欧盟成员国必须在欧盟对外政策的框架内发展对域外国家的合作关系，东部伙伴关系是V4集团在欧洲睦邻政策框架内进行对外合作的成功范例。

2004年12月，V4集团外交部部长举行会晤，就乌克兰局势发表声明，认为乌克兰不仅是欧盟的一个重要邻居，还是欧盟的一个重要战略伙伴，对乌克兰危机表示关注，并做好准备为寻求一个和平、有效、可持续的解决方案作出自己的贡献。2005年6月，V4集团总理在波兰举行会谈，并就"欧盟—乌克兰行动计划"发表联合声明，表示会继续致力于与乌克兰合作落实"欧盟—乌克兰行动计划"。2007年1月，V4集团与乌克兰立法机构的欧洲事务委员会在波兰举行了会谈，发表联合声明，就贸易问题政治化、欧洲睦邻政策、欧盟与乌克兰关系、签证条件放松问题、俄罗斯与格鲁吉亚关系、欧洲共同能源政策、克罗地亚入盟进程等问题发表了各自的态度和立场。2011年6月，V4集团总理在布拉迪斯拉发举行峰会，就加强V4集团在欧盟东部伙伴关系中的作用发表了联合声明，称V4集团同欧盟持相同立场，认为东部伙伴关系计划是一项长期的重要对外政策，将继续增强V4集团在欧盟东部伙伴关系框架下的合作，这不仅会给东部伙伴关系国家带来好处，还会给V4集团带来好处，并决定在维谢格拉德国际基金会框架下设立一项新的专门针对东部伙伴关系的名为"V4集团—东部伙伴关系"的特别项目，用以在民主转型、区域合作以及公民社会三个领域向有关国家提供支持。2012年3月，V4集团在布拉格就东部伙伴关系举行了会晤，并发表联合声明，确认了为东部伙伴关系国家提供全方位的援助是波兰、匈牙利等中东欧国家的重要事项之一，支持欧盟与东部伙伴国家之间的合作深化，支持东部伙伴关系国家在政治、经济、社会等领域进行的改革，并表示会进一步加强与各方的合作，促进地区融合发展，同时还启动了"V4集团—东部伙伴关系"项目实施细则。2014年，随着乌克兰危机的升级，V4集团就乌克兰局势密集表达态度和立场；3月5日，V4集团还就乌克兰问题专门向负责欧盟外交事务和负责欧盟扩大事务的欧盟委员递送了一封公开信表达 V4 集团的立场和态度；12 月 16 日，V4 集团和乌克兰外长在乌克兰首都基辅会晤并发表联合声明，就当时的地区局势进行了沟通，V4 集团再次确认会向乌克兰政府以及乌克兰民众提供支持和帮助，并完全支持无条件落实达成的明斯克协议和备忘录，支持通过政治途径解决面临的危机，同时也对乌克兰的独立、主权和领土完整表示了支持。2015 年 5 月，V4 集团以及东部伙伴关系国家外长在布拉迪斯拉发举行会晤，与会人员还有拉脱维亚、罗马尼亚、瑞典的外长，以及欧盟外交和安全政策高级代表、欧盟睦邻政策委员等人，就东部伙伴关系国家当时的局势进行了评估，对未来区域合作进行了展望。V4 集团在会后发表了联合声明，重申将对东部伙伴关系予以全力支持，以应对所面临的各种挑战。2016 年 5 月，V4 集团以及来自欧盟、瑞典、荷兰、德国的代表在布拉格举行会晤，就东部伙伴关系发表联合声明，重申全力支持作为欧盟睦邻政策重要战略支柱的东部伙伴关系，已做好准备通过政府、议会、地方、社会、经济等层面进行合作，进一步巩固东部伙伴关系，对乌克兰和格鲁吉亚针对欧委会评估结果所采取的努力表示了欣赏，并达成一致继续加强与格鲁吉亚、摩尔多瓦和乌克兰在改革进程方面的协调合作，共享 V4 集团所积累的经验。2016 年 9 月，V4 集团总理与乌克兰总理在波兰举行领导人峰会，会后发表了联合声明，强调双方之间进行长期合作具有重要性，对各国的发展以及中东欧地区的稳定带来积极作用。V4 集团重申，全力支持乌克兰的领土完整，认为全面落实明斯克协议是和平解决乌克兰东部危机的基础。四国还通过维谢格拉德国际基金会项目在民主发展、社会转型、融入欧洲一体化、区域合作等方面向乌克兰提供多边援助。2017 年 4 月 12 日，V4 集团在华沙举行会晤并发表共同声明指出，发展东部伙伴关系计划应成为欧盟未来的首要任务。应以内部改革、经济增长、基础设施建设和能源开发为未来工作重点。2017 年 8 月 31 日，V4 集团与乌克兰等 6 个欧盟东部伙伴关系国在匈牙利首都布达佩斯举行外长级会晤，再次确认欧盟与东部伙伴关系国发展关系具有战略意义。

三 拓展与欧洲域外国家的有效合作

V4 集团除了发展与欧盟其他国家和欧洲邻近国家的友好合作关系，

还注重扩大其在世界范围内的影响力,重视发展同欧盟以外国家和地区的合作关系,通过 V4 集团的模式同一系列有重要影响的国家和地区建立合作。

(一) 中东欧国家与域外国家合作的尝试——V4 集团机制

早在 2004 年之前,V4 集团就被认为是中欧的一个品牌,在东南欧国家与欧盟之间起到桥梁作用。[1] 实际上,无论是在发展议题还是在安全议题上,V4 集团对外的合作主要仍还限于北约与欧盟的框架之内。值得注意的是,V4 集团没有正式的法规、秘书处或者预算,也没有任何官僚机构,在制度结构上与官僚化严重的欧盟形成了鲜明的对比。正如有学者形象地将 V4 集团与欧盟的关系描述为"亲子关系":一方面,V4 集团认为欧委会是独裁专断的;另一方面,作为欧盟成员,V4 集团也在某些议题上表现出一定程度的抗争性。[2] 这种关系在 V4 集团与欧盟之间就难民分配方案的争执中得到了充分表现,也因此使国际社会对其产生了进一步的兴趣。

在加入欧盟与北约之后,V4 集团合作开始尝试进行转型与升级。其目标经历了三个阶段:从最初的应对冷战后危机和融入欧洲—大西洋一体化进程,到将重点转向自身内部发展维度,再到近年来活跃积极的域外国际合作。这些努力都表明,V4 集团不仅是一个协调平台。正如一位学者所认为的,早在 2004 年,V4 集团就被认为是一个品牌,[3] V4 集团政府与民间也将其看作一个品牌。2016 年公布的一项民意调查显示,四国国内的受访者认为,V4 集团是一个就重要战略问题作出决策的平台。[4]

---

[1] Juraj Marušiak et al., *Is Visegrad Still a central European "Trade Mark"*? Institute of Political Science, Slovak Academy of Sciences VEDA, Publishing House of the Slovak Academy of Sciences, Bratislava, 2013.

[2] Schmölz, Birgit, "Misunderstanding, conflict and divisions between the Visegrad Group and the European Union: an analytical discourse beyond the public cliche of the migration crisis", *CES Working Papers*, Alexandru Ioan Cuza University of Iasi, Centre for European Studies, Iasi, Vol. 11, Iss. 1, pp. 22 - 34.

[3] Fawn, Rick (2013):, "Visegrad: Fit for purpose? *Communist and Post-Communist Studies*", 另见 Juraj Marušiak et al., "*Is Visegrad Still a Central European 'Trade Mark'*"? Publishing House of the Slovak Academy of Sciences, Bratislava, 2013.

[4] O. Gyarfášová, G. Mesežnikov, *25 Years of the Visegrad Group as Seen by the Public*, Bratislava: "Institute for Public Affairs", 2016.

然而，一个品牌并不总被认为是资产，可能也是一种负担。[①] 这个品牌代表着新的合作模式，除了维谢格拉德国际基金之外，V4集团框架没有常设机构，"默契"与"非正式"是其两个突出特征。在2017—2018年度匈牙利轮值V4集团主席国的计划中，V4集团强调其将继续开展与邻国、欧洲国家合作以及强化与V4集团品牌有关的全球伙伴与问题的活动。[②]

长期以来，V4集团一直在努力打造自己的品牌，将其打造成一个新兴的"全球经济之虎"，或通往欧盟的"门户"。这实际上是V4集团合作的一个新方向，充分展示了该集团在过去30年里的变化。在成立之初，V4集团更多的是一种价值共同体，但随着时间的推移，它具有了更加实际的意义。考虑到其潜力，V4集团可以在不同层面合作中发挥更为积极的作用。在英国脱欧、欧债危机、难民危机等多重危机困扰欧盟的背景下，V4集团在诸多议题上需要来自域外国家的合作与支持。经验表明，V4集团在加入"欧洲—大西洋"一体化之后获得了巨大发展。除了在欧洲一体化进程中发挥积极作用之外，V4集团还将其共同利益反映为影响欧盟决策的能力。这集中表现为V4集团在人口规模、经济实力、联盟内部对于老欧洲傲慢态度的反抗，以及在欧盟理事会与欧洲议会的投票权上。从2005年1月1日起，四国在欧盟理事会共有58票投票权，这个数字等于德国与法国投票权之和。这些事实也已被欧洲的政治家所关注。2006年，欧委会主席巴罗佐（Manuel Barroso）在V4集团成立15周年之际就指出，（作为）"有着悠久成功合作传统的成熟政治联盟，V4集团有能力为欧盟积极作出增值性贡献"。[③] 当然，也有人从其他角度看待V4集团的发展，担忧其壮大可能破坏欧盟的团结与合法性。如2009年11月，法国总统萨科齐警告V4集团领导人"不要养成在峰会前会晤的

---

① Alex Etl, "The Visegrad Group and the EU" in Zoltán Gálik-Anna Molnár, *Regional and Bilateral Relations of the EU*, Dialóg Campus, Budapest, 2019, p. 285.

② 参见http：//www.visegradgroup.eu/documents/2017-2018-hungarian/20172018-hungarian。

③ Barroso, J-M, (2006), "Is Visegrad regional cooperation useful for the European Union?" in Andrzej Jagodziński, (ed.) *The Visegrad group- A Central European Constellation*, Bratislava：International Visegrad Fund, p. 185.

习惯"①；此外，欧洲各国领导人还出席了 2011 年 V4 集团合作 20 周年的总理峰会，这些都说明了 V4 集团已获得"老欧洲"的关注和承认。

（二）V4 集团开展合作的主要方式

维谢格拉德国际基金（International Visegrad Fund，IVF）是 V4 集团在 2000 年设立的第一个正式机制。IVF 支持四国社会、文化、体育和教育等各个领域层面的跨境合作。其中，除了支持四国内部的发展之外，IVF 项目中最重要的是支持和推动 V4 集团的对外交往。IVF 在结构性质上是一个四国政府间的国际组织，通过赠予、奖学金以及文化赞助等支持 V4 集团域内以及 V4 集团与域外的合作，尤其是与西巴尔干地区和东部伙伴地区的合作。800 万欧元的年度费用由四国政府共同分摊，2012 年以来，其他国家（加拿大、德国、荷兰、韩国、瑞典、瑞士与美国）提供了 1000 万欧元用于该基金项目运作。② 这也说明 IVF 开始受到国际社会尤其是域外国家的关注和支持。

在加入欧洲一体化框架之后，很多人开始质疑 V4 集团这个次区域组织的未来。然而事实证明，加入欧盟与 V4 集团合作并不冲突，V4 集团并没有解散或减弱，而是加强并扩大了内外合作。2004 年 5 月 12 日，四国在布拉格发表了《关于 V4 集团国家加入欧盟后合作的宣言》[也称《克罗梅日什宣言》。在这份宣言中，四国强调继续为欧洲一体化和扩大内外合作作出贡献，积极帮助那些希望加入欧盟的东南欧国家，首次正式地表达了在涉及共同利益的特定问题上与域外国家进行合作的愿望。③

"V4 +"模式④是 V4 集团与其他国家合作的主要形式。2017—2018 年度轮值 V4 集团主席国匈牙利明确支持通过"V4 +"的形式与全球伙伴进行合作，以提高 V4 集团外交政策、经济与旅游业的知名度，尤其是

---

① Mahony, H. (2009) "Sarkozy warns Visegrad countries not to make a habit of pre-summit meetings", euobserver.com, 4 November. (http://euobserver.com/9/28928/? rk = 1.)

② https://www.visegradfund.org/about-us/the-fund/，2019 年 7 月 23 日。

③ *Declaration of Prime Ministers of the Czech Republic, the Republic of Hungary, the Republic of Poland and the Slovak Republic on Cooperation of the Visegrad Group Countries after Their Accession to the European Union*, 2004, http://www.visegradgroup.eu/2004/declaration-of-prime.

④ 最早的"V4 +"模式是 2002 年 11 月 4 日举行的"Colloqium V4 + Benelux on the future of Europe"会议。

与埃及（埃及是一个发挥稳定作用的重要地区角色）和以色列（V4 集团的一个关键经济和政治伙伴）组织首届"V4＋"峰会，会上说明了"V4＋日本""V4＋韩国"就外交与安全政策、研发领域合作以及举办联合主题活动等成功开展政治对话，并详细说明了"V4＋美国"的合作议题领域，此外，还讨论了"V4＋中亚""V4＋非盟"等合作方向。[1]

由于各国国家利益可能存在差异，四国彼此目标不一定总是一致的。因此，不能预设 V4 集团始终保持相同的立场，但这并未妨碍 V4 集团成为一个潜在的国际事务参与方。除了许多国际活动之前的不定期会议之外，V4 集团还在每次欧盟召开首脑会议之前定期举行会议，以便在尽可能多的问题上找到共同的声音。[2] 为此，V4 集团制定了进一步对欧盟内外合作的指导准则，详细列出未来合作的方针和计划，包括 V4 集团继续合作的机制、年度轮值主席国、轮值期结束之前的总理峰会、国际活动之前的不定期非正式总理会晤、"V4＋"模式等，合作层次包括 V4 集团内部、欧盟内部、国际组织和其他伙伴。[3] 通过多年的协商与沟通，四国各层级建立了较为稳固的关系渠道和相处方式，这种紧密联系方便了 V4 集团深入的合作。

（三）"V4 集团"合作的实践

V4 集团与日本的合作在中东欧国家与欧洲域外国家发展合作关系中最具有机制化效力和影响力：一方面，日本自冷战结束日益重视与中东欧地区的合作，把中东欧纳入其经援外交的战略，通过政府带动民间投资的方式建立了稳固的合作基础；另一方面，V4 集团努力扩大影响力，寻求与日本建立良好合作关系，以吸引日本的投资与技术。2004 年，V4 集团与日本"V4＋日本"战略对话正式启动，开启了 V4 集团与日本的机制化合作。2007 年 5 月，V4 集团外长与日本外交大臣在"V4＋日本"

---

[1] http：//www.visegradgroup.eu/documents/2017－2018－hungarian/20172018－hungarian#_Global-Visegrad，2019 年 8 月 10 日。

[2] Patryk Kugiel（ed.），*V4 Goes Global：Exploring Opportunities and Obstacles in the Visegrad Countries' Cooperation with Brazil, India, China and South Africa*，The Polish Institute of International Affairs，2016，p.8.

[3] http：//www.visegradgroup.eu/cooperation/guidelines-on-the-future－110412，2019 年 7 月 23 日。

框架下于德国汉堡举行会晤并发表新闻公报，就共同关切的区域和国际问题、贸易投资、旅游等领域的合作进行了沟通，表示会进一步促进相互了解和双向贸易投资，决定举行两年一度的部长级会晤。2009年5月在越南河内举行的"亚欧会议"（Asia-Europe Meeting，ASEM）上，V4集团外长与日本外交大臣就共同关心的问题进行了沟通磋商，决定将"V4+日本"外长级对话作为双边合作的机制化内容。2010年2月，在V4集团轮值主席国匈牙利的倡议下，V4集团外交部政治司负责人到访日本并举行磋商会议，落实两年一度部长级会晤安排。2011年6月的V4集团外长会晤发表联合声明，详细列出了双方未来的合作领域，包括安全利用核能，加深政治对话与合作，定期举办研讨会和论坛，在技术创新、旅游产业、中小企业等领域加强合作。2013年3月，日本首相受邀参加V4集团华沙峰会，庆祝V4集团合作建立10周年并举行首脑峰会，双方发表联合声明称此次会议是V4集团与亚洲国家举行的首次领导人峰会，确定2014年为双边交流年，并就欧洲东部伙伴关系的意义，官方开发援助合作，安全领域合作，联合国框架下的合作，经济、科技以及创新领域的合作进行了沟通交流，最后就未来双边关系表达了进一步深化合作的愿望。2014年9月23日，V4集团与日本在布拉迪斯拉发签署研发合作协议，协议旨在通过共同研发促进V4集团与日本间的科学合作。

近年来，韩国与V4集团的合作日益密切，韩国企业在V4集团国家均有投资，双方领导人多次互访、会晤，建立了良好的合作关系。2014年7月，V4集团外长与韩国外长在斯洛伐克首都布拉迪斯拉发举行首次部长级会晤，就双边合作、地区和国际问题、欧盟与东亚关系、能源安全、朝鲜半岛问题、中东北非以及阿富汗局势等问题进行了沟通交流，并一致同意将举办研讨会、文化节、青年交流活动促进双边关系的发展。2015年12月，V4集团总理与韩国总统在布拉格举行了首次领导人峰会，就欧盟与韩国战略伙伴关系、加强政治对话、扩大交流合作、韩国向维谢格拉德国际基金会提供资金支持、欧盟与韩国自由贸易协议、能源领域的合作、中小企业合作、文化交流、教育、旅游以及朝鲜问题等议题进行了沟通磋商。

中亚国家在相互合作方面由于与V4集团存在一定程度的相似性，同时由于地缘上的接近需要将中欧作为中亚地区与欧盟发展合作关系的跳板与纽带,近年来双边关系进一步发展,2018年2月28日,首次"V4 + 中亚"外长会议召开,会议讨论了发展中亚—中欧之间的交流与合作等问题。与会的哈萨克斯坦外长海拉特·阿布德拉赫曼诺夫称,V4集团在一体化领域的经验将对目前得到发展契机的中亚国家互动带来很大的帮助,明确指出中亚与V4集团之间的主要合作领域包括教育、人力资本、数字化、先进技术的利用等领域以及在阿斯塔纳国际金融中心、绿色科技中心、IT创业园等框架下的合作。

由于欧盟和以色列在一系列问题上的分歧,特别是以色列在约旦河西岸大规模扩建犹太人定居点,欧盟对以色列持批评态度,欧盟与以色列关系受到影响,以色列迫切需要寻求欧盟国家的支持以恢复双边关系。在此背景下,2017年7月19日,以色列总理受邀参加V4集团布达佩斯峰会,V4集团总理与正在匈牙利访问的以色列总理内塔尼亚胡发表联合声明,表示V4集团和以色列将进一步探讨双方在国防工业、网络安全等领域进行合作的可能,并将在应对非法移民问题上进行密切合作。关于巴以和平进程,V4集团支持可行的两国解决方案,V4集团将推动以色列和欧盟改善关系。

此外,2010年3月,V4集团在南非开普敦开设了首家V4集团使馆,由V4集团外交官轮流处理V4集团在南非的外交与领事事务,标志着V4集团的影响已扩展到非洲并向全世界扩展,同时意味着V4集团对外合作进入了一体化尝试的新阶段。

四 中东欧国家拓展对外合作的挑战

中东欧国家在加入欧盟的历程中已经积累了一定的政治经济影响,这一效应在其对外合作中放大了中东欧国家的影响力,使中东欧国家在整体上与欧洲和世界上其他国家和地区建立了合作关系,但由于机制建设、国家分歧、内部政局变动以及域外国家的影响,中东欧国家在对外合作中还存在一些问题甚至挑战,在一定程度上制约了其对外合作的发展。

其一,由于次区域合作机制的局限性和国家利益分歧与外部影响的加剧导致中东欧国家对外合作的有效性不足。经过20多年的内部改革,中东欧国家变得有能力和有兴趣去寻求欧洲以外的伙伴。近年来,中东欧国家外交积极性明显提高，不断多样化和发展其全球层面的合作伙伴，探索在非欧洲市场的经济机会，并取得了一定的成就。除了一直重视与美国和俄罗斯关系之外，与日本、韩国和以色列也建立了伙伴关系。同时，中东欧国家与域外其他国家和新兴经济体（除了俄罗斯之外的金砖国家）的关系也取得很大进展。① 事实上，中东欧国家也已经得到了部分域外国家的认可。以 V4 集团为例，近年来 V4 集团与日本、韩国、以色列分别举行了峰会，如 2013 年的"V4 + 日本"峰会、2015 年的"V4 + 韩国"峰会、② 2017 年的首届"V4 + 以色列"峰会。在这些峰会中，与会领导人主要讨论了双方未来贸易和投资领域的经济合作。目前，V4 集团合作虽然已经在机制建设方面迈出了重要步伐，从峰会到各层级政府部门之间、各重点行业领域之间都建立起了定期会晤机制，但在决策、内部治理等方面依然缺乏有效的机制和程序，四国在国家利益方面的差异，使四国在对外合作方面一定程度上缺乏对集团的忠诚和责任意识。同时，中东欧的大国，如波兰，或欧盟内部的大国如法、德、意，或域外大国如美国，对中东欧国家施加影响，会进一步导致中东欧国家内部分歧和竞争加剧，对外合作行为的一致性和效率降低，这些都会导致中东欧国家整体在国际上的形象受损，影响力降低，从而致使中东欧国家无论是在欧盟体系内还是在国际社会中发挥的作用和影响力都较为有限，与其他国家和地区合作的有效性降低。

其二，中东欧国家的对外合作具有明显的派生性。中东欧国家作为欧盟成员国，其对外合作的重中之重是发展同欧盟体系内国家与其他次区域集团的关系。由于部分中东欧国是北约成员，中东欧国家自然重视同美国、土耳其等国家的关系，同俄罗斯等国的关系则受到影响。出于地缘政治经济利益的考虑，中东欧国家十分注重同其邻近的欧洲周边国家和地区的关系，如西巴尔干地区和前苏联欧洲地区的国家。因此，中东欧国家发展对外关系的重点是欧盟、北约以及邻近国家，具有明显的

---

① Patryk Kugiel (ed.), *V4 Goes Global: Exploring Opportunities and Obstacles in the Visegrad Countries' Cooperation with Brazil, India, China and South Africa*, The Polish Institute of International Affairs, 2016.

② http://www.visegradgroup.eu/documents/official-statements/joint-statement-on-the，2019 年 8 月 2 日。

派生性。这种性质在一定程度上束缚了中东欧国家同其他国家和地区发展关系的深度和广度。

其三，英国脱欧给中东欧国家在欧盟利益造成负面影响。中东欧国家与英国在许多领域有着紧密的联系，包括经贸往来、人员流动和政治合作。英国脱欧不但对中东欧国家及其在欧盟内的政治利益造成影响,[①]而且对中东欧国家的经济利益也带来一定风险。[②] 尽管德国与中东欧国家的合作广泛且紧密，但在难民问题的应对上，德国与中东欧国家的看法发生严重分歧。另外，欧盟尤其是德国对波兰的宪法问题相当不满。不过，有学者建议，中东欧国家可以考虑在欧盟中支持德国以使自身地位不受英国脱欧的影响。[③] 此外，考虑到备受争议的"多速欧洲"的重新提出，中东欧表示不支持甚至反对"多速欧洲"，这不但对欧盟团结（solidity）与聚合（cohesion）有所损害，而且使中东欧国家预期的政治和经济利益将会减少许多。而且无疑会使中东欧国家开始重新思考与欧盟的关系和该合作框架的未来。[④]

其四，中东欧国家对外合作受制于欧盟以外国家和地区对中东欧国家的认识。虽然中东欧国家与欧盟以外国家和地区建立了广泛的友好合作关系，在政治、经济、人文等领域的合作方兴未艾，但不难看出域外国家与中东欧国家的合作存在着更为复杂的考虑，除了发展与中东欧国家本身的合作，域外国家和地区更多地希望能够通过与中东欧国家的合作进一步打开与整个欧盟的合作大门，将中东欧国家视为与欧盟合作的桥梁和跳板。中东欧国家需要大量投资和技术，其市场更容易进入，域外国家和地区也更容易通过与中东欧国家的合作来积累进入欧盟市场的经验，为进入欧盟市场奠定基础。此外，中东欧国家将继续奉行"向东开放"政策，开展与东方国家关系，实现经济发展，提升其在欧盟的地

[①] Balázs Szent-Iványi, *Brexit, Post-Brexit Europe and the Visegradgroup: Potential Impacts, Interests, and Perceptions*, Aston Centre for Europe, 2018.

[②] https://think.visegradfund.org/wp-content/uploads/Nice_Brexit-Scenarios-and-the-Economic-Implications-for-the-Visegrad-Four.pdf, 2019 年 8 月 12 日。

[③] Adam Hudek, "The United Kingdom and Central Europe: A Dream of an Alternative", *Contemporary European History*, 2019, Vol. 28, No. 1, pp. 61–64.

[④] http://www.visegradgroup.eu/calendar/2018/Visegradgroup-statement-on-the.

位。例如，2009年，时任匈牙利总理欧尔班提出，"我们坐在欧盟的船上，但需要来自东方的劲风"，以此表明匈牙利需要在全球范围内加强与东方国家关系。"向东开放"政策主要是寻求新的投资和扩展商业合作关系。匈牙利政府"向东开放"政策的主要目标是俄罗斯和中国，分别设置了专门加强与俄罗斯和中国关系的部门，与俄罗斯互动频繁，保持密切合作关系。中国—中东欧合作发展顺利，双方互相视对方为重要战略合作伙伴。域外国家和地区更加重视中东欧国家，与中东欧国家合作的深入性和可持续性需要进一步发掘。

第三章

欧债危机背景下中国与欧盟和中东欧的相互认知

经历了两次世界大战的深刻教训，在苏美对峙的冷战格局中，催生了欧洲一体化的进程。欧盟以1952年欧洲煤钢共同体的建立为起点，欧洲一体化逐步扩大、深化与拓展。第二次世界大战结束初期到20世纪50年代，西欧国家在外交上也实行了"一边倒"的外交政策，美国在欧洲战场取得胜利后，提出了"马歇尔计划"，借助其在第二次世界大战中发展起来的实力帮助欧洲国家重新恢复被战争破坏的经济体系，同时防止苏联在欧洲扩张。西欧国家为了获得美国的经济援助和安全保障，在外交方面不得不追随美国。到了20世纪60年代，由于中国和西欧对与对方进行经贸合作和技术合作的意识加强，中欧之间的合作得到发展。20世纪70年代，欧共体与中国正式建交，欧共体与中国在经贸等领域展开合作，但合作比较有限。中国改革开放之后，欧共体与中国的合作愿望加强，欧共体十分渴望与中国进行经贸合作，也希望通过与中国的合作来维护世界和平。由于中欧双方在很多领域存在着许多共同利益，而且并没有实质性的利益分歧，因此，即便是在冷战时期，双方在政治、经济上都保持着良好的发展势头。但是，在20世纪80年代末，两极格局瓦解，双方关系发生了很大的变化。在冷战结束时，中欧关系出现严重的倒退也是意料之中。对于欧共体来说，冷战期间同中国合作的大部分原因是为了对抗苏联，冷战结束后，这一战略也就失去了意义。而且，最主要的是欧盟并未对中国形成长期的发展战略。随着东欧剧变和苏联解体，冷战结束后的国际形势发生了巨大的变化，尤其是1991年欧盟成立之后，欧盟与中国又开启了新的合作之路。而中东欧国家则在20世纪90年代纷纷进入了艰难的社会转型阶段，加入欧盟和拓展域内外合作成为中东欧国家的"最后一根救命稻草"。基于这一背景，中东欧国家也在逐步改变对华认知，改善双边关系。

第一节 欧盟对中国的认知

一 中欧建立全面伙伴关系

（一）20世纪90年代欧盟对华政策的调整

20世纪90年代，中欧政治关系是沿着低谷期—调整期—提升期的轨迹发展的。欧盟开始意识到中欧关系的重要性，因此不断调整和完善其对华政策。这一时期是欧盟对华关系处于一个过渡期，欧盟通过不断反思与中国之间的关系，意识到中国这条"东方巨龙"已经苏醒了，在未来，中国将成为世界主要力量之一，必须将欧中关系放置到与欧美、欧日、欧俄关系相同的高度上，更加重视双方的合作与对话，这不仅有利于欧盟的稳定发展，获得更多的实际利益，还有利于世界政治朝着更加稳定和平的方向迈进。在这样的考虑之下，欧盟采取了一系列具体行动，例如，建立领导人定期会晤机制等。1994年之后，欧盟对华态度更加明确，双方的关系也越来越密切，合作领域也逐渐拓宽。

欧共体对华制裁对20世纪90年代初期中欧的政治关系产生了巨大的影响，但是，中欧双方的关系从这一阶段开始慢慢回暖。欧洲议会和欧共体理事会在1990年10月决定逐渐恢复中欧关系。这可以被看成中欧关系恢复的开始。此后，中欧之间开始频繁地开展高层对话，国家间的互访交流活动也不断增加，经济贸易合作也迅速发展起来。同时，中欧还努力从更多方面寻找合作的可能性。中欧双方在1994年6月达成了"进一步加强双方政治对话"的协议。7月，欧委会在其发表的《走向亚洲新战略》中认为"欧洲必须提高对亚洲的重视程度并增加对亚洲的影响才能保持其优势和现状，"并建议"加强政治对话以共同创建稳定的世界环境"，"在亚洲增强欧洲经济的存在"[①]。而"欧洲要想实现其亚洲新战

---

① 艾米里亚诺·福萨提：《欧盟对亚洲的机制》，《欧亚观察》2002年第3期。

略，必须加强与中国在各个领域的合作"①。这表明欧盟对华认知已相对成熟，欧盟开始从战略的高度来考虑其对华关系。欧盟于1995年7月5日发表第一份对华政策文件——《欧中关系长期政策》，从这份文件中可以看出欧中关系发展的基本框架已经确立，欧盟将以此文件作为其对华关系的指导，这说明其充分认识到同中国发展友好关系的重要性，并且将双方关系确定为一种长期发展的关系，表达了欧盟想要同中国共同发展双边合作的决心。随着中欧关系的不断升温，1996年，欧委会再次出台了《欧盟对华合作新战略》，就双方在实际中遇到的新情况对欧中合作进行补充。例如，在中国申请加入世界贸易组织的问题上，欧盟表示坚定的支持。此外，还在其他一些问题上作出一些妥协。例如，1998年欧盟同意放弃与中国在人权问题方面的对抗。通过这些方面的努力，中欧关系得到了良好的发展。欧盟在1998年3月发表了《同中国建立全面伙伴关系》的对华政策文件，在该文件中，欧盟不断调整对华政策的内容，还确立了对华战略的长期目标，并提出"把中国当作世界伙伴同其全面接触"，表明随着中国实力的不断壮大，中欧关系的发展对欧盟来说也越来越重要，必须将欧中关系放置到与欧美、欧日、欧俄关系相同的高度上。随后，中国也被欧盟从"非市场经济国家"的名单里去除，中国的经济发展模式得到其认可。1998年，第二届亚欧会议在伦敦举办，在此期间，时任中国国务院总理朱镕基与时任欧委会主席桑特和英国首相布莱尔（时任欧盟轮值主席国）举行了中欧领导人首次会晤。在此次会晤上，中欧双方领导人表示中欧双方有共同利益，希望携手朝着在21世纪建立长期稳定的建设性伙伴关系的目标而努力，并决定构建领导人定期会晤机制。

（二）20世纪90年代欧盟对华政策调整的原因

20世纪90年代中期，欧盟通过其对华政策的反思，渐渐对中国形成这样一种认知：与中国建立友好关系符合欧盟利益，中国同欧盟之间存在着许多共同利益，中国拥有着巨大的市场，它不仅影响着世界经济的发展，对欧盟的改革和发展也具有重要的意义。《欧中关系长期政策》报告指出：中国的崛起在"二战"后的各国经验中是独一无二的，

---

① 杨逢珉：《欧洲联盟的中国经贸政策》，华东理工大学出版社2000年版，第100页。

日本成为经济强国而出人头地，苏联则基本上以一个军事强国的地位而存在。而中国与它们不同，中国在发展经济的同时注重国家军事实力的发展，虽说单方面不及其他国家，但是在综合实力方面却不容小觑。因此，欧盟选择与中国共同发展，为其实力的增强和国际地位的提升而努力。从欧盟自身的经济利益出发，希望可以不断扩大在中国市场上的规模，以便在同美日的竞争中获得更多的利益。欧盟在其对华政策文件中表明：当前世界强国美国和日本在中国市场进行着激烈的竞争，但都获得了很多利益。而欧盟作为当今国际中重要的一极，更应该积极进入中国市场；欧盟的企业应当在中国发挥更积极主动的作用，"为了让欧洲企业的全球竞争力不断增强，我们必须要进入当前世界上最具活力的市场"，即中国市场。与1995年的《欧中关系长期政策》相比，1998年《同中国建立全面伙伴关系》更加明确地表达了欧盟对中国"全面接触"的战略考虑，这就要求欧盟同中国拓宽合作的领域，在原有的基础上增加更多方面的合作，不仅在经济和贸易方面更加努力，还要在教育、文化、科技方面进行交流，同时，加强政治方面的对话，提升对话级别，加强政治互动，减少双方的沟通障碍。因此，1998年新文件第一次将欧中关系放置到同美、日和俄等国关系同样的位置上，并且还确立了欧盟对中国的基本目标。该文件顺应了时代发展的趋势，符合欧盟及其成员国利益，对中欧关系的发展具有重要的指导意义。三份对华政策文件确定了双方合作的目标，领导人会晤机制的建立则为双方提供了高层次的合作与对话平台，这必将对未来中欧关系的发展产生积极的影响。

（三）20世纪90年代欧盟对华政策的特点

20世纪90年代，欧盟对华政策具有战略性、全面性、务实性、两面性、独立性和稳定性的特点。欧盟对华政策的战略性是指欧盟制定的一系列对华政策具有长期性和稳定性，不是权宜之计，而是欧盟及其成员国在充分考虑自身利益的基础上制定的长期政策。从欧盟对华的一系列政策文件以及双方发表的联合声明中不难看出欧盟对华政策的战略性，它主要体现在欧盟对华认识和定位上。全面性是指合作全方位、宽领域、多层次，既包括经济、科技，也包括政治、文化；既有双边，也有多边；

既有官方,也有民间。① 务实性是指欧盟的对华政策努力减少由于政治制度和意识形态差异带来的不利影响,在对华关系上采取"合作与对话"的态度,积极开展双方在经贸等领域的合作。务实性主要体现在欧盟及其成员国对华人权政策上的转变,并把对华经贸关系置于首位,经贸关系是欧盟对华政策中的重要组成部分,也是欧中关系稳步发展的物质基础,欧盟在对华关系的发展上力求排除意识形态和社会制度差异的影响,积极发展对华在经贸、科技、教育以及环保等领域的合作,欧盟对华政策的务实态度产生了"双赢"的效果。两面性主要体现在两个方面,其一,从性质来看,欧盟对华政策有"虚"和"实"两面。欧盟对华政策是欧盟成员国拥有共同立场的反映,是各成员国追求各自国家利益以及欧盟整体利益的结果,对发展与中国的关系具有积极指导意义。但基于欧盟的特殊性质,在"共同外交与安全政策"领域依然是"政府间主义",欧盟各成员国在华利益不一致,对华认识也存在差异,因此,欧盟的对华政策在某种程度上只是各成员国对华政策的"最小公分母",有着明显的局限性。其二,从内容上看,欧盟对华政策既有积极的一面,也有消极的一面。欧盟发展对华关系除了具有扩大欧盟在华经济利益和谋求世界多极化考虑之外,还有将西方政治制度和价值观念移植中国的明显用意。② 相对于美国,欧盟及其成员国对华政策的独立性增强。欧盟认为世界的多极化有利于世界的稳定,多边主义是处理全球问题的最佳模式,强调联合国在国际事务中的作用,对美国的单边主义持批评态度。在对待中国的态度上,欧盟不认为中国的发展是对世界的威胁,认为"中国的强大、开放和繁荣对欧洲来说利大于弊"③。欧洲国家相信"多边主义是与中国打交道的好方式"。经过20世纪80年代末和90年代初的坎坷后,欧盟对华政策开始进入稳定发展阶段,体现了稳步发展并不断提升双边关系的趋势。欧盟对华政策的这一趋势不会逆转,这是由欧盟在华重大战略利益以及欧中双方的共同利益所决定的。

---

① 2004年5月6日温家宝总理在"中欧投资贸易研讨会"上作的题为《积极发展中国同欧盟全面战略伙伴关系》讲话中指出的。
② 冯仲平:《当前欧盟对华政策的四大特性》,《现代国际关系》1998年第5期。
③ 欧盟委员会副主席布里坦在1998年4月1日与朱镕基总理会晤时的讲话。

二 走向成熟的伙伴关系

21世纪初,国际政治的发展呈现出新的发展形势,多极化的政治格局也越来越明显。此时欧洲一体化发展进入了黄金阶段。欧盟进行机构改革,为东扩做好准备,其成员国签署了《尼斯条约》。在此条约中,欧盟决定用欧元来取代欧元区各国原来的货币,让欧元在欧元区各国流通。2004年,十个新的成员国加入欧盟,使欧盟达到了前所未有的规模,一个囊括东西欧、面积400万平方公里、人口4.5亿人、国内生产总值超过10万亿美元的新欧盟……出现。[①] 在欧洲一体化发展的同时,中国也得到了迅速的发展。作为主要国际力量,在塑造国际新格局的过程中,欧盟与中国需要承担起应有的责任,通过彼此间的充分合作共同面对全球问题。而现实也表明,中欧双方以新思维为重要指导,更加积极努力地向"全面战略伙伴关系"迈进。

(一) 21世纪初欧盟对华政策调整

21世纪初,欧盟处于战略扩张期,不断加快一体化建设,在内联外扩取得巨大进展的同时,欧盟将目光再次转向中国,并且同中国更加坚定地发展双方的政治关系,也希望借此加强双方的经济联系,"谋求相互的商业利益,来接触正在崛起中的中国,从而促进欧盟的核心利益"[②]。欧盟树立对华战略新思维,期望通过设定具体的政策目标,以务实的精神、渐进的方式发展对华关系,使中欧关系更加稳定地发展。中欧建立"全面战略伙伴关系"不仅对双方的发展起着促进作用,而且还能对地区和全球的发展起到积极的作用。因此,欧盟也更加重视双方关系的发展,并在2001年发表了《欧盟对华战略报告:1998年通讯的实施情况以及更有效的欧盟政策应采取的未来措施步骤》。这份欧盟对华政策文件主要是回顾两年来欧中关系的发展,并对其进行总结,将1998年文件的目标具体化,希望今后的欧盟政策能更有效地实施,确定了63条行动要点,具体说明了中欧关系的议事日程,并通过不断扩大欧盟对中国的中短期目

---

① 《中国对欧盟政策文件》,《人民日报》2003年10月13日。
② 林甦等主编:《欧盟共同外交和安全政策与中国—欧盟关系》,法律出版社2002年版,第332页。

标，调整政策文件的内容，使其发挥更加有效的作用。2001年的欧盟对华文件与前两份大有不同，它更加注重具体的实践和行动的安排，对比前两份文件，其内容更为具体，操作性更强。因此，2001年欧盟对华政策文件更像是对前两份文件的补充，它的重点主要是"增加了什么"而不是"改变了什么"，这份欧盟对华政策文件的目的是通过扩大对话与合作，完善现有政策，增强欧盟对华政策的可执行性。2003年9月10日，欧盟出台第五份对华政策文件——《走向成熟的伙伴关系——欧中关系的共同利益和挑战》，该文件出台的主要目的是为了指导未来几年欧盟对华政策的开展，为进一步推动中欧关系的发展作出努力。该文件首先确认了1998年和2001年的两份对华政策文件持续有效，重点是关于欧盟今后几年的行动步骤，并在此基础上将内容不断细化，明确规定具体事宜，这些内容是对2001年文件内容的补充和完善，使欧盟对华政策的行动要点越来越明晰。该文件也论述了中欧关系的成熟性，提出中欧之间要努力建立成熟伙伴关系。2003年欧盟对华政策文件是对前几份文件的一种提升，说明欧盟对华政策正在朝着更加成熟和更加务实的方向发展，中欧关系不是只存在于理论层面，而是要体现在具体实际的行动中，这使中欧关系的发展拥有了更多的保障。"一个对中欧关系的促进与服务体系正在由制度、法律支持与信息支持构成一个体系。"[①]

（二）21世纪初欧盟对华政策调整的原因

21世纪初，中欧关系的发展面临着新的机遇。因此，中欧双方原来的战略思维需要不断更新，要从新的角度寻求合作与交流。中欧积极发展同对方的关系，在此过程中也取得了良好的成绩，使双方战略伙伴关系更加密切。对于欧盟而言，在世界格局向多极化趋势发展的过程中，中国和欧盟都是其中的重要力量。如果中欧能建立起全面伙伴关系，在许多重大国际问题上就更有可能达成相互谅解，彼此给予支持，从而强化各自在国际社会中的地位。欧盟对华政策的调整促进了中欧关系，利于双方实现共同目标，即促进世界朝着多极化发展，反对霸权。统一的欧盟能够在某种程度上阻止美国的霸权行径，事实上，这一点也符合中国促进世界和平的意愿。而中国在亚太地区发挥的独特作用，使欧盟希

[①] 裘元伦：《中欧关系现状与未来》，《世界经济与政治》2004年第10期。

望有机会实现其在亚太地区的"参与"愿望。欧盟之所以出台这一政策是出于战略的考量。首先,欧盟与中国都在不断发展壮大,中欧双方各自不仅面临自身改革而且还充满着诸多挑战。从内部而言,欧盟于2002年年初已成功引入欧元,并在欧元区各成员国顺利流通,欧盟东扩使其规模不断扩大,并进行了机构体制的改革,实现了前所未有的发展。从外部而言,随着欧盟安全与防务政策和共同外交与安全政策的发展和完善及欧洲一体化进程的不断推进,欧盟在国际社会中的作用越来越明显,而其作为世界的一极更应当承担起与其地位和实力一致的国际责任。与此同时,中国在世界事务中也扮演着积极的角色:2001年中国加入世界贸易组织,中国经济的发展不仅带动了地区的发展,对世界经济的发展也产生了重大影响。中国的外交政策也继续向更加积极的方向发展,中国不断推进经济体制和社会改革,同时也面临着地区发展不平衡、金融体系不稳定、腐败威胁等挑战。种种情况表明,中欧之间必须开展友好合作,共同迎接挑战,才能使双方更加稳定地发展。其次,随着经济全球化的发展,世界经济发展出现了不平衡的现象,国家之间贫富差距拉大,从而导致极端主义和恐怖主义的加剧,严重威胁了世界的和平与发展,使国际安全形势发生了巨大的变化。2003年6月,欧盟发表了共同安全战略文件,指出中国是当今多极化世界中不可缺少的一极,因此,欧盟应当坚持加强同中国的合作。另外,双方在气候变化、全球公共卫生、国际犯罪、非法移民等非传统安全领域也具有许多共同利益。同时,确保中欧关系稳定发展,需要欧盟不断地赋予其强大的推动力。欧盟发表的对华政策文件强调,中欧要发展长期稳定的全面合作伙伴关系,并将对华关系提升到同美、日、俄关系同样重要的水平,欧中之间已经形成了长期稳定的对话机制,中欧双方在各领域的合作正朝着更好的目标发展。

(三) 21世纪初欧盟对华政策的特点

欧盟是当今世界一体化程度最高的国际行为体,在扩大和深化一体化进程中,也重视发展对华关系。2003年9月10日,欧委会公布的对华政策文件标题为《欧中关系的共同利益和挑战——走向成熟的伙伴关系》。在文件中,欧盟将中欧关系放到一个相当重要的位置上,这表明欧盟对中欧关系的重视程度加深,中欧双方积极谋求建立"成熟伙伴关系",在这样的前提下,双方努力寻求共同利益,积极面对挑战,推动双方各自的发展。至此,欧盟对华政策的框架基本定型,它对欧盟及其成员国发展对华关系具有积极的指导意义。在20世纪90年代,中欧关系发展存在不对称性和不平衡性,"不对称性主要是指经济、政治、文化发展不对称"①。21世纪初始,欧盟对华政策的态度更加务实积极,在2000年发表了《与"中国建立全面伙伴关系"通讯的实施情况》,2001年发表了《欧盟对华战略报告:1998年通讯的实施情况以及更有效的欧盟政策应采取的未来措施步骤》,2003年出台了《欧中关系的共同利益和挑战——走向成熟的伙伴关系》,这些对华政策都在不断对中欧关系的发展模式进行调整,进一步提升了中欧政治关系,努力实现双方关系的飞跃发展。就长远战略的角度考虑,2003年欧盟对华政策文件是对之前欧盟对华政策文件的又一次超越,中欧政治关系得到质的飞跃,"从致力于建立'长期'关系,到'伙伴'关系,到现在的'战略伙伴',是递进式的提升"②。21世纪初,双方从国际格局的角度出发,加强战略合作,促进了中欧关系的发展。中欧双方在国际格局的认知上保持高度的一致性,都认同世界朝着多极化的方向发展,双方也存在着很多共同利益,这就促使欧盟不断提升对华关系。欧盟对华新战略强调了双方建立成熟伙伴关系的重要性,双方的合作不断深入,欧盟对华的立场也更加明确。在该文件的指导下,中欧合作的需求不断增强,促进中欧关系进一步发展的意愿也更加强烈。该文件表明,在过去十年中,已经见证了中欧关系积极的发展。随着双边关系的深化和发展,中欧双边关系也出现了新的成熟,它体现在多个领域的政策协调之中。中欧双方各自都发生着巨大变化,同时面临着一系列地区性或者全球性问题的挑战,这些促使中欧双方在未来更紧密地开展多层次、多领域的对话与合作。在国际舞台上,中欧作为战略伙伴共同努力,符合双方共同战略利益。

三 建设全面战略伙伴关系

进入21世纪以来,中国经济飞速发展,国际地位不断提高。相比而

---

① 周弘:《论中欧伙伴关系中的不对称性与对称性》,《欧洲研究》2004年第2期。
② 阮宗泽:《中欧全面战略伙伴关系:从构想到实现》,《外交学院学报》2005年第2期。

言，欧盟却在2009年以来遭遇严重的主权债务危机，经济发展陷入迟滞状态。随着实力和地位的此消彼长，欧盟开始意识到，中国的迅速崛起，势必会对欧盟的政治经济地位和国际话语权带来挑战。特别是在中欧经贸关系方面，欧盟逐渐提高中国产品的准入标准，频频打起反倾销的旗号发动经济制裁，特别是随着欧盟及其成员国陷于主权债务危机不可自拔，开始戴着有色眼镜看待中国。

(一) 新时期欧盟对华政策调整的背景

2006年，欧盟在其发表的第六份名为《欧盟与中国：更紧密的伙伴、更大的责任》对华政策文件中强调，欧盟一方面将从中国的崛起中获得利益，另一方面中国经济的发展也将使欧盟面临前所未有的经济竞争和贸易挑战。从政策分析来看，欧盟在2003年通过的对华文件中就曾指出，由于政治体系的差异，中国并不是一个容易合作的伙伴。欧盟除了着力提升对中国伙伴关系的认知定位，更开始对未来对华政策进行进一步的深入思考。这就意味着，欧盟将更为重视中国的作用和地位，对中国的评价也将更为积极。中欧之间应该在广泛的共同利益和共同责任下，展开全面合作，更好地促进区域发展和全球治理。[1] 欧盟已经将迅速发展的中国视为强大的经济竞争对手。将中国的身份转变为快速崛起的挑战者之后，欧盟对华的观念和政策开始发生变化，最明显的特征便是中欧双方在经贸中的贸易摩擦明显增多，仅至2008年欧盟已对中国发起49起反倾销立项调查，中欧双方的反倾销战呈现出愈演愈烈之势。事实上，中欧双方一直以来在政治、经济、文化等方面有着巨大的合作空间。在中欧经贸方面，中国已经连续多年成为欧盟的第二大贸易合作伙伴，而欧盟则连续十年是中国第一大贸易伙伴。据中国海关统计，中欧双方2013年度的贸易额，已经突破了5500亿美元大关。在战略合作方面，中欧双方坚持领导人会晤机制，积极通过高级别战略对话、政党论坛等平台加深了解，增进共识。在文化交流方面，中欧每年有超过500万人次的人员往来，极大地促进了中欧人文交流。2013年，中欧领导人还联合发表了《中欧合作2020战略规划》，为中欧未来的战略合作和发展描绘了新的

---

[1] European Commission, A maturing partnership-shared interests and challenges in EU-China relations, Brussels, September 10, COM (2003) 533 final.

蓝图。

(二) 新时期欧盟对华政策内容的变化

为了应对来自各方面的挑战，欧盟对华政策文件《欧盟与中国：更紧密的伙伴、更大的责任》认为，欧盟在继续推进中欧战略伙伴关系的同时，在对华政策方面也进行了相应的调整。在政治和法治方面，欧盟支持中国朝着更加开放和多元的社会转型。欧盟应该认真思考应通过怎样的方式帮助中国更好地改革，这对持续的经济增长也有很重要的影响。欧盟将支持中国发展一个独立、全面、健康的社会环境。法治是一切其他改革的核心基础，中国近年来不断加强法治建设，欧盟也将为中国在法治建设方面的发展提供支持。但是，随着双方伙伴关系的不断发展，欧盟的期望也在不断提高，在经济、可持续发展方面，欧盟支持中国可持续发展，在诸如能源、环境和气候变化、发展援助，以及更为广泛的宏观经济问题上，欧盟和中国应当保持紧密合作。双方应当确保安全可持续的能源供应。特别是提高能源数据的透明度和可靠性，加强与包括非洲在内的发展中国家的信息交流以便提高能源安全等。在双边关系和全球治理方面，中欧应加强双边对话，中欧应当在联合国的框架下密切合作，共同努力为出现的危机寻求更多的解决方案，打击恐怖主义等。

(三) 欧盟对华政策的新内容

2013年11月21日，国务院总理李克强在北京人民大会堂同欧盟委员会主席巴罗佐、欧洲理事会主席范龙佩进行了第十六次中国欧盟领导人会晤。中欧双方共同制定了《中欧合作2020战略规划》，确定了中欧双方的共同目标，即在可持续发展、人文交流、和平与发展、繁荣等领域加强合作，这将有利于中欧全面战略伙伴关系在未来几年的发展。随着世界多极化与经济全球化的不断发展，社会信息化和文化多样化也得到了持续的发展。世界各国相互依存度增强，利益交融前所未有。然而，世界仍然动荡不安。国际金融危机影响深远，全球发展不平衡问题不断加剧，地区和国际性的冲突时常发生。传统安全威胁和非传统安全威胁相互交织。当今时代的主题是和平与发展，合作共赢也是当今世界发展的主流。世界多极化发展有利于全球的稳定与发展，在这样的时代潮流中，中欧作为多极世界的重要力量，应共同携手应对地区和全球性挑战，努力推动国际秩序的重建。中欧作为世界上重要的两大力量，更应当共同努力促进自身经贸的发展,从而带动全球的发展。中欧合作主要是从经济和贸易领域出发的,中欧共同肩负着继续推动世界经济增长和实现共同繁荣的重要责任。双方应积极致力于塑造发展创新、增长联动、利益融合的世界经济。为此,中欧双方本着互利的精神,进一步开展面向新时期的贸易和投资关系,促进建设有序、透明、公开的市场秩序,尤其要重视为中小企业创造更多机会。中欧共同面临的任务是实现创新、包容和可持续发展。在应对气候变化和保护环境方面,国际社会应采取积极措施,提高国际能源市场透明度,努力制定资源高效利用、眼光长远、低碳发展和社会包容的政策。新兴绿色产业的发展有助于促进世界经济的可持续发展,更为中欧企业创造了新的商机。绿色增长应成为中欧主要的战略和务实合作领域。中欧双方都认为,创新对实现可持续发展具有重要意义;加强知识产权保护对支持创新解决方案与新兴产业的发展都至关重要;人文交流不仅是促进和平的积极要素,也是促进经济发展的重要因素。中欧人口之和占全世界人口的四分之一,加强中欧人民的交往对促进双方社会各领域交流和增进共同了解十分重要。在中欧双方真诚的努力之下,中欧关系提升的潜力和空间很大,并且具备进一步发展的坚实基础,而且只要中欧双方都从发展中欧战略伙伴关系的高度出发,努力建设成熟的全面战略伙伴关系,中欧关系的未来一定会更加美好。

第二节　中东欧国家对中国的认知

冷战结束后的中东欧国家对华外交政策经历了三个时期:第一个时期是从 1989 年到 1998 年,该时期为疏离时期,中东欧国家在外交上更加注重与西方国家的关系,加入北约和欧盟成为大多数中欧和东欧国家的首要任务。第二个时期从 1999 年持续到 2008 年,该时期为调适期。中国和中东欧国家都开始在国际舞台上占据一席之地。对中东欧国家而言,随着北约东扩和欧洲一体化深化,中东欧国家在国际舞台上的战略地位急剧上升。第三个时期始于 2009 年并延续至今,该时期为积极响应时期。中东欧国家积极响应中国推动的"一带一路"倡议和中国—中东欧合作框架,与中国共同构建新型合作关系。

一 入盟前：打破疏离，开始接近

波兰、匈牙利、捷克斯洛伐克是中东欧国家中最先开始进行转型的国家，转型这一过程的道路是艰难的。它们的转型发展获得了欧盟的援助，与欧盟的经贸关系也开始迅猛发展。它们希望重新"回归欧洲"，而在同中国的关系方面却进入了停滞的状态，仅在经贸关系上维持一种低水平关系。由于不同的意识形态的影响，双方彼此间的政治关系被搁置一旁。

1991年对于中国与中东欧国家关系正常发展来说是最关键的一年，这一年时任中国外长钱其琛对中东欧三国（波兰、匈牙利、捷克斯洛伐克）分别进行了友好访问，增进了彼此间的了解，对中国与中东欧关系的发展意义重大。这不仅有利于双方自身的发展，而且有利于国际社会的稳定发展。此后，中东欧领导人也对中国进行访问。1994年9月，匈牙利总统根茨·阿尔帕德、波兰总理瓦尔代马尔·帕夫拉克先后对中国进行友好访问，并签署了一系列合作协议。1994年2月，斯洛伐克总理麦恰尔访问中国。同年10月，捷克总理克劳斯访问中国。中国与中东欧国家政治关系的积极转变在很大程度上促进了双方经贸关系的发展，并且进一步拓宽了经贸合作的领域。1995年7月，江泽民主席访问匈牙利。此次访问后，中国同中东欧国家的关系进入新阶段。访问期间，江泽民主席表明了中国同中东欧国家发展双边关系的五项基本原则。在这五项基本原则的指导下，中国将更加积极地发展和中东欧国家的友好关系，并从经济、政治、文化等各个领域携手合作发展。1997年，时隔38年后波兰国家元首首次到中国进行访问，并签署《中华人民共和国和波兰共和国联合公报》。双方的经济关系也不断回暖，签订了多个经济合作方面的协定（议），在经贸方面不断扩大合作。匈牙利也是中国在中东欧地区的重要贸易伙伴之一。中国同匈牙利双方贸易额呈逐年上升趋势，由1998年的4.09亿美元增至2008年的74.77亿美元，增长了17多倍。在文化、教育方面，中国与中东欧国家的合作也得到迅速发展，双方每年都会进行文化交流，让双方的民众对对方的文化有了一定的了解。在教育发展方面，双方开始互派留学生学习交流。在科技合作方面，中国与中东欧国家在电子、机械、通信等多个领域，合作成果明显，双方还派出专家进行实地考察调研，进行友好交流。

二 入盟后：重视发展与中国关系

随着欧盟东扩步伐的加快，中东欧10国于2004年和2007年加入欧盟，实现了"回归欧洲"的愿望，这也给中东欧带来了发展的新契机。中东欧国家通过努力融入欧洲一体化，提升了自身在欧盟内部的地位。欧盟东扩就像一把双刃剑，既存在机遇又存在挑战，它在让中东欧国家受益的同时，也给其带去了负面影响。由于中国的迅速发展，使成为欧盟成员国的中东欧国家也相当重视发展同中国的关系。在政治上，2004年5月斯洛伐克副总理兼经济部部长鲁斯科到访中国。2006年11月，斯洛伐克总参谋长布利克访问中国。其希望同中国发展长期稳定的政治关系。2006年1月和3月，波兰副众议长莱佩尔及外长梅勒先后访问中国。访问期间，他们分别同温家宝总理、顾秀莲副委员长和李肇星外长举行会谈。[①] 2008年8月，匈牙利领导人塞盖莱什和杰奈谢伊出席了北京奥运会开幕式。匈牙利总理久尔查尼和捷克总理托波拉内克到北京观看了奥运会比赛。匈牙利外长根茨、捷克副总理翁德拉出席了在北京举行的第七届亚欧首脑会议，在这次会议上，匈牙利和捷克两国希望能够扩大与中国的合作和对话。在经济上，中国与中东欧国家有着传统友好关系，双方积极发展经贸关系。2004年6月，中国和波兰两国领导人在华沙签署了《中华人民共和国政府和波兰共和国政府经济合作协定》，这意味着两国经济合作又向前迈进了一步。波兰加入欧盟之后，中波两国领导人多次进行互访，希望能够加深双方的理解，促使双方多领域更加深入的交流与合作，尤其是在经贸领域。2005年，波兰国库部副部长威特科夫斯基到中国进行友好访问。2008年9月，波兰副总理兼经济部部长帕夫拉克出席中国国际投资贸易洽谈会。中东欧其他国家也在努力寻求同中国在经贸上的合作。2005年12月，中国和捷克相继签署了重要合作协议：《中华人民共和国政府与捷克共和国政府关于促进和相互保护投资协定》；两国还同时签署了总金额约4.7亿美元的商务合作文件。斯洛伐克是中东欧国家中对中国出口最多、贸易顺差最大的国家。据统计，中国

---

① 中华人民共和国外交部网站，http://www.fmprc.gov.cn/fma_chn/。

与斯洛伐克贸易额2004年为2.88亿美元，2005年为4.91亿美元，2006年为9.1亿美元，2007年为22.1亿美元，2008年为29.5亿美元。中国与匈牙利企业间亦在积极发展合作，2008年两国的经贸合作进一步向前发展：首先，来自中国的多家企业参加了第112届布达佩斯国际消费品博览会，此次博览会给中国企业提供了到匈牙利当地推销产品的机会。其次，香港贸易发展局和广东省经贸厅在匈牙利联合举办了"2008布达佩斯时尚生活展"，来自中国香港地区和广东省的176家企业参展。此类活动有助于中国产品更好地在匈牙利进行推广。从中国与中东欧国家多层次的经贸合作中可以看出，中国是中东欧国家在亚洲的最重要的合作伙伴。中国希望中东欧国家成为中国与欧盟合作的重要组成部分。在文化交流上，中国与中东欧国家虽然在历史文化方面大不相同，但是只要彼此之间进行亲切友好的交流，互相增进了解，双方依然可以很好地交流并展现各自历史文化的特色。首先，中国同中东欧国家有关部门高层领导人员互访活动日益频繁。2004年4月，中国同捷克两国文化部共同签署了《中华人民共和国文化部和捷克共和国文化部2004—2006年文化合作议定书》。2008年4月，捷克文化部部长耶赫利奇卡访问中国，双方签署《中华人民共和国文化部和捷克共和国文化部2007—2011年文化合作议定书》。2003年9月，中捷两国教育部领导共同签署了《中华人民共和国教育部和捷克共和国教育青年体育部2004—2007年教育交流协议》。在这一协议中，中国与捷克两国每年将有15个奖学金留学的互换名额。2007年2月，中国与斯洛伐克签署《两国教育部2007至2010年教育合作计划》。协议中表明，双方互换奖学金留学名额不超过每年15个，另外还有一个语言教师的名额。在科学技术合作方面，中国与中东欧国家每年都会举行科技合作会议，许多科研机构已经建立起了直接对口的合作关系，这大大推动了双方科技合作繁荣、稳定的发展。2004年4月，中国与捷克第37届科技合作会议在上海举行。2007年5月，中国与捷克在布拉格召开第38届科技合作会议，共批准47项涉及农业、医药、材料、生物等领域的科技合作项目。2004年，在北京举行了中国与波兰科技合作联合委员会第31次会议。2006年，中国科技部副部长尚勇率团出席在波兰举行的中波科技合作联合委员会第32次会议。此外，中国与匈牙利、斯洛伐克等其他中东欧国家也经常举行科技合作会议。

三 欧债危机后：经贸往来更加频繁

近年来，中国与中东欧一直保持着良好的合作关系。特别是在欧债危机之后，中东欧国家投资环境的优势更加显露无遗，中国积极主动地抓住与其合作的机会，双方的投资与经贸互动也更加频繁。为了使中东欧国家在中国企业家和投资者中更具有知名度，在2010年上海世博会波兰馆举办的"中东欧投资日"活动上，中东欧国家积极宣传吸引外资的优惠政策、各国的主导产业及良好的投资环境。中东欧国家驻华商务官员、投资贸易促进署负责人等通过演讲和讨论的形式同中方共同探讨了加强双方经济协作的前景和机遇。[1] 欧债危机也使中东欧国家同中国合作的积极性提升，具体表现为：在政治上，中东欧国家在加入欧盟后通过自身的不断努力，积极参与国际事务，在国际社会中的政治影响力也不断提升。2012年2月，捷克议会参议院成立了"捷中友好"小组。同年3月，捷克州长协会主席、南摩拉维亚州州长、社民党第一副主席哈谢克率代表团到访中国。2012年6月，匈牙利政党青民盟的青年干部深入重庆市、内蒙古自治区等地实地考察，受到了热情接待。[2] 波兰与中国的政治关系也取得了历史性突破。2011年年底，波兰总统科莫罗夫斯基率领150人的代表团访华。中国和波兰两国元首在北京宣布建立战略伙伴关系，并表达了双方希望加强政治合作的愿景。在经济上，中东欧国家与中国的经济贸易合作不断扩大，中东欧国家在华投资涉及多个领域，包括机械制造、食品加工、汽车生产、化工、畜牧、能源、医药等。中东欧国家与中国的经贸合作包括金融、航空、电讯、工程承建、新能源等多领域广泛拓展。2012年5月，波兰航空公司恢复了华沙到北京的航线，极大地便利了双方人员来往和信息交流。在其他方面的合作上，中东欧国家与中国的民间交往和文化、教育交流不断增强，合作内涵也在不断扩大，匈牙利政府为了吸引更多中国留学生和旅游者，还提出要致力于扩

---

[1] 周弘：《欧洲发展报告（2010—2011）：〈里斯本条约〉与欧盟的未来》，社会科学文献出版社2011年版，第257页。

[2] 周弘：《欧洲发展报告（2012—2013）：欧洲债务危机的多重影响》，社会科学文献出版2013年版，第332页。

大双边人文交流。

四　中国—中东欧合作框架与"一带一路"倡议下：带来新机遇

2011年，中国和波兰已经建立了战略伙伴关系，但从历次波兰外长在议会演讲的内容看，从2013年开始，中国在波兰外交战略的权重逐渐增大。2013年3月20日，在波兰议会的演讲中，波兰外长西科尔斯基表示，波兰重视中国的发展潜力和国际影响力。2014年，在波兰议会的发言中，波兰外长再次强调，波兰有理由主办首次中国和中东欧国家总理的会晤。波兰外长格拉兹哥谢蒂纳在2015年4月的议会演讲中则强调，波兰将不断发展同中国的对话，努力推动在中国—中东欧合作框架下的合作，加强地方政府间和波中企业的合作。2015年大选后，波兰外交政策重视对亚洲国家的合作。2015年11月，波兰总统杜达访华，推动了双边关系的发展。2016年1月29日，波兰新外长维托尔德·瓦什奇科夫斯基在议会的公开演讲中表示，波兰应积极抓住"一带一路"这一区域和全球倡议，珍惜加入亚洲基础设施投资银行的机会，通过同亚洲间的投资与贸易关系为波兰获得更多的利益。同时，继续借助高层对话和互动来探讨包含各种可能性的合作倡议。2016年6月，中波两国元首共同出席了丝路国际论坛暨中波地方与经贸合作论坛开幕式。十多年来，波兰一直是中国在中东欧的第一大贸易伙伴，并且双方仍拥有许多有潜力的合作领域，波兰也正在积极打入充满活力的中国市场。

中国与匈牙利合作对中国—中东欧合作与"一带一路"倡议有很大的促进作用，匈牙利在中国—中东欧合作与"一带一路"倡议中大有可为。2017年，中匈双边贸易额达101.4亿美元，同比增长14.1%，双边贸易额创历史新高，并首次突破100亿美元大关，中国成为匈牙利在欧盟外的第一大贸易伙伴。根据匈牙利《外国企业投资法》及有关规定，包括中国企业在内的外国企业享受与匈牙利企业同样的国民待遇，优先发展的领域，包括电子、生物科技、汽车、再生能源、信息技术、物流、旅游业和服务业等。当中国企业投资股本撤出时，既能自由汇出所得利润，也可享受欧盟补贴（用于商业促进、交通发展和人力资源培训等），当投资的中国企业向匈牙利财政部申请税收优惠时，公司所得税最多可减免80%，优惠期限为10年。另外，匈牙利地缘政治和地缘经济居于重要地位,匈牙利的政策、法律和投资环境都比较稳定,是中东欧地区最具发展潜力的国家之一。更重要的是,"向东看"战略是匈牙利政府最重要的外交战略,匈牙利是"一带一路"倡议的重要支点国家。

中国与捷克的双边合作几经坎坷,2013年开始有了转机,在双方政府的努力之下,通过"一带一路"倡议促使双方开始良好的合作,双方合作进入了最好的时期。2015年11月,捷克领导人同中国领导人签署了共建"一带一路"的文件。2016年11月,中捷签署《在"一带一路"倡议框架下的双边合作规划》,该规划确定双方将拓宽合作领域,在金融、工业和贸易等领域加强交流与合作,共同为中捷友好关系的发展作出努力。在中捷高层领导人的积极推动下,双方取得了显著的成果。此后,两国签署的重要文件有《中华人民共和国商务部与捷克共和国工业和贸易部关于工业园区合作的谅解备忘录》《中国银行业监督管理委员会与捷克国家银行跨境危机管理合作协议》《中华人民共和国国家发展和改革委员会与捷克共和国工贸部关于加强"网上丝绸之路"建设合作促进信息互联互通的谅解备忘录》等30余份。中捷积极推进在金融、投资、经贸、科技、地方合作等多个领域的合作。2017年,中捷进出口总额达到124亿美元,同比增长13.4%。根据捷克国家统计局数据,2017年,捷克对华出口同比增长20%,增长率居各主要出口国之首。捷克工业和贸易部于2016年2月着手编制了"捷克工业4.0倡议"。2016年8月捷克政府正式批准了该倡议,希望实现同"中国制造2025"的有效对接。

斯洛伐克政府对华友好,中斯关系发展顺利。2015年11月,斯洛伐克与中国签署了"一带一路"合作备忘录。2017年4月,斯洛伐克议会通过由斯洛伐克经济部提交的《2017—2020年斯洛伐克与中国发展经济关系纲要》,其中特别指出,"一带一路"合作不仅有助于斯洛伐克自身交通基础设施的建设,而且将借助斯洛伐克良好的地理位置为其在区域合作中带来潜在利益。同年5月,斯洛伐克经济部部长日加出席"一带一路"国际合作高峰论坛时表示,中国提出的"一带一路"倡议至关重要,斯方希望积极参与其中。除经济等领域的合作以外,中斯广泛开展教育领域的双边合作。在国家层面,斯洛伐克教育部是我国国家留学基金委的欧洲合作伙伴之一。2015年11月,时任教育部副部长郝平会见了斯洛伐克教育、科研和体育部秘书长诺贝尔特·莫尔纳尔一行，并且签署了《中华人民共和国教育部与斯洛伐克共和国教育、科研和体育部2016—2019年教育合作计划》。截至2017年年底，斯洛伐克建立了布拉迪斯拉发孔子学院、考门斯基大学孔子学院、斯洛伐克医科大学中医孔子课堂。在高校层面，2015年9月，西北工业大学与斯洛伐克国家科学院签署了《西北工业大学与斯洛伐克国家科学院人才培养和科学研究合作备忘录》。2016年4月，斯洛伐克兹沃伦技术大学、马杰贝尔大学与东北财经大学开展了具有特色的实质性的交流合作项目。2017年5月，斯洛伐克驻华大使率团访问天津大学，双方希望今后在新能源、智慧城市、生物医药等领域开展合作研究。

第三节　中国对欧盟与中东欧的政策

一　中国对欧盟的政策框架

（一）《中国对欧盟政策文件》及其实践

2003年10月13日，中国经过了长期准备和酝酿，首次发布了《中国对欧盟政策文件》。该文件主要阐述了中国对欧盟的政策目标以及今后几年的合作措施，《中国对欧盟政策文件》是中国政府发表的首份对欧盟的政策性文件，同时也是中国官方首次对欧盟对华政策的正式回应，这对中欧关系的发展具有十分重要的影响，至此，中国开始形成对欧盟的系统外交政策。在《中国对欧盟政策文件》中，中国希望通过多个领域与欧盟开展合作，积极回应欧盟的对华政策文件，期望在当今国际形势下同欧盟共克时艰，承担起相应的责任，携手发展，共同进步。因此，中国在对欧政策文件中主要强调中欧双方在合作中应当互相理解、互相尊重、互相信任，为中欧形成稳定良好的政治关系而不懈努力。积极开展文化交流活动，促使两国民众能够理解不同的文化。在经济和贸易合作中更应当注意平等协商，互相学习，取长补短。同时，在政府部门加强合作的前提下，提出了未来中国希望与欧盟加深合作的五大领域及具体措施。在政治上，加强政治对话与高层交往，坚持一个中国原则，鼓励中国香港地区和澳门地区积极同欧盟合作，并进一步推动欧盟对西藏的了解，努力开展人权交流，增强国际合作，促进中欧立法机构间的深入了解。在经贸合作上,中国希望同欧盟建立长期稳定和充满活力的经贸合作关系,并呼吁欧盟尽快确定中国"完全市场经济地位"。开展金融合作,建立并完善中欧金融高层对话机制,推动中欧央行间不断进行政策交流,加强在防范金融危机、反洗钱和反恐融资方面的合作,中方也欢迎欧盟各成员国银行拓展对华业务。在教、科、文、卫等方面,中国提出要加强信息技术合作,科技合作,教育、文化交流和新闻交流,卫生医疗合作以及人员往来。在社会、司法、行政方面,该文件提出要与欧盟拓展劳动和社会保障、警务、司法交流、行政等方面的合作。反对偷渡和非法移民活动,严格执法,打击违法犯罪等。在军事上,中国对欧政策文件认为,中欧双方应继续维持中欧高层军事方面的交往,不断发展和完善战略安全磋商机制,加强军队训练和防务研讨方面的交流。中国呼吁欧盟应尽快解除对华军售禁令,为中欧军工军技合作的发展扫清障碍。

在中国对欧盟政策原则的指导下,中国对欧盟进行了相应的具体外交工作:首先,中国与欧盟领导人进行了多次访问与对话。中欧领导人会晤是中欧双方最高级别的政治对话机制,1998年4月,中欧领导人的首次会晤在伦敦举行。会后双方发表联合声明,希望建立面向21世纪长期稳定的建设性伙伴关系,并决定每年举行一次领导人会晤。此后,中欧双方高层互访频繁,政治互信不断加强。2001年9月,中欧领导人第四次会晤,双方决定建立全面伙伴关系。在2003年10月举行的第六次中欧领导人会晤中,中国政府发表了首份对欧盟政策文件《中国对欧盟政策文件》。从"面向21世纪长期稳定的建设性伙伴关系"到"全面伙伴关系"再到"全面战略伙伴关系",中欧关系的定位在合作中不断升华,中欧领导人会晤发挥了独特的战略引领作用。2012年2月,在北京举行的第十四次中欧领导人会晤上,双方正式宣布同意建立中欧高级别人文交流对话机制。国务委员刘延东随后应欧盟委员会教育、文化、语言多样性及青年事务委员的邀请访问欧盟总部,共同启动中欧高级别人文交流对话机制并主持第一次会议。2013年,在北京进行了第十六次中国欧盟领导人会晤,双方共同发表了《中欧合作2020战略规划》。历届中欧领导人会晤所涉及的议题涵盖了政治、经济、文化、社会等各个领域,并达成了许多重要共识。目前,中欧关系已实现全面发展,并形成了以领导人会晤机制为战略引领，以高级别战略对话、经贸高层对话和高级别人文交流对话机制为三大支柱的"1+3"高层对话格局，为双边关系的可持续发展提供了强大动力。

其次，中国与欧盟开展了各类人文交流和文化合作。双方在教育、语言、文化、青年交流等领域进行了卓有成效的合作，包括设立中欧主题年，举办高层次文化论坛，以及联合组织各类人文交流活动。2010年，中国和欧盟领导人共同倡议、中国文化部和欧盟委员会联合主办了首届"中欧文化高峰论坛"，成为中欧思想文化界交流与对话、跨文化与跨主体间的文化交流与交融的重要平台，是中欧文化交流史上的一大创新。2011年，中国和欧盟联合举办首个主题年"中欧青年交流年"，通过120多项交流活动，吸引16万中欧青少年参与，媒体覆盖更达到上亿人，产生了积极而广泛的社会影响。2012年，确立"中欧文化对话年"，这是第十三次中欧领导人会晤期间双方共同确定的项目，由中国文化部和欧盟委员会教育文化总司联合主办，其意义在于为迎接未来文化合作中的机遇与挑战提供示范。其间，中欧双方以思想文化对话与文化艺术交流为主线，一共完成了近300个合作项目，涵盖了文学、艺术、哲学、语言等领域，覆盖22个中国省区市及27个欧盟成员国，是中欧文化交流史上名副其实的一次盛事。

最后，非政府组织机制在中欧公共外交中发挥的作用十分明显。特别是在中欧文化交流中，非政府组织、企业机构、华人社团等社会力量是中国对欧盟公共外交建设的重要推手。2004年12月8日，中欧双方领导人在海牙举行了第七次会晤并发表了联合声明。双方希望在双方公民社会组织间建立对话机制。此后，双方通过非官方的定期圆桌会议，讨论与中欧关系有关的问题。在此框架下，欧洲梅耶人类进步基金会和欧洲华人学会在2005年联合发起"中欧社会论坛"，秉持"对话、理解、建议、行动"的理念，组织中欧多方位对话，寻求思想交锋，凝聚共识，探讨并携手应对21世纪人类文明面临的环境与生存的双重挑战，力求成为中国与欧洲社会之间的对话平台与共同思想空间，成为中国对欧公共外交的重要平台。总之，中国对欧盟公共外交的实施主体十分丰富，且拥有多边和双边合作机制的政治体制支撑。中欧高级战略对话、中欧政党高层论坛等政府性机制，中欧文化高峰论坛，中欧社会论坛、中欧公民社会对话机制等非政府性机制为中国施展对欧公共外交提供了巨大的平台资源。此外，中国对欧盟的公共外交与中国对欧盟成员国的公共外交构成整体性的中国对欧公共外交，两者相得益彰，各有侧重。但在另一方面，中国对欧洲的公共外交也面临着许多的挑战和限制因素，因而呼吁制订统一的战略规划，针对多元化的公共外交对象，进一步完善和制定具体的实施策略。

（二）《深化互利共赢的中欧全面战略伙伴关系——中国对欧盟政策文件》及其实践

自2003年中国政府发表首份对欧盟政策文件以来，中欧双方建立的全面战略伙伴关系实现了重大的发展。中国与欧盟通过年度领导人会晤，从经贸、政治、人文三方面出发，积极推进双方全方位、多层次、宽领域合作，深入推进全面战略伙伴关系。2003年的《中国对欧盟政策文件》得到积极有效的执行，对中欧关系的友好发展具有重要的指导意义。在中欧关系发展深入推进的过程中，中国政府于2014年4月发表了第二份对欧盟政策文件，主要是为了总结过去十年中欧关系发展的成就，并在此基础上结合国内外的发展态势，确定中国新时期对欧盟政策的目标，并且努力规划未来几年中欧的合作，促使中欧关系实现进一步发展。

在政治合作方面，加强与欧盟以及各成员国的高层政治对话和交往，努力完善全方位、多层次、宽领域的中欧合作对话机制。共同促进解决国际和地区热点问题，加强双方在国际事务中的协调与配合，实现更加和平与稳定的发展。在亚欧会议框架下加强交流与合作。增强在二十国集团框架内的政策协调。共同为国际社会落实联合国千年发展目标、实现可持续发展和消除贫困而不断努力。在气候变化问题上需要中欧双方坚持政策对话与务实合作。共同致力于反恐的信息交流与合作。加强网络安全层面的对话与合作，推动构建安全、合作、和平、开放的网络空间。双方应不断推动政党和立法机构的交流合作。加强中欧防务安全领域的交往合作，欧盟应该尽快解除对华军售禁令。遵循一个中国原则，并支持和鼓励中国香港特别行政区和澳门特别行政区政府与欧盟及其成员国开展互利友好合作。在经贸合作方面，欧盟是中国最重要的贸易和投资伙伴之一，双方应共同推动中欧经贸关系长期稳定发展。通过中欧经贸委员会、中欧经贸高层对话等机制，努力推动中欧投资协定谈判，共同实现双向投资的增长。双方共同为中欧关系的发展和拓宽互利合作领域寻找新模式。积极推动世贸组织多哈回合谈判取得成功。中方将继续要求欧方放宽对华高技术产品与技术出口限制,并积极促进高技术产品与技术对华出口,使双方高技术贸易的潜力得到释放。推动中欧电子商务方面合作。修订并完善《中欧海关合作战略框架》和《中欧关于海关事务的合作与行政互助协定》,加强中欧海关在加强供应链的安全与便利、打击商业瞒骗、知识产权执法、贸易便利化等领域的合作与协调。

第二份对欧政策文件是在"一带一路"倡议和中欧"四大伙伴关系"的大背景下发布的,围绕新形势下的中国外交和对欧政策,中国展开了一系列对欧外交实践。

在政治层面,各层级外交活动不断推动政治互信。首脑外交层面,2013年年底"一带一路"倡议提出后,2014年年初,习近平主席首访欧洲并首次访问欧盟总部,在此之后,习近平主席陆续出访了荷兰、法国、德国、比利时、英国、捷克、塞尔维亚、波兰、意大利、瑞士、芬兰等欧洲国家并多次出席在欧洲举办的国际会议,李克强总理也多次访问欧洲国家与欧盟总部,首脑外交的开展,引领中欧关系的发展方向,推动"一带一路"框架下中欧关系行稳致远,并且大幅提升中国与欧盟和欧洲国家的政治互信,夯实中欧"一带一路"合作的政治基础;在政府层面,中欧领导人峰会、中国—中东欧合作领导人峰会按期举行,在中欧合作与中国—中东欧合作机制下,各层级、各领域对话交流机制发挥了重要的沟通协调的作用,中国与欧盟及欧洲国家政府还在多边机制中加强交流与合作,共同参与全球治理;在半官方外交方面,中欧双方举办和开展了一系列包括政府、企业、媒体、智库、党派代表等各界人士参与的论坛、座谈等活动。如"一带一路"国际合作高峰论坛及"智库交流"平行主题会议、"一带一路"国际研讨会、"中国—中东欧合作"框架下的一系列论坛及主题活动等,有力地助推了中欧之间的政治合作,为中欧政治互信奠定了更广泛的民意基础。

在经贸层面,中欧经贸关系在"一带一路"背景下进一步发展。在中欧经济技术合作方面,长期以来,欧盟作为中国技术转让第一大来源地,对中国对外贸易和企业发展产生了重要影响。截至2014年年底,中国自欧盟引进的技术项目数为48421个,合同金额为1812.2亿美元。在贸易方面，中国海关统计数据显示，2014—2016年中欧双边贸易总额分别为5590.6亿美元、6151.4亿美元和5647.5亿美元，其中中国对欧盟出口额分别为3390.1亿美元、3708.8亿美元和3558.9亿美元，中国自欧盟进口额分别为2200.6亿美元、2442.5亿美元和2008.8亿美元。欧盟统计局数据显示，2016年欧盟货物进出口总额为39151.9亿美元，中欧双边贸易额为5747.3亿美元，同比下降6.70%，其在欧盟货物进出口总额中的占比为14.68%。综上，中国与欧盟一直以来都互为最重要的贸易伙伴。在投资方面，欧盟连续多年保持中国第四大实际投资来源地地位和第一大技术引进来源地地位。

在人文层面，"一带一路"背景下中欧人文交流日趋活跃。在中欧高级别人文交流机制框架下，中欧人文交流取得了新的进展，2015年，中欧双方为庆祝中欧建交40周年和"中欧伙伴年"，举办了一系列丰富多彩的文化交流活动，受到中欧社会各界的重视和欢迎，也标志着中国对欧盟公共外交的全面展开与创新发展。2016年7月，中国政府总理李克强和欧洲委员会主席让-克洛德·容克宣布2018年为中国—欧盟旅游年，1月19日在意大利威尼斯启动，11月20日在西安举行闭幕式，中欧关系迈上新台阶。此外，中欧媒体合作也呈现出新的发展。"一带一路"倡议在欧洲的议程建构的特点是中欧政府议程与媒体议程并行，政府间"大事件"引起媒体关注。中欧合作深入带动"一带一路"报道强度上升，成为欧洲媒体报道的常规选题。与此同时，中欧各类智库的积极参与协助政府决策，也深化了"一带一路"的媒体合作，欧洲媒体逐渐改变作为"局外人"的立场，把"一带一路"视作与自身利益休戚相关的话题。

(三)《中国对欧盟政策文件——2018年12月》

2003年和2014年，中国政府先后发表了两份对欧盟政策文件，为促进中欧关系的发展提供了重要的指导。在当今世界处于大发展大变革大调整的时期，百年未有之大变局格局下的世界多极化、经济全球化、社会信息化、文化多样化深入发展，各个国际行为体之间联系和依存日益加深。国际形势中不稳定不确定因素增多，单边主义、保护主义、逆全球化思潮抬头。2018年是中国欧盟全面战略伙伴关系建立15周年，中国—欧盟领导人会晤机制建立20周年。中国政府制订了第三份对欧盟政策文件，旨在与时俱进、继往开来，进一步明确新时代深化中欧全面战略伙伴关系的方向、原则和具体举措，推动中欧关系取得更大发展。

尽管外部环境发生变化，国际形势不稳定不确定因素增加，但中国对欧盟政策文件中对中国自身角色、对欧盟的认识和定位没有变。文件体现了中国对欧盟政策的延续性，强调"中国是世界最大发展中国家的国际地位没有变"，肯定欧盟是"国际格局中一支重要战略性力量"，以及欧洲一体化进程，指出"发展好同欧盟的关系一直是中国外交的优先方向之一"，指出中国和欧盟"都是世界多极化、经济全球化进程的重要参与者和塑造者"，强调双方在全球秩序中的共同立场和共同利益。与此同时，文件不仅聚焦中国与欧盟关系，而且更是从"大欧洲"的视角，理顺了发展中欧关系的不同层次，同时直面当前中欧关系中的问题，对中国如何回应欧盟在经贸问题、科研创新、社会人文等方面的诉求，以及如何挖掘合作潜力、建设性地处理双方摩擦、在哪些具体领域如何开展合作等内容细化，并且也对欧盟提出了向中国企业开放市场等要求。

在具体领域，首先体现在有关中欧投资协定方面。对比2014年文件，可以看到，双方在中欧投资协定谈判方面有了切实进展。2014年文件指出，要积极推动中欧投资协定谈判，并争取尽早达成一致，促进双向投资增长，尽早启动中欧自由贸易区联合可行性研究。中欧投资协定谈判启动于2014年，内容包括准入前国民待遇、负面清单管理、国有企业竞争中立、高端服务业开放等。2018年，中欧投资协定谈判有了飞跃性突破，中欧《第二十次中国欧盟领导人会晤联合声明》指出"双方视正在进行的中欧投资协定谈判为最优先事务，这是为双方投资者建立和维护一个开放、可预期、公平和透明商业环境的关键。双方对交换清单出价表示欢迎，这将推动谈判进入一个新阶段。"2018年文件发布后，中欧双方就投资市场准入方面的清单出价进行实质性谈判，并于2020年年底共同宣布谈判如期完成。

在深化全球治理合作方面，中欧在全球贸易体制改革领域具有共同利益，文件新增中欧WTO改革联合工作组的内容。文件指出："要通过中欧世贸组织改革联合工作组等渠道，就世贸组织改革事务加强沟通，共同维护世贸组织核心价值和基本原则，维护世贸组织的权威性和有效性，维护发展中成员发展空间，推动多边贸易体制更加开放、包容、透明。"

在科技创新与信息合作方面，文件因应欧盟政策的发展，出现了在数据保护等方面的内容。文件指出："注意到欧盟《通用数据保护条例》在隐私保护、数据安全、贸易投资等方面对同欧洲有数字业务的企业提出了更高要求，希望条例的实施不会影响中欧正常商业往来。中方愿继续同欧方就数据保护进行交流，相互借鉴，促进合作，共同提升个人信息保护水平，保障公民合法权益。"同时，中方会"在'数字中国'建设和欧盟单一数字市场建设中相互支持、交流合作。用好中欧信息技术、电信和信息化对话、中欧数字经济和网络安全专家工作组等机制，深化5G合作，推动数字经济、物联网、车联网、工业互联网、人工智能、智慧城市等领域技术交流与标准化合作，开展试点示范项目，促进产业界务实合作。共同应对新技术带来的风险挑战。"

此外，文件还指出，欢迎欧盟国家金融机构进入中国金融市场，希望欧盟支持中国金融机构在欧申请设立机构，放宽中国政策性金融机构在欧开展业务准入渠道。支持中欧国际交易所发展成为离岸人民币计价金融产品的交易、风险管理和资产配置平台。鼓励欧盟国家来华发行人民币债券以及在全球主要金融中心发行离岸人民币债券。共同维护双方金融合作的良好发展。

二 中国对中东欧国家的政策框架

中东欧国家是最早一批承认并同中华人民共和国建立外交关系的国家，在此后的半个世纪，受社会主义阵营内部政治形势的影响，中国与中东欧国家的关系可谓跌宕起伏。

在政治方面，中华人民共和国成立不久，中国同以苏联为首的中东欧国家建立了友好的合作关系，这对中国来说相当的有利，新中国的经济快速发展起来。中东欧国家承认新中国的主权，并同新中国展开了多领域的合作。建交以后，中国与中东欧国家关系全面发展，政治合作不断加强，增进彼此了解，不断加深双方友谊。这段时间，中波进行了较为频繁的高层互访，中国领导人周恩来、朱德、彭德怀、贺龙等也先后访问了波兰。① 当时在中国抗美援朝与争取国家统一等问题方面，中东欧国家波兰和匈牙利支持中国的立场。此外，波兰、匈牙利还积极支持新中国恢复在联合国中的合法席位，为中国以大国的姿态登上国际舞台作出了许多的努力。

在经济方面，新中国采取"一边倒"的政策不仅使中国经济得到了良好的发展，还为其赢得了相对宽松的发展环境，加速了社会主义工业化的进程。中苏签署《中苏友好同盟互助条约》，苏联对中国经济发展方面提供了大量的援助。与此同时，中东欧国家也与中国开展了许多领域的经济合作，中东欧国家也为中国提供了人才、技术和管理经验方面的帮助。

随着中苏关系的恶化，中国同其他中东欧国家之间的关系也受到了严重的影响。一方面，中国与中东欧国家的高层互访中断，但是，波兰仍然要求恢复中国在联合国的合法席位，而中国也支持波兰反对修改奥得尼斯河界的立场并继续关心波兰维护主权的斗争。② 另一方面，中国与中东欧国家的贸易额明显下降，1966年中国同中东欧五国的贸易额为5.4亿元人民币，仅为1959年贸易额的30.5%。③ 从以上数据中可以看出，在这一时期中国与中东欧国家的经贸关系遭到了严重的打击。20世纪80年代，冷战的局面开始慢慢缓和，世界格局开始朝着多极化的方向发展。中国在这样的国际环境下确立了独立自主的和平外交政策，不与任何大国结盟，致力于发展多边外交。1989年，中苏两国关系实现正常化发展，同时中国与中东欧国家的关系也逐步恢复正常化。中国与中东欧国家关系恢复正常后，在政治、经济和科技文化方面都有了很大的发展。自1983年起，中国与波兰两国副总理进行互访，中波关系开始走向正常化。中波两国的经贸合作也在不断回暖升温。1984年，中国对外经济贸易部部长陈慕华访问波兰，并决定成立两国政府合作委员会，在经

---

① 中华人民共和国外交部网站，http://www.fmprc.gov.cn/mfa_chn/gjhdq_603914/gj_603916/oz_606480/1206_606722/sbgx_606726/t6777.shtml。

② 中华人民共和国外交部网站，http://www.fmprc.gov.cn/mfa_chn/gjhdq_603914/gj_603916/oz_606480/1206_606722/sbgx_606726/t6777.shtml。

③ 郭伟伟：《从内政与外交互动的角度看新中国的外交战略与经济建设的发展》，《当代世界与社会主义》2007年第4期。

济、贸易和科技等方面开展合作，两国还签署了经济技术合作协定。1985年上半年，波兰副总理奥博多夫斯基和中国副总理李鹏互访，签订了两国1986—1990年长期贸易协定。1986年，中波贸易额高达近10亿美元。[1] 1989年，东欧剧变之后，中东欧国家主动"回归欧洲"，先后加入欧盟或为加入欧盟做准备，中国与中东欧国家的关系也逐渐回归正轨——恢复政治交往、突出经贸合作。经过之后二十多年的稳步发展，2012年，在波兰华沙，中国与中东欧国家领导人举行首次集体会晤，中国提出了同中东欧国家友好合作的十二项举措，标志着以中国为一方，以中东欧16国为另一方的中国—中东欧合作模式的正式启动，并于同年9月成立负责沟通、协调、落实有关成果的中国—中东欧合作秘书处，为中国—中东欧合作提供稳健的机制保障。2013年，中国和中东欧国家领导人第二次会晤在罗马尼亚布加勒斯特举行，中国就推进与中东欧国家关系提出了"三大原则"和六点建议，与会各方共同制定和发表了《中国—中东欧国家合作布加勒斯特纲要》。2014年，第三次中国—中东欧国家领导人在塞尔维亚的贝尔格莱德举行会晤，会后各国领导人共同发表的《中国—中东欧国家合作贝尔格莱德纲要》强调继续在金融、投资经贸、科技创新、环保能源、互联互通、地方合作六个领域不断创新合作形式，全面深化合作。前三次中国与中东欧国家领导人会晤及其后续相关协议措施的实施促进中国与中东欧国家合作逐步进入愈加良好的发展阶段——2015年第四次中国—中东欧国家领导人会晤在中国苏州举行，中国与中东欧国家共同将"一带一路"倡议引入《中国—中东欧国家合作苏州纲要》和《中国—中东欧国家合作中期规划》，将"一带一路"建设作为中国与中东欧国家合作的新纽带。中国—中东欧国家合作从2012年中国与中东欧国家领导人第一次会晤至今，"中国—中东欧合作机制日渐成熟，推动了中国和中东欧国家关系发展，促进了中欧全面战略伙伴关系全方位、均衡发展"[2]。2016年，国家主席习近平对捷克、塞尔

---

[1] 中华人民共和国外交部网站，http://www.fmprc.gov.cn/mfa_chn/gjhdq_603914/gj_603916/oz_606480/1206_606722/sbgx_606726/t6777.shtml。

[2]《中国—中东欧国家合作中期规划（全文）》，新华网，2015年11月25日，http://news.xinhuanet.com/2015-11/25/c_128464366.htm。

维亚和波兰等中东欧国家的国事访问,更使中国与中东欧国家合作加速进入一个全方位、宽领域、多层次的全新发展阶段:

其一,中国与中东欧国家合作意愿变得空前强烈。中东欧国家在经济结构调整和基础设施升级方面具有强烈的需求,与中国的优势产业高度互补,中国—中东欧合作不仅明确了中国与中东欧国家在投资经贸、金融、互联互通、科技创新、环保能源、人文交流、地方合作等领域的合作,而且将"一带一路"倡议纳入中国—中东欧合作机制,凸显中国与中东欧国家合作的广阔前景和强烈意愿。

其二,中国与中东欧国家合作以"多边方式"推动地区内双边关系的发展。在中国—中东欧合作机制启动之后,中国与中东欧国家共同搭建起一个高层次、宽领域、多层次的多边合作平台,为深化中国与中东欧国家的双边关系提供了多元渠道——中国与中东欧国家的政界、商界和学界共同构建起的中国—中东欧国家高级别智库研讨会、中国—中东欧企业家洽谈会、中国—中东欧青年政治家论坛等多边平台,丰富地区内双边交流渠道,凸显中国与中东欧国家双边合作,有效推动中国与中东欧国家双边关系的无限潜力。

其三,中国与中东欧国家合作为中国"走出去"和"引进来"战略提供重要平台。在中国—中东欧合作之中,尤其是"一带一路"倡议纳入中国—中东欧合作之后,基础设施建设成为中国与中东欧国家合作的关键领域,贝尔格莱德跨多瑙河大桥、基切沃—奥赫里德和米拉蒂诺维奇—斯蒂普高速公路建设、波罗的海铁路、E63高速公路、维亚科斯托拉茨电站和匈塞铁路等项目充分表明中国—中东欧合作为中国"走出去"和"引进来"战略提供了重要平台,也为中国与中东欧国家合作提供了丰富的商业契机。

其四,中国与中东欧国家合作形式不断创新。鉴于中国—中东欧合作国家农业合作促进联合会对中国与中东欧国家在农林副业合作的突出贡献,《中国—中东欧国家合作中期规划》明确提出"领域合作联合会是中国—中东欧合作的支柱,充分发挥现有联合会作用,鼓励条件成熟时组建新的领域合作平台"[①]。联合会的组织创新为中国—中东欧合作的稳

---

① 《中国—中东欧国家合作中期规划(全文)》,新华网,http://news.xinhuanet.com/2015-11/25/c_128464366.htm,2015年11月25日。

健发展提供了全新的组织保障和灵活的合作形式，加速和提升了中国—中东欧合作的发展步伐和合作水平。

中国—中东欧合作国家合作加速进入了一个全方位、多层次、宽领域的全新发展阶段，中国与中东欧国家合作出现强化和升级，各项合作以网络化全面展开，正努力迈入全面发展的快车道。中国与中东欧国家合作是以经贸合作为起点和基础的，中东欧作为一个经济社会发展程度不同的国家集合体，中国与中东欧国家的经贸合作并未呈现同速发展，尤其是渐趋稳定的巴尔干地区，不仅是一块有待开发的"处女地"，还因其地理位置独特，其对"一带一路"倡议的成功实施更是意义非凡。中国—中东欧合作机制运行以来，中国与中东欧国家合作取得了一定成绩，但仍有较大空间尚待中国与中东欧国家共同开发，因此，针对中国与中东欧国家合作所面临的挑战而制定和实施中国推进与中东欧国家务实合作的政策将成为推进中国与中东欧国家合作的全新发展的必由之路。

第四章

欧债危机背景下中国与中东欧的合作[*]

随着中国对欧盟战略认知的深化，中国需要推动和中东欧国家的合作，这是中国对外政策的需要，也是中国对欧盟整体外交布局的需要。自1975年中欧建交以来，中国对欧盟的认知大致经历了两个变化：从重视到全方位重视和推进经贸关系、从重视到全方位开展与主要国家和欧盟机构的关系。但是，欧盟对华态度在2006年开始发生了较大变化，即开始把中国作为潜在的竞争者。自此，中欧关系须进行深度调整，在中欧关系的调整进程中，中国意识到，除了欧盟和欧盟成员国这两个层面，欧盟结构还存在次区域这个层面，特别是中东欧这个次区域，同中国发展合作的潜力巨大。随着2012年中国—中东欧合作正式启动，中欧关系进入了全面发展的新时期：与欧盟、欧盟成员国、次区域"三位一体"的发展新时期。同时，中国—中东欧合作框架对接"一带一路"倡议和纳入中欧关系整体框架是中国与中东欧国家关系进一步发展最重要的突破。

第一节 欧债危机背景下中国与中东欧合作的新尝试

一 中国提出中国—中东欧合作机制

冷战结束之后，中东欧国家普遍开始向欧洲靠拢，与中国的关系出

---

[*] 本章部分内容作为本项目阶段性研究成果发表于《当代世界与社会主义》2017年第3期。

现了"政冷经热"的趋向。2011年第一届中国和中东欧国家经贸论坛期间，中国提出双方在基础建设、金融合作及人文交流等领域的合作，为中国—中东欧合作奠定了基础。2012年，中方在首届中国和中东欧国家领导人峰会上又提出了中国—中东欧合作框架，并宣布了促进其合作的"十二项举措"。同时，为加强双方的文化交流，推动教育、旅游等领域的合作，双方于2012年成立了中国和中东欧国家合作秘书处。在双方达成共识的情况下，中国又积极地邀请中东欧国家参加中国—中东欧合作框架下的合作倡议，并确定了双方之后合作的具体方向和实施途径。同时，需要指明的是，中国—中东欧合作与中欧全面战略伙伴关系的主体内涵是一致的。中国—中东欧合作关系持续发展的根本目标在于贯彻《中欧合作2020战略规划》，并基于平等和相互尊重原则，进一步推进中欧四大伙伴关系（和平、增长、改革、文明）的发展，这在中国同中东欧签署的各类文件中都有表明。中国—中东欧合作正在慢慢成为一个更全面、更详细、更富有机制性的合作框架。2012年中国—中东欧合作机制建立，2013年"一带一路"倡议提出，"一带一路"倡议对接中国—中东欧合作机制，并给中国与中东欧国家关系带来了全新的机会，因而在中东欧国家产生了强烈反响，中国与中东欧国家之间的联系不断加温加热。在中国—中东欧合作中，双方设立了秘书处，还建立了其他专门的沟通渠道以促进不同领域的合作。例如，中国—中东欧国家物流合作联合会促进双方物流合作，中国—中东欧国家投资促进机构联系机制促进双方投资。中东欧地区是中国拓展欧洲市场的重要突破口，中东欧国家位置较为特殊，与欧盟很多成员国相毗邻，成为中欧交往中十分重要的陆路渠道。双方贸易互补优化了我国对外贸易结构，在与中东欧国家合作过程中拓展的新兴贸易对象和区域加强了我国与中东欧国家乃至欧盟众多国家之间的联系，我国的经贸结构得以优化，新的贸易伙伴和贸易关系得以拓展，美国等国家对中国的贸易挟制有效减弱。双方基础设施合作能有效满足中国与中东欧双方的需求，也可令中东欧国家的基础设施在新发展时期得到升级，促使中东欧国家经济的发展。中国输出廉价产品的形象通过技术性输出得以改变，有利于对欧洲市场的深入拓展。此外，双方的人文交流则进一步促进了中国与中东欧国家民心相通，提升了合作的民意基础。随着中国和中东欧高级别人文交流对话的不断发展，各种论坛、讨论会在有条不紊地进行。例如，2013年举办了第一届中国—中东欧国家跨文化对话，2014年举办了中国—中东欧国家高校联合会工作会议暨"第二届中国—中东欧教育政策对话"，2016年在北京又举办了中国—中东欧人文交流论坛等。这些高级别人文交流有效传达了中国与中东欧国家双方进一步加强合作的政策精神，有着极强的针对性，及时促进了双方合作与交流。人文交流为中国—中东欧国家发展友好合作关系提供了一条新的路径，促进了政治、经济、安全层面的合作，双方关系也达到一个全新的高度。

二 中欧关系框架下的中国—中东欧合作机制：质疑与回应

中国—中东欧合作机制自2012年建立以来，经过不断发展，日益成为中国与中东欧国家在各领域合作交流的重要机制平台。目前，16个中东欧国家中已有11个成为欧盟成员国，而其余的中东欧国家也把加入欧盟作为本国的重要国策和未来发展方向，这使中国与中东欧国家进行合作时双方都必须考虑与欧盟的关系。中国—中东欧合作机制与中欧合作密不可分，2015年习近平主席指出，中国—中东欧合作机制是中欧全面战略伙伴关系的重要组成部分和有益补充，完全可以为构建中欧和平、增长、改革、文明四大伙伴关系作出应有贡献。然而，自中国—中东欧合作机制建立以来，欧盟内部就发出了质疑声音，担忧这是"分裂"欧盟的战略，并对中国发展中国—中东欧合作的动机和诚意有所怀疑。虽然中国—中东欧合作一直以来坚持把推动中欧关系、促进欧盟区域发展作为重要原则和发展目标，但是，其面临的质疑一直没有根本消除。这些质疑主要体现在以下三个方面：其一，中国—中东欧合作是中国送给欧盟的"特洛伊木马"。自中国—中东欧合作机制建立以来，欧盟内部及其重要的成员国一直就对其存在质疑，有人怀疑中国发展与中东欧国家的关系是要"分裂欧洲"，也有人认为中国给予中东欧国家的政策、资金优惠是对欧盟释放的"特洛伊木马"。其二，中国—中东欧合作下的投资项目进展缓慢，怀疑中国投资背后有政治目的。中国—中东欧合作经过多年的发展，中国在中东欧地区投资总额仍然较少。投资建设项目多集中于非欧盟成员国的中东欧国家，而在中东欧的欧盟成员国的投资合作多集中于企业并购，这种并购行为被认为是中国资本、剩余产能"入侵"

欧盟的表现。此外，还存在着一种质疑，认为中国对中东欧国家的投资与这些国家自身需求没有很好地匹配。中国对中东欧国家的投资是否能使中东欧国家获得效益也常被质疑，认为中国的投资以国有企业为主，有很强的政策性，而且短期内难以看到盈利。因此，中国对中东欧国家的投资行为很可能意味着其地缘政治目标大于经济目标。其三，欧盟主动对中国—中东欧合作"设置障碍"。其方法主要是通过各种相关的欧盟准则和法律，对中国企业、资本予以各种限制和制约。这无疑会使中欧双方在中国—中东欧合作下对于对方的诚意产生怀疑，不利于中欧双方进行相关合作。

正确看待质疑、继续推动合作是促进中国与中东欧国家关系发展的必然需求，离不开中欧关系发展的大背景。对于中国—中东欧合作的质疑不利于中欧双方互利互信，会对中国与中东欧国家关系产生不利影响，也不利于中东欧各国的发展。所以，要对中国—中东欧合作的质疑进行分析，揭示这些质疑的不合理性，打消外界对中国—中东欧合作的质疑，促进中国—中东欧合作和中欧关系的发展。"分裂欧盟"论的背后是要将中东欧作为欧盟的"势力范围"。中东欧地区在历史上一直是大国争夺的对象和角逐的战场，冷战后，随着中东欧国家"回归"欧洲，很多人把中东欧看作欧盟乃至西欧的"势力范围"，不希望域外力量进入该地区。欧盟内部很多人认为中东欧地区一切要"唯欧盟马首是瞻"，不能如西欧大国一样单独地与中国发展关系。质疑中国—中东欧合作是在分裂欧盟，不愿看到中国涉足其中而影响相关方的利益，体现了"强权主义"的国际关系秩序观。

中国与中东欧国家合作关系的发展是一个长期系统的工程，经过多年的发展，中国—中东欧合作机制的平台建设不断完善，合作协议逐步落地，合作成果也在陆续产生。在推动中国—中东欧合作过程中，中国方面充分意识到欧盟在中国与中东欧国家合作中的重要影响，特别是在与中东欧的欧盟成员国合作中，中方尊重欧洲一体化原则，遵守欧盟的相关法律、制度，在经贸、投资以及基础设施建设等方面的合作也切实履行了欧盟的规章制度。中国—中东欧合作的推进需要各方付出努力和耐心，当前中国与中东欧国家的合作缺乏重大项目支撑，这与中东欧国家的多样性、欧盟较为严格的项目实施标准及复杂的资金、技术和人员准入制度等相关。中国在推进中国—中东欧合作中积极与相关国家进行沟通与协商。在"匈塞铁路""三海港区"建设等有可能成为中国—中东欧合作重大"旗舰性"项目上，中国耐心地做了大量的工作。目前，中国在中东欧国家的投资额总量还不多。中国对中东欧国家的投资主体是各级、各类企业，这些企业对海外投资，特别是在中东欧地区投资缺乏经验，谨慎小心一些是正常的；中东欧国家普遍经济体量较小，大项目投资机会少；"绿地投资"面临的风险和竞争压力更大。这些都是导致中国企业在中东欧地区投资，特别是"绿地投资"较少的重要客观原因。但是在中国—中东欧合作机制的推动下，中国对中东欧国家投资额已有明显增长，2016年中国的投资存量是2009年的4倍多，做到这一点已实属不易，无论是欧盟还是中东欧国家都应该对中国—中东欧双边投资前景保持乐观态度。至于说中国企业对中东欧投资"利润低"却仍要继续投资的背后有"政治图谋"，这一说法显然也不成立。因为中国企业看到了在中东欧的投资机遇，从更长远眼光来看需要前期付出建设性的、利润率较低的投资，这种前期战略投资是任何一个国家有前瞻性眼光的企业都会去做的。欧盟对中国—中东欧合作不存在主动设置障碍的行动和理由。从欧盟正式发布的文件、报告来看，没有出现过反对或指责中国—中东欧合作的内容。而从当前中欧关系发展来看，欧盟成员国，如法国、德国、意大利、西班牙等国家纷纷加入中国倡导的亚洲基础设施投资银行，同时中国也加入了欧洲复兴开发银行。中欧双方都愿意加强全方位战略伙伴关系，"容克计划"与"一带一路"倡议成为双方战略对接与合作的抓手，在这样的情况下，中国与欧盟加强在中东欧地区的合作是顺应时代发展以及各方利益的最佳选择。无论是欧盟、中国还是中东欧国家都应以正确的心态看待中国—中东欧合作。中国与中东欧国家的合作在政治、经贸、投资、人文交流等领域都呈现出积极的发展态势，结出了丰硕成果，这是在经历了20年相互间关系的"冷淡期"后产生的积极结果，说明中国—中东欧合作切实推动了双边各领域合作关系的发展，所以，各方应以积极的态度看待中国—中东欧合作，对其保持耐心，并合力推动其进一步发展。

第二节 中国—中东欧合作机制下中国与中东欧的合作状况

21世纪以来，中国与中东欧国家一直保持着良好的外交和经贸关系。欧债危机之后，中东欧国家投资环境的优势日益明显，中国牢牢把握与中东欧国家间合作的机会，双方的投资与经贸联系日益紧密。中国—中东欧合作框架于2012年正式启动，它的作用是使中国和中东欧国家更加全方位的合作，同中欧合作大局同步并举，致力于实现中国、欧盟和中东欧国家三方共赢，努力开创出一条能够超越不同制度和跨越不同地区不同国家的务实合作的新形式。随后，中国又提出"一带一路"倡议，将广阔的东亚区域的中国、中亚区域的印度、中亚五国、阿富汗、巴基斯坦、伊朗、伊拉克、土耳其、欧洲的中东欧国家和西欧诸国连接起来，构成一个跨越亚洲与欧洲诸多国家和地区充满无限机遇的经济合作圈。在此之后，"一带一路"的核心要义被纳入中国—中东欧合作机制中，中东欧国家同中国合作的积极性显著提高，中国也高度重视与中东欧国家合作的务实性。中国提出的与中东欧国家关系发展十二项计划，宣布了进一步发展双边交流的建议，确定了双边磋商机制，引起了中东欧国家领导人的浓厚兴趣，也推动了中国对中东欧国家的投资。总体来说，中国—中东欧合作与"一带一路"倡议对接之后，中国与中东欧国家的关系显著升温，双方合作的质量也明显提高。

一 政治关系稳步提升

中东欧国家入盟后经过自身的不断努力，在参与国际事务中争取了更多的利益，也不断提高了其对世界政治的影响力。面临这种新形势，中国与中东欧国家进行高层互访，保持友好关系。2004年，中国国家主席胡锦涛对波兰和匈牙利等中东欧国家进行国事访问，并在访问期间同波兰与匈牙利等国家的领导人进行了友好会谈，一致同意将双边关系提升到"友好合作伙伴关系"。在这次访问中，中国第一次提出与中东欧国家加强国际合作，尤其是在打击跨国犯罪、反对国际恐怖主义、防止核扩散等方面一同面对各种挑战。在中国—中东欧合作机制下，中国与中东欧国家进一步发展了政治方面的合作。捷克与中国的双边政治合作进入了一个新的阶段，2016 年 3 月 28—30 日，习近平主席访问了捷克，这是习近平主席对中东欧国家的第一次访问，进一步促进了两国全方位的互利共赢合作，将双边关系提高到新高度，而且也为中国与中东欧国家的合作、中欧关系的发展作出重要贡献。匈牙利与中国继续提升政治交往的级别并扩大交往的领域，政治合作从政党高层互访扩展至中青年政党干部、精英的交流。特别需要指出的是，波兰与中国的双边政治合作有了巨大的突破。波兰总统布罗尼斯瓦夫·科莫罗夫斯基在 2011 年年底访问中国，这是 13 年以来波兰总统对中国进行的首次访问。双方在此期间宣布了建立战略伙伴关系，加强双方政治交往。2012 年 4 月 25 日温家宝总理访问华沙，这是 1997 年以来中国总理首次访问波兰。2016 年 6 月 19 日至 21 日，习近平主席访问了波兰，双方确定建立中波全面战略伙伴关系，这一关系的确立具有很重要的里程碑意义。中国—中东欧合作机制确立后，中国与中东欧国家的关系进入了一个全新的发展阶段，为中国与中东欧国家的发展带来了宝贵的契机。

在中国—中东欧合作国家首脑外交的带动下，中国与中东欧国家交往的机制化建设也取得了突破。2018 年 3 月 22 日，外交部副部长王超在北京与中东欧四国举行首次中国同 V4 国家副外长级磋商。双方主要就中国同中东欧国家关系、中欧关系以及彼此关切的国际问题和热点话题等交换了意见。国务委员兼外交部部长王毅在会见四国副外长时表示，感谢中东欧国家对于共建"一带一路"倡议的大力支持和积极参与，欢迎中东欧国家广泛深入地融入"一带一路"倡议的共建大计之中，并对中国与中东欧国家合作给予了新的期望：一是希望 V4 国家为欧洲一体化进程作出贡献。中方乐见并支持欧洲一体化。V4 国家是欧洲新兴市场国家代表，也是欧盟内最具活力的力量，相信 V4 国家能够为欧洲一体化建设提供新的动力。二是希望 V4 国家在中欧关系中发挥建设性作用。中方始终高度重视中欧关系。四国同中国有着友好传统，这是推动中欧关系发展的积极因素，相信中东欧国家将为欧洲形成更友好的对华政策发挥建设性作用。三是希望 V4 国家在中国—中东欧合作中继续带头前行。中国—中东欧合作基于中国同中东欧国家的共同需求，也是中欧关系的重要组成部分。"一带一路"倡议为中国—中东欧合作注入了新的强劲动力。中国愿与包括四国在内的中东欧国家一道，共同把中国—中东欧合作维护好、发展好。

二 双边经贸关系不断加强

中国与中东欧国家的经贸关系，大体上说，发展较为平稳与顺利，但不免也会有一些起伏，值得一提的是，中国与中东欧国家双边经贸关系有着持续稳定快速的发展趋势。

第一，双方持续扩大经贸合作。中国与中东欧第二次领导人会议于2013年11月召开，会上通过了《中国—中东欧国家合作布加勒斯特纲要》，认为中国与欧盟合作的新增长点是中国—中东欧合作，双方合作的一个主要内容是互联互通。在2014年12月的中国与中东欧第三次领导人会晤中，通过了《中国—中东欧国家合作贝尔格莱德纲要》，互联互通上升为第一要义，双方合作也上升到一个新台阶。中国在中东欧国家的最大贸易伙伴分别为：波兰、捷克、匈牙利和斯洛伐克。根据世界贸易组织数据，从2012—2018年波兰、捷克、匈牙利、斯洛伐克对中国的进出口数据图来看，整体呈现稳中有升的变化，虽然中间有些许波动，但是总体呈现增长的趋势，尤其是近两年，波兰、捷克、匈牙利、斯洛伐克对中国的出口呈现出明显的上升趋势。2012年，波兰、捷克、匈牙利、斯洛伐克进出口总额为501.6亿美元，2013年为543.7亿美元，2014年为605.0亿美元，2015年为593.8亿美元，2016年为597.0亿美元，2017年为671.7亿美元，2018年为594.9亿美元。这说明，在加入中国—中东欧合作机制后，波兰、捷克、匈牙利、斯洛伐克在适应该平台的同时，一直在积极寻求同中国之间的合作。在波兰、捷克、匈牙利、斯洛伐克这四个国家中，波兰同中国的贸易额一直以来都高于其他三个国家，捷克紧随其后，2012—2017年两国贸易额基本上保持低速增长的趋势，而2018年受国际经济环境和欧债危机的影响有所下降。匈牙利和斯洛伐克则并没有显著的变化。波兰、匈牙利、捷克、斯洛伐克四国出口中国的贸易量稳中有升，尤其在2018年增长迅速。这表明，虽然近年来波兰、捷克、匈牙利、斯洛伐克对中国商品的进口量远大于出口量，但是这一差距正在慢慢减小，并且随着双方交流与合作的不断深入发展，未来双方在经贸方面的合作空间和领域会越来越大。

从 2017 年中国与波兰、捷克、匈牙利、斯洛伐克等国的进出口商品结构来看（见表4—1、表4—2、表4—3、表4—4），波兰、捷克、匈牙利、斯洛伐克向中国出口的商品主要是以金属类、机电类、运输类和化学品等为主。波兰主要是金属类和机电类，匈牙利以运输类和机电类为主，捷克主要是机电类，斯洛伐克则是运输类。波兰、捷克、匈牙利、斯洛伐克自中国进口的物品中主要以机电类为主，均占 50% 以上，波兰 51.41%、匈牙利 73.63%、捷克 74.62%、斯洛伐克 64.42%。而从出口到中国的主要产品来看，波兰金属类占 31.13%、机电类占 26.54%，匈牙利运输类占 40.50%、机电类占 35.86%，捷克机电类占 53.59%、运输类占 9.92%，斯洛伐克运输类占 71.36%、机电类占 18.58%，这说明波兰、捷克、匈牙利、斯洛伐克与中国贸易的主要产品是机电类产品。波兰、捷克、匈牙利、斯洛伐克同中国在机电方面都有自己擅长的领域，波兰、捷克、匈牙利、斯洛伐克主要擅长汽车制造、零件制造等方面，中国主要擅长家电制造、机械设备等领域。从表4—2 中的数据来看，波兰、捷克、匈牙利、斯洛伐克在科技方面的优势并没有很好地发挥出来，出口到中国的商品除了机电产品外，大多是原材料及运输类方面，这使波兰、捷克、匈牙利、斯洛伐克很难在中国市场中占领有利地位，中国一直以来都是制造大国，基本上很多产品能够自给自足，波兰、捷克、匈牙利、斯洛伐克在打入中国市场的过程中，还在努力寻找突破口。

表4—1　　2017 年波兰对中国进出口量最大的 5 种贸易产品

对中国出口			自中国进口		
产品	出口额（千美元）	占出口比重（%）	产品	进口额（千美元）	占进口比重（%）
金属类	717591.68	31.13	机电类	13610752.48	51.41
机电类	611746.90	26.54	纺织品和服装	2909477.31	10.99
塑料和橡胶类	181743.04	7.85	金属类	1621105.64	6.12
运输类	126123.49	5.47	塑料和橡胶类	880763.93	3.33
化学品	110696.91	4.80	鞋类	867177.27	3.28

资料来源：https://wits.worldbank.org.cn。

表4—2　　2017年匈牙利对中国进出口量最大的5种贸易产品

对中国出口			自中国进口		
产品	出口额（千美元）	占出口比重（%）	产品	进口额（千美元）	占进口比重（%）
运输类	1078931.63	40.50	机电类	3895405.83	73.63
机电类	955288.85	35.86	金属类	240806.53	4.55
化学品	111652.20	4.19	化学品	212902.47	4.02
原料类	80243.44	3.01	纺织品和服装	173603.10	3.28
动物类	66023.20	2.48	塑料和橡胶类	147450.02	2.79

资料来源：https://wits.worldbank.org.cn。

表4—3　　2017年捷克对中国进出口量最大的5种贸易产品

对中国出口			自中国进口		
产品	出口额（千美元）	占出口比重（%）	产品	进口额（千美元）	占进口比重（%）
机电类	1293834.85	53.59	机电类	15295221.89	74.62
运输类	239510.88	9.92	纺织品和服装类	1018317.36	4.97
塑料和橡胶类	152676.76	6.32	金属类	773831.29	3.78
木料类	129338.32	5.36	塑料和橡胶类	463881.51	2.26
金属类	107568.75	4.46	鞋类	411618.20	2.01

资料来源：https://wits.worldbank.org.cn。

表4—4　　2017年斯洛伐克对中国进出口量最大的5种贸易产品

对中国出口			自中国进口		
产品	出口额（千美元）	占出口比重（%）	产品	进口额（千美元）	占进口比重（%）
运输类	985443.08	71.36	机电类	3962447.95	64.42
机电类	256505.97	18.58	纺织品和服装类	406650.24	6.61
塑料和橡胶类	27225.37	1.97	鞋类	321161.34	5.22
金属类	25111.36	1.82	金属类	295376.85	4.80
原料类	8673.03	0.63	运输类	143399.06	2.33

资料来源：https://wits.worldbank.org.cn。

第二，双方不断拓宽经贸合作领域，不断扩大投资。中东欧国家扩大在中国多个领域的投资规模，尤其是双方在基础设施合作方面蕴含着巨大的机遇，例如，波兰为了增加对华出口、吸引更多的中国投资，波兰政府启动了"走向中国"计划。在基础设施方面，中国企业有着丰富的经验和实力基础，而中东欧国家有较大需求的领域为港口、铁路、公路、电站及通信基础设施建设方面。目前，中国通过工程承包，公私合营等多种方式参与到中东欧地区的基础设施建设中。李克强总理与匈牙利总理欧尔班和塞尔维亚总理达契奇在2013年11月共同宣布合作建设匈塞铁路，有效地对接了中国装备制造与中东欧国家基础设施建设，一则有针对性地促进了中东欧国家经济发展，二则也可以充分利用中国装备产能，双方互利共赢，尤其是在高铁技术方面的合作，可以创造出中欧物流新干线，产生巨大的经济效益，随之打造出全新的中国—中东欧国家经济合作框架，以推动中国与中东欧国家的经贸合作。

三 逐步拓展其他方面的合作

在中国—中东欧合作的大背景和新形势下，中国定期与中东欧国家举办地方省州长联合会、高级别智库研讨会、青年政治家论坛等。双方的文化、教育与民间交往不断加深，丰富了双边合作内涵。中国邀请中东欧国家学生来华研修汉语，并为其提供奖学金名额，中国也会派出学生和学者赴中东欧国家研修，促进相互交流和文化的多样性发展。同时，中国政府还设立了相关研究基金，来推动双方的科研发展，支持双方展开学术交流。中国教育部邀请双方青年代表参加在华举办的教育论坛，建立新的合作。

近几年，中国与中东欧国家不断增加双方的人文交流。2015年11月，中国与匈牙利达成丝绸之路国际剧院联盟，这是两国继签署共同推进"一带一路"谅解备忘录后，在文化艺术领域积极落实的务实举措，体现了双方在这方面的探索与努力。在"丝绸之路国际剧院联盟"这一框架下，中国多家文化企业与中东欧国家的文化企业进行了多项高效务实的多边和双边合作，并逐步建立起多元合作机制。通过这些文化活动的交流合作，不仅增强了中国与中东欧国家的人文交流，而且在文化交流领域开拓出全新的商业合作模式，通过合作发展共享合作成果，并共同应对困难和挑战。目前，波兰已建立了四所孔子学院，中国与捷克两国还签署了《中华人民共和国文化部和捷克共和国文化部2012—2014年文化合作议定书》，进一步传播中国文化、厚植双边交往的民意基础。2016年12月，中国—中东欧国家智库研讨会暨中国—中东欧国家人文交流年在北京圆满落幕，这极大地提升了中国—中东欧合作并加强了双边人文交流。

第三节　中国—中东欧合作机制下中国与中东欧合作的挑战

一　欧债危机背景下中东欧国家经济形势不容乐观

世界金融危机和欧债危机之后，得益于出口的恢复，中东欧国家经济于2011年开始复苏，其中，波兰的经济增速仍然位于前列。中东欧国家与欧盟老成员国在贸易和投资上仍处于不对称的依赖关系中。故而中东欧国家的经济易受外部环境影响，经济较为脆弱。中东欧国家采取结构改革和财政紧缩的经济政策，以避免受到欧债危机蔓延带来的影响。中东欧国家波兰和斯洛伐克的经济在2012年仍低速增长。波兰经济增长趋缓，但在中东欧国家和欧盟范围内仍位于前列。波兰政府的首要任务是在不影响GDP增长的前提下，确保国家金融安全、巩固财政基础，政府致力于将财政赤字占GDP的比重降至1%左右。同样，斯洛伐克经济缓慢增长，政府出台了增税和增收等举措。2012年，斯洛伐克第一季度GDP达165.6亿欧元，同比增长3.1%，环比增长0.8%。第二季度GDP达178.3亿欧元，同比增长2.7%。

与波兰和斯洛伐克的经济相比，捷克和匈牙利的经济则表现出停滞不前和有所下降的征兆。欧债危机影响长期存在，这导致捷克主要出口市场——欧元区国家的经济增长缓慢甚至陷入衰退，再加上捷克本国国内需求不振都对捷克经济的复苏产生了重要影响。2012年，捷克经济出现衰退低迷，一至四季度，捷克GDP同比分别下降0.5%、1.0%、1.3%和1.7%，全年GDP总降幅为1.1%。捷克政府为重振经济，进一步扩大出口，并继续推行减少赤字、稳定财政的基本政策。匈牙利自欧债危机以来其财政状况和融资形势十分不乐观并持续恶化，在2012年出现了十分低迷萧条的经济景象，衰退超出预期，GDP 比 2011 年下降了 1.7%，其中第四季度下降了 2.7%。匈牙利进出口额出现自 2010 年 7 月以来的首次大幅下降，2012 年 12 月出口 55 亿欧元，同比下降 7.9%；进口 53 亿欧元，同比下降 6.4%，外贸顺差为 1.923 亿欧元，同比下降 36%。匈牙利和捷克政府实施的是财政紧缩政策，这在一定程度上能帮助两国呈现相对较好的经济发展趋势，但却沉重打击了民众的消费意愿，民众最关心的社会福利也会有所下降。

在中国—中东欧合作背景下，中国与中东欧国家的经贸合作主要有以下难题。第一，贸易额偏小且进出口商品结构较单一。近年来，中国与中东欧国家双边贸易总量仍较小，在各自进出口贸易总额中所占的比例很小。而且中国对中东欧国家进口偏重于原材料型产品，出口则以附加值较低的劳动密集型产品为主（如电子类和轻纺类产品）。第二，贸易不平衡问题仍较严重。中国对中东欧国家出口增长强劲，贸易顺差也随之不断增大。中国已经采取了一系列如进口财政支持等扩大进口的政策和措施，但顺差绝对值仍居于高位。如果这一问题长期得不到改善，势必将会影响中国—中东欧合作机制的实施效果，影响双边贸易关系的长期稳定发展。

二 中东欧地区政局形势复杂

危机以来，整个欧洲局势十分复杂，中东欧国家政局也是动荡不安。具体表现在中东欧国家国内政局不稳及乌克兰危机的外溢影响，使中东欧国家面临各种挑战。东欧剧变和苏联解体之后，中东欧国家纷纷开始政治转型，仿效西方建立起"三权分立""议会民主""多党执政"等政治制度。然而，政治制度的转型需要一个漫长的过程，不可能在一夜之间完成，当前，中东欧各国的政治制度的建立仍处在摸索阶段，具有强烈的不稳定性。具体表现为以下问题：一是政治制度设计不合理。例如，在捷克，根据宪法的规定，总统与总理之间职责范围分工模糊不清，因此，当二者分属不同政党时，常常存在执政理念和方向上的分歧，往往导致其对内和对外政策缺乏一致性。二是发展不够成熟的政党。无论是在 20 世纪 90 年代独立后恢复重建的老牌政党，还是近年来重新组成的转型政党，都缺乏长期执政参政的经验，缺乏与其他政党妥协与合作的精神,因此常常引发联合政府的分裂。上述两个方面的问题导致一些中东欧国家政府频繁更换,常常出现"议而不决"与"决而不行"的局面。中东欧国家政局的不稳定性给中国与中东欧国家间开展有效合作带来了诸多障碍,一些已达成的合作意向因中东欧国家的政局突变而无法得到有效推动。

各国政局也受到欧债危机、难民危机、英国脱欧、民粹主义等多重危机的冲击影响。如斯洛伐克民众对欧元的信心有所动摇。更严重的是,欧洲金融稳定机制(ESFS)扩容方案给当时执政的拉迪乔娃政府带来了致命的打击,造成斯洛伐克政府的更迭。斯洛伐克成为唯一一个否决这一方案的欧元区国家。拉迪乔娃领导的执政联盟被迫下台,成为欧债危机爆发以来第一个因拯救欧元区而倒台的政府。

三 关于"中东欧地区的合作真空"

中东欧国家社会经济发展程度不尽相同,具有明显的"差异性"。在中国—中东欧合作不断深化之际,中东欧国家的"差异性"给中国—中东欧合作的健康发展带来了新问题——中国与中东欧国家的政治交往如火如荼,经贸合作却两极分化,中国与中东欧国家合作存在着"真空"现象,中国与中东欧国家合作的内部发展缺乏全方位、均衡化的政策指引。位于巴尔干地区的东南欧9国,即罗马尼亚、塞尔维亚、黑山、克罗地亚、斯洛文尼亚、波黑、马其顿、保加利亚和阿尔巴尼亚,是中东欧16国的重要组成部分,也是中东欧16国的差异性的强化版"写照"。

第一,国家规模的"差异性"。如表4—5所示,9国之中,国土面积最大的三个国家分别是罗马尼亚、保加利亚和塞尔维亚,国土面积的后三位分别是马其顿、斯洛文尼亚和黑山;人口数量最多的前三个国家分别是罗马尼亚、保加利亚和塞尔维亚,后三个国家分别是马其顿、斯洛文尼亚和黑山。其中,罗马尼亚的国土面积和人口数量分别是黑山的17倍和31倍。

第二,国家经济发展水平的"差异性"。如表4—5所示,东南欧9国之中国内生产总值(GDP)前三名国家分别是罗马尼亚、保加利亚和克罗地亚,后三名国家分别是阿尔巴尼亚、马其顿和黑山;国内生产总值(GDP)增长率最快的前三个国家分别是罗马尼亚、马其顿和保加利亚，后三个国家分别是斯洛文尼亚、克罗地亚和塞尔维亚；人均国民总收入最多的前三个国家分别是斯洛文尼亚、克罗地亚和罗马尼亚，后三个国家分别是马其顿、波黑和阿尔巴尼亚。其中，罗马尼亚的GDP是黑山的44倍，罗马尼亚的GDP增长率是塞尔维亚的近5倍，斯洛文尼亚的人均国民总收入是波黑的5倍多。

表4—5　　　　　　　　2015年东南欧9国国情[①]

国情	人口（人）	国土（平方公里）	国内生产总值（十亿美元）	国内生产总值增长率（%）	人均国民总收入（美元）
罗马尼亚	19832389	238000	177.954	3.8	9500
保加利亚	7177991	111001	50.199	3.6	7480
克罗地亚	4224404	56600	48.732	1.6	12700
斯洛文尼亚	2063768	20273	42.775	2.1	22190
塞尔维亚	7098247	77474	37.160	0.8	5540
波黑	3810416	51209	16.192	3.1	4670
阿尔巴尼亚	2889167	28748	11.398	2.6	4280
马其顿	2078453	25713	10.086	3.7	5140
黑山	622388	13800	3.987	3.2	7220

资料来源：http：//data.worldbank.org.cn/。

第三，国家政治转型和政治归属的"差异性"。东欧剧变之后，原有的罗马尼亚、保加利亚和阿尔巴尼亚改变了国体和政体，南斯拉夫社会主义联邦共和国经历了分解的剧痛：1991年，斯洛文尼亚、克罗地亚、波黑和马其顿相继宣告独立；1992年，塞尔维亚和黑山联合成立了南斯拉夫联盟共和国；2006年，黑山和塞尔维亚相继宣告独立。此后，东南欧9国不同程度地转向了美国和欧洲：斯洛文尼亚、克罗地亚、罗马尼亚、阿尔巴尼亚、保加利亚和黑山加入北约；保加利亚、克罗地亚、罗马尼亚加入欧盟；

[①] 所有图表由作者收集数据自行制作完成。

斯洛文尼亚加入欧盟和欧元区；阿尔巴尼亚、黑山、塞尔维亚、马其顿和波黑成为欧盟候选国，形成了当前的巴尔干地区政治格局。

第四，国家文化归属的"差异性"。东南欧9国的文化归属非常复杂；罗马尼亚、保加利亚、塞尔维亚、马其顿和黑山的主要宗教是东正教；阿尔巴尼亚和波黑是伊斯兰教、东正教和天主教并存；斯洛文尼亚的主要宗教是天主教。近年来，民族问题所引发的冲突，尤其是波黑战争和科索沃战争，更是严重阻碍了东南欧国家的民族融合和文化整合。

东南欧9国的"差异性"充分代表了中东欧16国的"差异性"，尤其是在国家政治转型、国家文化归属等方面的"差异性"更为明显，因此，中国—中东欧合作国家的"差异性"给中东欧地区的长治久安增添了复杂性：其一，中东欧国家的内部民族关系非常复杂，严重阻碍了其内部国家建设和外部投资信心；其二，中东欧国家之间的关系非常复杂，昔日作为同一个联邦共和国的成员，如今的政治经济交往冷热不同，严重阻碍了整个中东欧地区整合；其三，中东欧国家对外交往的政治倾向非常复杂，中东欧国家的经济实力差异较大，缺乏协同政策，在遭受全球性金融危机打击之后，又深受欧债危机的消极影响，其"向西的意愿"有所降低，不得不"转头向东"改善和加强同俄罗斯和中国的关系，"向西"或"向东"再一次成为中东欧国家不得不作出的选择，这也决定了中东欧国家同"东""西"大国政治经济合作的热度和深度。

以东南欧9国为例，2004年，中国和罗马尼亚建立全面友好合作伙伴关系；2009年，中国和塞尔维亚签订了战略伙伴关系协定。中国—中东欧合作机制运行以来，双方高层互访频繁，政治交往和人文交流日益紧密，特别是国家主席习近平、国务院总理李克强先后对东南欧国家进行访问，中国与东南欧国家的政治交往进入"蜜月期"。但是，中国与东南欧国家的经贸合作"冷冷清清"，尚未呈现出令人满意的发展趋势，且有较大的合作"真空"尚待填补。

第一，进出口贸易。从2012年至2016年，中国同东南欧9国的进出口贸易额增长缓慢，年均增长率仅为4.1%，中国同东南欧9国的进出口贸易热度不够。2016年，中国同东南欧9国进出口贸易额为120.4亿美元，而中国同波兰进出口贸易额为176.2亿美元，相差近50亿美元，凸显了中国同中东欧国家进出口贸易的"参差不齐"。2012年，中国同东南欧9国贸易顺差51亿美元，2016年，中国同东南欧9国贸易顺差59亿美元，双边进出口贸易不平衡问题突出。

进口贸易方面，如表4—6所示，虽然2015年中国自东南欧9国的进口贸易额较2014年减少3亿美元，但五年来中国自东南欧9国的进口贸易额整体呈增长态势，2016年为898908万美元，同比增长6.8%。东南欧国家同中国双边贸易没有显著提升，贸易不平衡进一步加剧，东南欧9国同中国的双边贸易额不抵波兰同中国的双边贸易额，东南欧国家进出口贸易额的增长缺乏动力，马其顿、黑山和波黑同中国的双边贸易基本处于"休眠"状态，双边贸易"真空"现象突出，亟须全方位、均衡化的贸易政策和措施。

表4—6　2012—2018年中国自波兰和东南欧9国进口贸易额　　单位：万美元

年份 国家	2012	2013	2014	2015	2016	2017	2018
波兰	1238679	1257554	1425702	1434575	1509171	1787632	2087896
东南欧9国	775655	816130	874463	841151	898908	1028331	1336317
罗马尼亚	279735	282275	322542	316288	344743	377807	450712
塞尔维亚	41288	43191	42456	41509	43127	54567	72817
黑山	14576	8634	15707	13415	10867	13264	17820
克罗地亚	129998	139005	102728	98560	101666	115958	132700
斯洛文尼亚	156663	183421	199176	209154	226900	288784	442483
波黑	4671	9136	28398	6154	6403	7880	10973
马其顿	8875	6348	7666	8651	9004	7800	10774
保加利亚	105458	111689	117861	104382	105546	116905	144029
阿尔巴尼亚	34391	32431	37929	43038	50652	45366	54009

资料来源：http://ozs.mofcom.gov.cn/article/zojmgx/date/201702/20170202520524.shtml。

出口贸易方面，如表4—7所示，中国对东南欧9国的出口贸易增长缓慢，2014年是最高值342834万美元，2015年为292163万美元，同比下降14.7%，2016年为305256万美元，同比增长4.5%。

表4—7　2012—2016年中国对波兰和东南欧9国出口贸易额　　单位：万美元

年份 国家	2012	2013	2014	2015	2016	2017	2018
波兰	199735	223688	293664	274413	253396	335312	364495
东南欧9国	257931	314378	342834	292163	305256	408950	461967
罗马尼亚	97960	120818	152428	129740	145184	182414	216867
塞尔维亚	10162	18027	11252	13390	16266	21151	22450
黑山	2118	1628	5421	2441	3258	6648	4182
克罗地亚	7451	10495	10065	11179	16141	18308	21200
斯洛文尼亚	25604	30284	33163	28954	43654	49534	59106
波黑	2330	2090	3724	5373	4355	5725	7740
马其顿	13978	10797	9125	13315	4668	8648	4836
保加利亚	84038	96265	98693	74879	58825	96865	114801
阿尔巴尼亚	14290	23974	18963	12892	12905	19657	10785

资料来源：http://ozs.mofcom.gov.cn/article/zojmgx/date/201702/20170202520524.shtml。

第二，进出口商品结构。进出口商品结构通常由该国的经济发展水平、资源情况和对外贸易政策所决定。限于相关资料的有限性，重点分析罗马尼亚和保加利亚在2012年和2016年同中国进出口商品结构。

在出口商品方面，如表4—8所示，罗马尼亚对中国的出口商品主要集中在机电产品和木材制品，2012年机电产品和木材制品占46.8%，2016年占55.4%，商品结构逐步优化。保加利亚对中国的出口商品主要集中在一般金属及其制品和矿产品等初级品，虽然2016年机电产品占比上升到9.4%，但并不占主导地位，保加利亚商品的科技含量和附加值有待进一步改善和提升。

在进口商品方面，如表4—9所示，罗马尼亚和保加利亚自中国进口商品主要是制成品，初级产品比重较低，虽然保加利亚进口机电商品的比重有所减少，但并不影响制成品的主导地位，中国出口产品的技术含量和附加值明显提升，中国对东南欧国家出口的商品品种正在优化。

虽然仅选取和比较了罗马尼亚和保加利亚同中国进出口商品的结构，但从中不难发现：一方面，东南欧国家的自然资源丰富，农业发展历史悠久，在农副产品上拥有一定的比较优势，但东南欧国家出口中国的农副商品占比并不突出，需要中国深入挖掘东南欧国家优势产业和特色产品，填补出口商品的"真空"；另一方面，罗马尼亚和保加利亚自中国的进口商品以制成品为主，初级品占比减少，中国商品科技含量和附加值不断提升，但仍需提升东南欧国家自中国进口商品的互补性。

表4—8　2012年与2016年保加利亚和罗马尼亚对中国出口主要商品构成

国家 \ 年份	2012	2016
保加利亚	一般金属及制品（79.9%） 矿产品（11.3%） 机电产品（2.9%） 化工产品（1.2%） 纤维素浆；纸张（1.1%）	一般金属及制品（54.9%） 矿产品（27.6%） 机电产品（9.4%） 化工产品（2.5%） 食品、饮料、烟草（1.4%）
罗马尼亚	机电产品（27.3%） 木材制品（19.5%） 一般金属及制品（16.7%） 矿产品（9.8%） 塑料、橡胶（7.3%）	机电产品（36.1%） 木材制品（19.3%） 一般金属及制品（7.7%） 塑料、橡胶（7.5%） 运输设备（6.4%）

资料来源：http://countryreport.mofcom.gov.cn/europe110209.asp。

表4—9　2012年与2016年保加利亚和罗马尼亚自中国进口主要商品构成

国家 \ 年份	2012	2016
保加利亚	机电产品（45.4%） 化工产品（9.2%） 家具、玩具、杂项制品（7.9%） 一般金属及制品（6.7%） 运输设备（6.6%）	机电产品（37.4%） 家具、玩具、杂项制品（11.4%） 化工产品（9.5%） 一般金属及制品（9.0%） 纺织品及原料（7.8%）
罗马尼亚	机电产品（50.3%） 一般金属及制品（11.1%） 纺织品及原料（8.0%） 家具、玩具、杂项制品（6.3%） 塑料、橡胶（4.5%）	机电产品（54.6%） 一般金属及制品（8.4%） 纺织品及原料（8.1%） 家具、玩具、杂项制品（6.2%） 塑料、橡胶（4.5%）

资料来源：http://countryreport.mofcom.gov.cn/europe110209.asp。

第三，直接投资方面。如表4—10、表4—11所示，中国对东南欧9国的直接投资存量呈现明显的"两极分化"趋势。

表4—10　　2012—2018年中国对波兰和东南欧9国的直接投资流量情况　　单位：万美元

年份 国家	2012	2013	2014	2015	2016	2017	2018
波兰	750	1834	4417	2510	-2411	-433	11783
罗马尼亚	2541	217	4225	6332	1588	1586	157
塞尔维亚	210	1150	1169	763	3079	7921	15341
黑山	—	—	—	—	—	1665	1272
克罗地亚	5	—	355	—	22	3184	2239
斯洛文尼亚	—	—	—	—	2186	39	1328
波黑	6	—	—	162	85	—	—
马其顿	6	—	—	—	—	—	183
保加利亚	5417	2069	2042	5916	-1503	8887	-168
阿尔巴尼亚	—	56	—	—	1	21	172

资料来源：2018年度中国对外直接投资统计公报。

表4—11　　2012—2018年中国对波兰和东南欧9国的直接投资存量情况　　单位：万美元

年份 国家	2012	2013	2014	2015	2016	2017	2018
波兰	20811	25704	32935	35211	32132	40552	52373
罗马尼亚	16109	14513	19137	36480	39150	31007	30462
塞尔维亚	647	1854	2971	4979	8268	17002	27141
黑山	32	32	32	32	443	3945	6286
克罗地亚	20245	20468	24269	22432	1199	3908	6908
斯洛文尼亚	500	500	500	500	2686	2725	4009
波黑	607	613	613	775	860	434	434
马其顿	26	209	211	211	210	203	3630
保加利亚	12674	14985	17027	23597	16607	25046	17109
阿尔巴尼亚	443	703	703	695	727	478	642

资料来源：2018年度中国对外直接投资统计公报。

一方面，中国持续增加对罗马尼亚、塞尔维亚和保加利亚的直接投资，2012年以来，尤其是"一带一路"倡议对接中国—中东欧合作之后，中国进一步加强了对东南欧传统友好国家——罗马尼亚、塞尔维亚和保加利亚的直接投资，且投资额呈跳跃式增长，这些直接投资主要集中在核能开发、基础设施建设和机械制造等领域，有力地支撑和推动了中国与罗马尼亚、塞尔维亚和保加利亚的经济合作，为中国对其他东南欧国家的直接投资发挥了示范作用。

另一方面，中国对黑山、克罗地亚、斯洛文尼亚、波黑、马其顿和阿尔巴尼亚等国的直接投资始终处于"停滞"状态。从2012年到2015年，中国对黑山和斯洛文尼亚的直接投资完全处于"停滞"状态，对马其顿、阿尔巴尼亚、克罗地亚和波黑的直接投资处于"停滞"或"半停滞"状态，中国对黑山、克罗地亚、斯洛文尼亚、波黑、马其顿和阿尔巴尼亚等国的直接投资存在"真空"，严重阻碍了中国同这些东南欧国家的经贸合作。

东南欧9国经历了20世纪90年代政治转型和21世纪前十年的国家动荡，经历了2008年世界金融危机和2009年年底欧债危机，政治局势趋于平稳，国家建设逐步展开，国外直接投资对东南欧国家建设和经济发展具有特别的现实意义。中国应将基础设施建设和产能与装备合作作为中国同东南欧国家合作的突破口，寻找可靠的合作项目，迅速提升直接投资，填补中国在东南欧国家投资领域的"真空"，抢占东南欧这块尚待开发的投资市场。中东欧国家的"差异性"是中国与中东欧国家合作产生"真空"的主要原因。中东欧国家的"差异性"导致中国很难制定对中东欧国家经贸合作的协同政策，缺乏动力实现中国与中东欧国家之间经贸合作的充分发展，不可避免地产生合作的"真空"现象。

第五章

"一带一路"与中国—中东欧合作

2013年10月习近平主席在哈萨克斯坦访问时,首先提出"一带一路"的规划和设想,旨在充分运用当今全球各个国家合作不断加强的良好基础,"通过'以点带面,从线到片',逐渐促进亚欧大陆合作格局的最终形成,从而打造世界上跨度最长、覆盖面最广且最具发展潜力的经济大走廊。"[①] 波兰、捷克、斯洛伐克、匈牙利等16个中东欧国家处在"一带一路"经济带的地域范围中,是维系"一带一路"中欧互联互通的枢纽。在"一带一路"沿线的60多个国家中,25%的国家都位于这个地区。无论从所处的地理位置还是涉及的国家数目上,中东欧国家对于中国"一带一路"倡议的推广都具有深远的价值。众所周知,"一带一路"倡议以共商、共建、共享为其核心原则,以"五通"(政策沟通、设施联通、贸易畅通、资金融通、民心相通)为关键目标。随着中国—中东欧合作框架正式启动,合作内容不断充实、合作领域不断扩充、合作层次也在稳步提高。从这个方面来看,中国—中东欧合作机制是中国对中东欧地区合作方式的一大战略创新,在"一带一路"倡议的推进和整个中欧关系的发展层面都有着巨大的意义。

第一节 "一带一路"倡议与中东欧国家

一 中东欧官方层面看"一带一路"

中国提出"一带一路"倡议后,引起了国际社会的高度关注,特别

---

① 张双悦、邬晓霞:《丝绸之路经济带建设:2014国内文献综述》,《兰州财经大学学报》2015年第5期。

是一些中东欧国家政府反响强烈，纷纷对"一带一路"倡议发表看法，提出相应的政策。及时、充分地了解这些声音，对于在中东欧地区实施和落实"一带一路"倡议具有重大意义。波兰、塞尔维亚、匈牙利等国积极参与到"一带一路"的合作建设中，认为"一带一路"倡议是促进双方关系发展的重大机遇，并制定了一系列政策实现与"一带一路"倡议的战略对接。对于"一带一路"倡议在中东欧地区的推进，波兰政府曾表示期望"一带一路"建设能在波兰有所作为，"使我们的国家成为中国未来投资项目的物流中心"[1]。波兰政府认为这是提升波兰经济发展速度的新契机，对该倡议表现出巨大的热情和较高的参与度，并始终表现出坚定的决心和信心，波兰将在国内稳定的政治经济环境的基础之上，在"一带一路"倡议的推进过程中发挥更大的作用。在具体行动中，波兰政府宣布，波兰将加入由中国提议的亚洲基础设施投资银行，成为中国在欧洲地区的重要伙伴。此外，波兰政府对"一带一路"倡议的开展过程、面临的困难、障碍等均提出了自己的意见。提倡双方政府应加强沟通与交流，增强双方在相关合作领域的互补性，同时采取一系列措施为双方合作铺路搭桥。例如，波兰正在通过改造和升级格但斯克DCT码头，使其成为波罗的海陆海联运交通枢纽，为中国打开进入欧洲的门户，强化中波合作。[2] 塞尔维亚政府对"一带一路"倡议作出极高评价，致力于在这个新形势下发展本国的经济，并与中国展开了一系列切实的合作。塞尔维亚总统曾说过："中塞两国可以充分利用当下优势，为两国在'一带一路'倡议中的务实合作赢得新的机遇。"[3] 此外，中塞双方还签订了一系列合作项目，如塞尔维亚向中国出口牛肉协议、匈塞铁路计划等。这些项目的达成表明，在"一带一路"倡议下中塞两国的合作逐渐迈向机制化，为中国与他国的合作提供了良好的范例。匈牙利是首个与中国正式签订有关"一带一路"合作协议的欧洲国家，在"一带一路"倡议

---

[1] 中东欧媒体：《"一带一路"是欧洲绝好的发展机遇》，http：//district.ce.cn/newarea/roll/201511/25/t20151125_7123798.shtml。

[2] 和讯网：《驻波兰大使徐坚与波兰外长谢蒂纳共同参观格但斯克DCT深水集装箱码头》，http：//news.hexun.com/2015-09-01/178783913.html。

[3] 刘华、侯丽军：《习近平会见塞尔维亚总统尼科利奇》，http：//news.xinhuanet.com/2015-08-31/c_1116429416.htm。

的推进过程中发挥了重要的桥头堡作用。① 匈牙利政府明确匈牙利对中国进入欧洲市场的重要性,把中匈合作看作中欧合作的先行者。匈牙利外交和贸易部副部长拉兹洛·萨博则强调:"21世纪将是亚洲的时代","一带一路"倡议是连接亚洲和非洲东部地区、中东和欧洲的和平的、安全的贸易路线。他认为,鉴于匈牙利在中东欧地区的战略位置,它的主要目标不仅仅是成为一个输送中国商品的过境国家,而是成为一个国际物流中心。现在匈牙利、塞尔维亚、马其顿和中国之间签署了通关协议,帮助把货物通过铁路送达比雷埃夫斯港。除此之外,在人文交流方面,匈牙利有中东欧最大的华商社区,未来正努力成为两种文化之间的桥梁。② 捷克、斯洛伐克、克罗地亚、罗马尼亚、保加利亚等国关注的是"一带一路"倡议为其带来的巨大经济效益,进而致力于推进相关项目的建设。捷克对"一带一路"倡议表现出巨大信心,基于双方经济合作的日益增多,中捷政治关系也在不断加强。2015年,捷克总统米洛什·泽曼赴华出席中国抗战胜利70周年阅兵式,成为出席该阅兵式的唯一一位欧盟国家总统,这为两国政治关系揭开了新的篇章。斯洛伐克政府采取务实态度,自中国在塞尔维亚提出中欧陆海快线建设的构思之后,斯洛伐克政府就越来越关注快线工程的建设,表示希望将中欧陆海快线延长到波兰和斯洛伐克。虽然,这项工程在其实施过程中仍然具有一些挑战和阻碍因素,但对于斯洛伐克的影响较小,其对于"一带一路"倡议的构想仍然持积极态度。克罗地亚政府一开始就对"一带一路"倡议中的基础设施建设项目表现出了较大兴趣,希望加大中国与克罗地亚在交通方面的合作沟通。克罗地亚政府曾表示,将在中国—中东欧合作框架下加强双方关系,助力双方在"一带一路"倡议下的合作。罗马尼亚政府则在双方制定的相关文件的指导下,在促进中罗各个层次的合作方面作出了较大努力。罗马尼亚曾表示,期望双方能在康斯坦察港以及多瑙河流域的基础设施建设方面有所作为。③ 保加利亚政府宣布支持中国—中东

---

① 外交部:《中国与匈牙利签署"一带一路"合作文件》,http://www.mfa.gov.cn/mfa_chn/zyxw_602251/t1271003.shtml。

② 新华网,http://news.xinhuanet.com/english/2015-05/04/c_134209566.htm。

③ 研究之门,https://www.researchgate.net/profile/Romina_Cassini/publications。

欧合作机制，鼓励中国企业对保加利亚进行投资建设，加强双方经贸往来，对"一带一路"倡议中包含的经济投资领域具有较大兴趣。波黑政府对"一带一路"倡议的关注点则更为细化，认为其与中国在能源、交通、通信、木材加工等领域合作潜力大，[①] 双方可以在这些领域加强沟通，增加进出口贸易量。大部分中东欧国家政府都将"一带一路"倡议看作其发展的机遇，甚至制定专门的政策，以便于更好地与"一带一路"倡议实现有效对接。

二 中东欧媒体舆论界眼中的"一带一路"

中东欧媒体高度关注中国"一带一路"倡议的提出，不仅认为"一带一路"倡议为中国与中东欧国家在政治经济合作的层面提出了新思路，还特别关注其内涵下双方人文交流方面的合作带来的积极意义。克罗地亚官方媒体将中国—中东欧国家领导人会晤提升到促进双方关系的重要位置，对"一带一路"倡议对中国—中东欧经贸往来的促进作用给予积极评价。克罗地亚主流媒体还特别关注了中国与中东欧国家共建匈塞铁路项目的进程，肯定了其在推进中国—中东欧交通方面的优势作用。保加利亚的媒体大多认为："一带一路"倡议促进了中国同保加利亚的合作关系，保加利亚愿意利用其重要的区域优势，在"一带一路"倡议的推进过程中发挥重要作用，深化双方关系。[②] 此外，包括《劳动报》和《大地报》等保加利亚的主流报道都对"一带一路"倡议下的经贸合作进行了跟踪报道并积极评价，国内媒体舆论呈现良好态势。罗马尼亚媒体跟随其政府步调，着重报道中国与罗马尼亚在"一带一路"倡议以及中国—中东欧合作框架下进行的多元合作，对"一带一路"倡议的研判呈乐观趋向。塞尔维亚媒体认为，"一带一路"倡议的推进对其经济发展有着助力作用，尤其是对匈塞铁路的报道，塞尔维亚媒体普遍认为该项目的建成有助于构建起发达的交通联通，有利于双方物流、人员来往方面的发展。部分媒体还引用政府官员的发言，表明其欢迎"一带一路"倡

[①] 每日之声报，http：//www.avaz.ba/。

[②] 新华网，http：//news.xinhuanet.com/english/2016-06/24/c_135461502.htm。捷克新闻网（https：//www.novinky.cz/）。

议的意愿。捷克媒体报道了捷克总理参加中捷商业论坛的通告以及其自此进行的为期六天的访华日程。博胡斯拉夫·索博特卡将同中国的战略伙伴关系视为捷克外交的优先方向之一。此外，捷方认为"一带一路"倡议更好地将中国和中东欧联系在一起，支持中国企业在捷克进行贸易投资。此外，还有以《匈牙利新闻报》、斯洛伐克通讯社为代表的中东欧媒体都认为中国与中东欧在"一带一路"倡议下不断深化合作内容对中国与各国关系无疑起到了促进作用，相关各国都会因此受益匪浅。[1] 阿尔巴尼亚媒体对一年一度的中国—中东欧领导人会晤进行积极宣传，对会晤倡议和结果也表现出满意和赞扬的态度。中东欧国家的大部分媒体对"一带一路"倡议的报道基本是客观的、符合事实的，但也有一些国家保持与其政府步调一致的做法，采取不报道、不宣传，甚至曲解"一带一路"倡议内涵的态度，媒体的报道往往直接影响本国民众的态度，影响整个地区的舆论环境。

三 正确看待中东欧国家对"一带一路"的认知

从目前得到的信息看，"一带一路"沿线的中东欧国家，大多对"一带一路"倡议表现出极大的兴趣，纷纷表示支持中国倡导的"一带一路"建设，愿意加入"一带一路"合作。虽然也有个别国家对"一带一路"存在着误读和偏见，但中东欧地区对"一带一路"的主流反响是积极的、肯定的。所以，"一带一路"倡议在中东欧地区的具体实践过程中，中东欧国家反映出了普遍欢迎的总体态势，同时也夹杂着一些不和谐的杂音。"一带一路"倡议落实到实践中，既要有中国与部分国家开展良好合作的先期范例，也要避免出现与个别国家"合作真空"的风险，避免阻碍中国—中东欧合作整体规划的推进。众所周知，冷战后，受多方因素影响，中东欧地区纷纷倒向欧洲和美国，要么入欧，要么加入北约。经过不断地了解与沟通，加之"一带一路"倡议的推动，中国—中东欧合作关系有了新的发展动向。但是，冰冻三尺非一日之寒，中东欧国家对欧美等西方国家的结构性依赖并未彻底结束，对中国的政治经

---

[1] http://www.agrana.hu/? sorting = pubdate% 3Adesc&tx _ thgenericlist% 5B2409% 5D% 5Boffset% 5D = 1&cHash = 834ab45db462f4c9d035675403b894f1.

济发展需求更多的是权益性的考量，这也是为何一些中东欧国家对"一带一路"倡议忽冷忽热的原因之一。因而我们要正确研判中东欧国家对"一带一路"倡议的认知与反响，采取既不保守也不冒进的策略，审时度势，结合"一带一路"倡议的实践现状对推进中国—中东欧合作进行精准分析。

第二节 "一带一路"与中国—中东欧合作机制

一 中国—中东欧合作机制对"一带一路"倡议的意义

（一）基础性——"一带一路"良好的合作基础

中国—中东欧合作机制比"一带一路"倡议更早运行，总的来说，其想法是想通过中国各个企业走向海外，实现企业的跨越式发展，摆脱低端产业，促进经济转型升级，实现经济更长远的发展。"一带一路"囊括了中东欧的16个国家，中东欧也是"一带一路"实施的关键区域。因此，在中国—中东欧合作的框架之下，"一带一路"倡议将进一步带动中国与中东欧之间的互动关系发展。在"新常态"经济发展的状况下，中国正在经历着经济转型升级的艰巨任务，国内企业正在向海外市场进军，以解决其不断增长的业务需求，因此，寻找新的经济合作对象迫在眉睫。中东欧地区是连接欧亚大陆之间的桥梁，并且都是亟须发展的转型国家，因而具有较高的开放市场条件，是中国公司在海外寻求的最佳合作目标。"一带一路"倡议是为了促进与沿线国家的互联互通，促进经济发展，对国内产业结构的转型升级产生影响。这需要从双方的合作开始，在中国和中东欧的合作框架内建立具体的经济合作措施。因此，中国提出的中国—中东欧合作框架是一个前所未有的独具创新的区域内合作典范，有助于开拓新兴市场，增进相互利益，为推动"一带一路"倡议的实践奠定了扎实的基础。

（二）机制性："一带一路"互联互通的制度保障

"一带一路"倡议包括了处于发展中的东亚市场和已经发展成熟的欧洲市场，推进"一带一路"在欧亚大陆的实践就是要促进中欧"两个主要市场，两个文明和两个力量"的各方面平衡发展。中东欧独特的地理位置是中国企业进入欧洲市场的重要渠道。加强中国与中东欧之间合作的机制对构建欧亚互联互通具有重要意义。中国中东欧合作框架为政治沟通，基础设施建设和教育合作等方面建立了多元化的机制平台。在此基础上，中国与中东欧国家进行了很多实质性的合作，如"中欧陆海快线"计划：将希腊港口与匈牙利连接，并连接了马其顿和塞尔维亚。一旦完成，它将为中欧贸易搭建一条新路线，从而极大地促进中欧交流。不仅如此，如渝新欧、汉新欧、蓉欧、郑新欧、西新欧等国际货运列车也陆续开通。

（三）互动性：为"一带一路"建设在中东欧创造良性互动效应

作为开放式的务实合作与交流的平台，中国—中东欧合作旨在促进各方共同推动"一带一路"倡议的实施，有效促进中国与中东欧的全面合作。一方面，在中国—中东欧合作框架内，从政府层面到非政府层面发展了一系列互动机制，这有助于在双方之间建立新的地方性合作和发现新的沟通机制；另一方面，中国—中东欧合作框架包括了企业、媒体和公共组织的参与，在政府的指导下，各方进行友好协商，共同促进向中东欧市场转移优质工业资源，并有助于形成合作成果和互利互惠。中国—中东欧合作框架不仅仅在中东欧地区稳步推进，还逐渐向外拓展，吸引了区域外的其他国家和行为体，从双边合作逐步向多边合作转变。包括传统意义上的俄罗斯、横跨亚欧的土耳其、部分欧洲国家等在积极加强在该地区的互动合作，积极共享"一带一路"倡议的果实。

（四）全面性：促进全方位中欧关系的形成

中国和欧盟互为最重要的贸易伙伴。双方的贸易额一直处在增长中，中国是欧盟的第二大贸易伙伴，欧盟是中国最大的贸易伙伴。然而，近年来，全球经济衰退和欧债危机的爆发引起了欧洲国家的广泛动荡，外部需求大幅下降，这对中国对欧洲的出口产生了一定的影响。虽然中欧之间的合作趋势并未减弱，但在广度和深度方面仍存在一些问题。最明显的是中国和欧洲之间传统商品贸易量的下降趋势。因此，提高国内商品在欧洲市场的竞争力十分重要。中东欧国家仍处于转型发展过程中，投资潜力巨大，大多数国家已加入欧盟，获得先进技术也非常便利，这为中国在中东欧的投资开辟了前所未有的机遇。但是，中东欧国家仍处于发展的早期阶段，无论是作为单个国家还是作为整体都没有办法达到与中国相应规模的合作，缺乏对中国需求输出的有效渠道。中国—中东欧合作有效地补充了中欧合作没有办法解决的一些问题，并为中东欧国家提供了在欧盟市场出现低迷时寻找其他发展的机会。"一带一路"倡议的重要目标定位之一是中欧之间的合作。虽然中国—中东欧合作框架是一个区域内的合作协议，但它旨在促进中国与欧洲之间的经济和政治合作，从根本上讲是中国与欧盟合作的补充。

二 "一带一路"背景下中国—中东欧合作取得的初期成果

作为新时期中国与中东欧国家合作的新机制，中国—中东欧合作框架融入了"一带一路"倡议的核心思想，为中国与中东欧合作关系的发展作出了贡献，并取得了可观的初步成果。

（一）顶层设计：完善了"一带一路"倡议在欧洲的规划

2013年，第二次中国—中东欧国家领导人会议在罗马尼亚举行。峰会把"丝绸之路经济带"与中国—中东欧合作融合、相互开放、相互合作、相互补充，开创中欧关系与中国—中东欧合作关系发展的新阶段。在中国—中东欧合作的框架内，"一带一路"倡议正式开始在欧洲南部和北部地区展开。南线项目始于中国南部的沿海地区，顺着海路向西直通地中海，抵达位于希腊的比雷埃夫斯港口，然后通过匈牙利铁路到达欧洲内陆。匈塞铁路中的塞尔维亚段的建设已于2015年12月开始建设。随着"一带一路"项目不断取得进展，中东欧"海上丝绸之路"的构建步伐正在一步步加快。其中，三海港区的合作就是一个突出的例子，包含中东欧国家的所有重要港口和码头，是促进亚欧互联互通的又一广阔平台。"一带一路"北线项目始于中国内陆省份，覆盖中亚，俄罗斯，欧洲等地区。目前，北线项目陆续开通了中欧班列国际货运列车，例如，渝新欧、郑欧、蓉欧等。除了顶层设计层面的中国—中东欧合作框架，在各个领域还有相应的机制支撑，通过这些机制，使合作的领域不断拓宽，把更多层次的内容囊括进来，通过这些不同领域的相互贯通，各方可以实现多层次的沟通交流，现在已经建立的机制包括：各国教育部主办的"中国—中东欧合作"高校联合会、中国社会科学院主办的"中国—中东欧合作"智库交流与合作网络、中国国际贸易促进委员会主办的"中国—中东欧合作"联合商会、波兰信息与外国投资局主办的"中国—中东欧合作"投资促进机构联系机制、保加利亚农业与食品部主办的"中国—中东欧合作"农业促进联合会、匈牙利旅游公司主办的"中国—中东欧合作"旅游促进机构及企业联合会、捷克内务部主办的"中国—中东欧合作"省州长联合会以及斯洛伐克科技信息中心主办的"中国—中东欧合作"技术转移中心等；正在筹建中的协调机制有7个，包括"中国—中东欧合作"能源合作联合会、"中国—中东欧合作"卫生合作联合会、"中国—中东欧合作"林业合作联合会、"中国—中东欧合作"艺术合作联合会、"中国—中东欧合作"海关合作联合会以及"中国—中东欧合作"物流合作联合会等。从领域上看，这些领域不单单是经济领域，也包括教育、艺术、人文领域，有利于加深双方对彼此了解以及日后合作的深化。

（二）经贸投资：加快双方投资，培育金融支持平台

近年来，中东欧国家的投资环境逐步改善。2013—2014年，虽然中国对中东欧国家的投资在各国不尽相同，对波兰、匈牙利和捷克等国家的投资规模较大，对拉脱维亚、黑山、爱沙尼亚和其他国家的投资规模较小，投资分布不均，但整体而言仍在增长（见表5—1）。

表5—1　2013—2014年中国在中东欧国家投资存量统计　　单位：万美元

国别	2013年	2014年	增长率
波兰	25704	32350	25.9%
匈牙利	53235	55635	4.6%
捷克	20468	24269	18.6%
斯洛伐克	8277	11277	36.2%
拉脱维亚	54	54	0
爱沙尼亚	350	350	0
立陶宛	1248	1248	0
保加利亚	14985	17027	13.6%
罗马尼亚	14513	19137	31.9%
斯洛文尼亚	500	500	0
波黑	613	613	0

续表

国别	2013 年	2014 年	增长率
克罗地亚	831	1187	42.8%
马其顿	209	211	1%
塞尔维亚	1854	2971	60%
黑山	32	32	0%
阿尔巴尼亚	703	703	0%

资料来源：根据中华人民共和国国家统计局网站汇编整理。

在中国—中东欧合作提出后的 2014—2015 年的两年时间里，中国与中东欧国家货物进出口总额虽呈现下降趋势，但细心观察不难发现，中国对中东欧的出口一直在增加，降低的是从中东欧国家出口的那一部分比重，这也表示中国正在积极调整产业结构，消化过剩优质产能，加快"走出去"的战略步伐（见表5—2）。

表5—2　　2014—2015 年中国与中东欧国家货物进出口总额　单位：万美元

国别	2014 年 进出口总额	2014 年 出口总额	2014 年 进口总额	2015 年 进出口总额	2015 年 出口总额	2015 年 进口总额
阿尔巴尼亚	56759	37827	18932	55805	43019	12786
保加利亚	216292	117806	98486	179157	104326	71831
匈牙利	902407	576417	325990	807300	519745	287555
波兰	1719154	1425680	293474	1708682	1434487	274195
罗马尼亚	474384	322318	152067	445719	316224	129495
爱沙尼亚	137160	114610	22550	118825	95329	24396
拉脱维亚	146361	131670	14691	116709	102251	14459
立陶宛	181578	165829	15749	134969	121090	13879
斯洛文尼亚	232341	199194	33146	238124	209174	28951
克罗地亚	112799	102733	10066	190735	98556	11179
捷克	1097959	799290	289669	1100659	822631	278045
斯洛伐克	620457	282850	337608	503178	279447	223732
马其顿	16725	7666	9058	21923	8653	12370

续表

国别	2014年 进出口总额	2014年 出口总额	2014年 进口总额	2015年 进出口总额	2015年 出口总额	2015年 进口总额
波黑	32123	28398	3724	11371	5998	5373
塞尔维亚	53730	42456	11274	54883	41510	13374
黑山	21063	15707	5356	15842	13415	2427

资料来源：根据中华人民共和国国家统计局网站汇编整理。

在"一带一路"倡议的背景下，基于中国—中东欧合作框架，中国企业瞄准中东欧的投资机会，越来越多地进行跨国兼并和收购基础设施项目，特别是高速公路，铁路，港口等基础设施建设项目。例如，2012年，立陶宛建设了自由经济区项目；保加利亚开始建设黑海高速公路项目，计划在布尔加斯和瓦尔纳之间建造一条94.8公里的双车道高速公路，该公路毗邻黑海沿岸，总成本估计约为9.4亿美元；里加港油码头建设项目是中国与拉脱维亚合资建造的，于2014年正式启动。上述项目已被列为中国国家重点海外投资项目。可以看出，在中国—中东欧合作框架下，中国对中东欧的投资主要集中在基础设施和制造业，其他领域在过去两年中也有所提升。比如，2016年6月28日在匈牙利投资的Zala Spa Golf Resort项目和2016年7月11日开始的匈牙利16MW风电投资项目。与此同时，中国企业也开始进入房地产、电力、热力、燃气、水生产和供应行业。

此外，在中国—中东欧合作框架基础上，中国和中东欧国家共同努力，设立了总额100亿美元特别贷款和5亿美元投资基金，并培育了一系列金融支持平台，如亚投行，丝绸之路基金等，支持中国—中东欧合作经济技术合作，加强中国与中东欧国家在基础设施领域的合作，并通过与其他国际金融组织的合作，共同加强经济领域的合作。

（三）地方与国际合作：开展了多形式合作

中国与中东欧国家致力于建立亚欧之间的互联互通。除了国家和政府层面的政策支持与合作外，各国的省、州和市等地方和企业也参与了广泛合作。国际班列的开通就是最好的例子。由于优越的地理优势，中东欧国家拥有开放的金融市场，为更加全面和多样化的国际合作提供了极大的便利。目前，地方合作项目如雨后春笋不断涌现。中国的宁波，苏州，唐山，成都和捷克的布拉格，匈牙利的布达佩斯，波兰的罗得岛和克罗地亚的萨格勒布开展了多元化的合作项目。

第二次中国—中东欧合作国家领导人会议首次提到"加快发展地方合作"。会议宣称"鼓励和支持地方合作，将地方合作视为对中国—中东欧国家合作的重要支持的一部分"。支持建立中国—中东欧地方省州长联合会，并每两年自愿参加"地方领导人会议"。随后，在2014年公布的《中国—中东欧国家合作贝尔格莱德纲要》中，对于加速更广泛的全球市场也有相应的阐述。2016年，在里加举行的第六届中国—中东欧国家经贸合作论坛上，中方再次强调："中国—中东欧合作框架是中欧合作的组成部分和有益补充，欢迎其他国家结合具体项目开展三方合作。中国—中东欧合作不排斥第三方，双方开展合作不仅有利于中国与中东欧国家，也有利于欧洲的平衡发展和一体化进程。"目前，中国—中东欧合作金融控股公司已经成立，希腊，土耳其，俄罗斯等都已成为中国—中东欧合作机制下的第三方合作伙伴，为更广泛的国际合作增加了更多可能性。

第三节 "一带一路"在中东欧的机遇——以匈塞铁路为例

2013年11月，第二次中国—中东欧国家领导人会晤在罗马尼亚召开，此次会晤的一个重要成果就是中国、匈牙利和塞尔维亚三国联合宣布将致力于改造匈塞铁路，该铁路有效连接了匈牙利首都布达佩斯和塞尔维亚首都贝尔格莱德。一旦建成，对于完善中东欧地区的交通设施以及其他项目的达成势必会产生良好的示范效应。匈塞铁路的进程是曲折的，在中方的不懈努力下，中、匈、塞三国于2014年第三次中国—中东欧国家领导人会晤中签订了合作建设匈塞铁路谅解备忘录，2015年正式纳入"一带一路"合作框架，随后又签订了相关的合作协议。在正式实施阶段，匈塞铁路由于自身以及外部种种影响面临不小的障碍。直到2017年，匈塞铁路塞尔维亚境内贝尔格莱德至旧帕佐瓦段才宣布正式开工。① 随后，匈牙利国家铁路公司宣布其已签订匈牙利工程总合同，开始进行采购，这标志着匈塞铁路项目中的匈牙利段有了新的进展。在持有份额方面，中国公司持有绝大部分份额，与匈牙利铁路公司一起承担总承包商责任，负责匈塞铁路项目的整体承包。匈塞铁路从布达佩斯起始，一直到塞尔维亚的贝尔格莱德，线路总长近400公里。匈塞铁路自1882年建成之后，沿线的交通设施并未有很大改变，仍然较为古老、陈旧，亟待改造与修复。新的匈塞铁路一旦建成，全程时间将直接缩短五个多小时，大大促进了中国—中东欧合作乃至中欧之间的贸易便利化。作为"一带一路"倡议下中国—中东欧合作的示范性项目，也是中国铁路正式踏入欧洲地区的首次尝试，匈塞铁路合作共赢给各方民众带来了真正的实惠和便利，具有不同寻常的重要意义。中东欧地区地缘位置十分重要，匈塞铁路的顺利实施为中国企业从希腊的比雷埃夫斯港登陆直接进入西欧地区提供了一条完善、便利的铁路路线，这对于中欧贸易有着巨大的促进作用。与此同时，铁路建成还将成为宣传中国技术、中国制造的好机会，有助于推动中国基础设施建设走出国门、走向欧洲、走向世界。此外，匈塞铁路的建成亦将有效对接泛欧走廊，成为它的一部分，进而推动整个欧洲的互联互通。

一 政策沟通

匈塞铁路直接涉及的两个中东欧国家匈牙利和塞尔维亚都有着巨大的地理优势。匈牙利位于中欧中心，是中国企业在欧洲的主要根据地；塞尔维亚是亚欧大陆的十字中心，区域优势明显。中国企业要想进入欧洲区域就不可避免地会经过这两个国家，匈牙利和塞尔维亚不仅处于连接亚欧大陆的最短线路上，而且与中欧陆海快线有效对接，有助于打通中欧交通通道。匈牙利一直是中东欧外商投资首先考虑的国家。为了吸引国外投资者，匈牙利和塞尔维亚都宣称将给予国外投资者以许多优惠。匈牙利直接把"一带一路"倡议下的匈塞铁路计划纳入了国家战略，政府开始大力精简其投资流程，在金融支持方面也提供了许多优惠的政策，

---

① 高江虹：《匈塞铁路棋局：中国首个欧洲铁路基建项目历时四年开工》，《21世纪经济报道》2017年12月7日。

如各种投资现金补贴、税收补贴、土地贷款补贴等,以期创造一个良好的投资环境。塞尔维亚希望把自己打造成东西方经贸合作的桥梁,让更多的中国投资者看到其投资优势。塞尔维亚最大的优惠政策就在于宣布给外资企业以国民待遇,为其提供了许多原本外资企业享受不到的便利,如外来投资方可以在塞尔维亚国内购置房屋,同时外资企业在进行投资活动时受双边投资保护协定的保护,且不会被双重征税。总之,匈牙利和塞尔维亚便利的投资环境有助于中国与其企业的沟通合作,保证双方能在有效的机制保护下进行畅通的政策交流。

二 经济联通

中国—中东欧国家合作的部分早期经验,直接构成了匈塞铁路项目的前期铺垫和合作基础。在"一带一路"倡议的背景下,已经有近十条中欧货运铁路被投入使用,中欧班列货运量也在稳步增长。2014年全年共开行中欧班列308列,而2018年更是直接突破了2500列,增长8倍之多,中欧之间的货运通道越来越畅通,输送的货物品种也越来越多样,保证了双方合作需求的有效对接。[①] 这些不断涌现的合作成果,对匈塞铁路项目的顺利开展起到了铺垫作用,体现了"一带一路"倡议"互利双赢"的原则。当前中东欧地区经济亟待转型发展,其对于外部投资与经济合作的强烈渴望,成为促成中国—中东欧国家进行合作的主要推动力,而"一带一路"倡议正是以经贸合作先行,打造基础设施建设的互联互通,旨在惠及各方、拉动经济共同增长、构建利益共同体。对于塞尔维亚,其地处百废待兴的巴尔干地区,破旧的基础设施建设现状、低迷的经济环境都表明其合作的愿望。虽然欧盟和美国也试图在该地区有所作为,但一直受其自身因素影响难以实现其想法,匈塞铁路建设的提出无疑给该地区带来了好消息。匈牙利与中国的产业互补性大,对于中国金融支持和技术支持有着强烈的需求。因此在中国—中东欧合作的框架下,中国与塞尔维亚、匈牙利展开的基建投资合作必定会硕果累累。匈牙利和塞尔维亚不仅具有便利的地理位置,在中东欧地区的影响力也非同小

[①] 人民网:《加快构建中欧铁路大通道——为实施"一带一路"战略提供运输保障》,http://society.people.com.cn/n/2015/0120/c1008-26417898.html。

可，如俄罗斯与塞尔维亚已经实现零关税；匈牙利与西欧具有坚实的传统关系，同周边国家都已实现自由贸易，市场潜力巨大，覆盖人口众多。中方同他们的合作具有良好的辐射效应，可对周边地区产生积极的影响。匈牙利与塞尔维亚两国的劳动力资源丰富、技术优良、劳动力素质水平较高，更重要的是，同其他国家相比，两国的劳动力成本具有很大优势，这为经济互联互通奠定了良好的生产要素基础。

三　民心相通

中国同塞尔维亚、匈牙利有着长久的友好关系传统，人民之间有着天然亲近感，"一带一路"倡议对双方民众的交流更是一个不可多得的纽带。随着双方政策的不断落实，民众的交流日益增多，双方合作的民意基础更趋深厚。匈牙利与塞尔维亚对"一带一路"倡议在本地区的推进持欢迎态度，与中国的合作也逐步迈入实质阶段，是中东欧地区为数不多的"示范者"。尽管对中国的了解有待于进一步深化，但就这两个国家而言，其国内民众对中国和中国人民还是非常友好的，作为欧洲范围内首个对中国实行免签证的国家，塞尔维亚对中国的态度始终友好，在此影响下，其国内民众也大多对"一带一路"倡议持接受态度。匈牙利则越来越意识到中国已成为最重要的游客来源国家，近年来也在不断制定优惠政策吸引中国游客，同时越来越多的当地人开始了解中国文化，促进双方民众的交流。

第四节　"一带一路"在中东欧面临的挑战

自"一带一路"倡议提出以来，中国与中东欧合作发展迅速，通过经济合作产生了良性的反馈：一方面，发挥中国—中东欧合作机制优势，加持"一带一路"倡议互联互通的特点促进了双边经贸发展和政治合作。另一方面，这些良好的效果又反过来促进了"一带一路"的合作和中国—中东欧合作机制的不断完善。在这样的环境下，中国和中东欧国家的合作取得了不容忽视的成效，双方关系逐步进入历史最好时期。但从客观的角度来看，充分发挥"一带一路"倡议的作用和影响，切实推进新的时代背景下的中国—中东欧关系依然有一些亟须应对的问题。

一 政治层面：制度与政局的多重挑战

（一）"一带一路"倡议与中国—中东欧合作框架协同效应不明显

一方面，"一带一路"倡议实践中规划和设计需要改进和完善。由于历史上和现实中的局限性，由中国主导的国际机制仍处于起步阶段。另一方面，企业跨国经营缺乏必要的经验积累，具有国际化视野的高层次人才的比例有待提高。尽管中国已经颁布了《推动共建丝绸之路经济带和21世纪海上丝绸之路的愿景与行动》的专题文件，但在实施过程中，"一带一路"倡议的细节尚待细化。特别是在"制度建设"和"机制设计"这两个方面，有待于与合作各方进一步达成共识，和沿途国家的合作措施需要进一步对接与协商。"一带一路"倡议和中国—中东欧合作框架只有在充分发挥协同作用的情况下，才能在中东欧实现有效的对接。互联互通是"一带一路"倡议的基本原则，而中国—中东欧合作机制则致力于为中国与中东欧合作提供更加稳定的务实合作平台，使其成为连接中国与欧洲的核心纽带。与"一带一路"倡议相比，欧盟和西欧国家对中国—中东欧合作框架表示了更大的关注。"一带一路"倡议的具体实践虽然取得了一些进展，但中东欧国家仍存在一些疑虑，因为短期成效尚未达到最初的预期。它们担心"一带一路"倡议对该地区中国—中东欧合作会产生负面影响。此外，虽然"一带一路"倡议得到了中东欧国家的热烈响应，但由于该倡议覆盖广泛，沿线国家众多，邻近的东南亚、中亚等地更具地缘优势，因此，需要加大力度，消除彼此之间的误解，把对中东欧国家国情制度的调查放在重要位置，最大限度地对接中国—中东欧合作框架和"一带一路"倡议，调动中东欧国家的积极性，发挥"一带一路"倡议和中国—中东欧合作框架的联动性。

（二）中东欧地区如何融入"一带一路"倡议需进一步探索

"一带一路"倡议提出和中国—中东欧合作框架正式建立的时间相差无几。"一带一路"倡议自身存在诸多难点和挑战，其日后的发展程度没有办法准确预测。在这种情况下，中东欧国家主动参与"一带一路"倡议的举措较少，与中亚国家相比，中东欧国家参与"一带一路"建设与该地区的社会经济发展水平和发展需求缺乏密切的联系。另外，中东欧国家机构的水平差异很大，外交政策缺乏统一和调和。因此，中国与中东欧国家在"一带一路"倡议框架下的合作需进一步磨合。这些问题都是中东欧参与"一带一路"倡议过程中的阻力。

（三）来自乌克兰—克里米亚危机的外溢效应

2013年，乌克兰危机是中东欧最紧张的事件，这导致中东欧国家在一定程度上重新对俄罗斯产生疑虑，并在安全方面更多地靠近北约和欧盟。这主要体现在两个层面：一方面，已经成为北约成员的中东欧一些国家表示有意进一步加强与北约的合作。例如，波兰要求北约在该国派驻1万名士兵，并强烈表示希望加快驻军进程；捷克虽然没有提出驻军，但表示希望加强与北约的军事合作；罗马尼亚担心克里米亚事件有可能对黑海地区构成威胁，北约和欧盟将优先考虑增强军队部署。另一方面，由于乌克兰危机的溢出效应，尚未加入北约的波黑以及马其顿等中东欧国家已将加入北约列入议程。随着中俄全面战略协作伙伴关系的不断发展，中东欧一些国家不由产生担心中国和俄罗斯将形成另一种形式的联盟。再加上一些西方媒体对中国的严重扭曲和不实报道，中东欧国家在一定程度上误解中国在中东欧的外交举措。目前，中国正在积极推动建设"一带一路"，辐射范围已扩展到整个欧洲。"一带一路"倡议的范围和强度都很大，最轻微的动荡也会引起有关国家的关注。乌克兰危机和随后的克里米亚危机引发的恐慌仍然存在，中国作为一个负责任的大国，必须关注"一带一路"倡议推进对中国—中东欧合作带来的影响，以避免中东欧国家的安全关切和不信任，避免产生误解以致影响国家之间关系的发展。

二 经济层面：贸易与投资困境

（一）中国经济自身发展的影响

中国的主要优势在于经济层面。中东欧国家对"一带一路"倡议的关注在于全球经济危机下的国家经济低迷以及由此产生的对中国资金的需求。然而，中国仍然面临着在中东欧投资时一些不可避免的难题。有一种观点认为，目前中东欧对中国投资的期望单单是由于经济危机和欧债危机等因素导致的欧洲和美国对其投资的下降，当全球金融形势好转时，中国对中东欧的投资将在与欧洲和美国竞争中处于弱势地位。在对各种数据进行分析的基础上，中东欧国家对欧美国家经济依赖程度较高，且其经济互补性亦高于中国。就贸易量而言，欧美国家仍是中东欧的主要贸易伙伴。目前，世界和中国已进入"新常态"的发展阶段。近年来，中国经济增速处于合理的区间，经济增长放缓，这将一定程度上影响中国与中欧国家的经济合作。

（二）双边贸易不对等问题

在第二届中国—中东欧国家经贸论坛上，双方明确了加强共同发展的目标。中国明确表示将为2015年实现1000亿美元贸易额的目标作出努力。但在实际发展中，中国和中东欧国家各自面临诸多障碍。几年来，双方的贸易额呈下降趋势。特别是在2015年，中国与中东欧国家之间的贸易额下降。其中，波黑、立陶宛、黑山和拉脱维亚是下降最快的四个国家，下降率分别为：-64.1%，-25.8%，-24.7%和-20.2%，下降的原因应该是中东欧国家的国际贸易明显受到金融危机的负面影响，与中国经济增长速度减缓和产业结构调整也有一定的关系。中东欧国家的市场规模很小（见表5—3），这与中国强劲的市场规模形成鲜明对比，导致中国与中东欧国家之间的巨大失衡，并成为中国与中东欧之间在"一带一路"日益增长的经济合作背景下不可避免的问题。中东欧国家大部分是从前苏东阵营中脱离出来的，历史原因和经济发展水平限制了它们的贸易量。总体来说，这些国家的贸易量不是很大，2015年中东欧与中国的双边贸易额达到了562亿美元，其中，中国与波兰、捷克的双边贸易额分别为171亿美元和135.1亿美元，这两个国家也是中国主要的合作对象，贸易量较大。其他贸易量较小的国家与中国的合作深度与广度也有待进一步提升，在一定程度上也影响了这些国家的参与度和积极性，对之后的合作产生了一定的负面影响。

表5—3　　　　　　　　　2015年中东欧国家的市场规模

国别	市场规模 （人口：万）	购买力 （人均GDP：美元）
波兰	3800	12495
罗马尼亚	1900	8906

续表

国别	市场规模 （人口：万）	购买力 （人均 GDP：美元）
捷克	1050	17257
匈牙利	990	12240
保加利亚	720	6832
斯洛伐克	540	15992
塞尔维亚	710	5120
爱沙尼亚	130	17288
斯洛文尼亚	210	20732
立陶宛	290	14210
拉脱维亚	200	13619
克罗地亚	420	11573
波黑	390	4088
马其顿	210	4787
阿尔巴尼亚	290	3995
黑山	60	6489

资料来源：国际货币基金组织。

三　人文交流层面：舆论环境及负面态度

（一）相关各国的社会舆论环境

冷战结束后一段时间，一些中东欧国家和中国之间的政治关系处于一种不正常的状态，主要原因是他们在意识形态领域和欧美保持一致，故意强调"人权"等意识形态问题与涉及中国核心利益的敏感问题，严重影响了双方的政治关系。在新形势下，这些国家逐渐改变了对华政策，但仍有一些右翼政党，非政府组织，甚至一些媒体对中国看法僵化，导致中东欧国家存在一些负面的社会舆论。

其一，关于中国—中东欧合作框架和"一带一路"倡议存在误解。受欧洲政治和意识形态氛围的影响，一些中东欧国家政府和媒体仍然存在对中国的意识形态偏见，不断抹黑"一带一路"倡议，并在一定程度上影响了当地民众。部分欧洲媒体与智库认为中国在欧洲的区域合作遇到了"很多困难",不少中欧和东欧国家对中国—中东欧合作感到"失望"。经过认真分析不难发现,这种分析采用了零和博弈的模型,"一带一路"倡议在欧洲及中东欧地区实施的成果很少被提及,但中国—中东欧合作实施过程中遇到的障碍却被夸大地描写。这导致其对"一带一路"倡议的整体评价非常消极。

其二,经济合作中的焦虑心态对中东欧国家的舆论导向产生了不利的影响。中东欧的大多数国家经济和社会发展不成熟,促进经济发展、提高经济效益是他们选择加强与中国合作的首要目标。但从短期来看,双方经济合作难以取得很好的成果,但其遇到的问题却在慢慢增加,使中东欧国家认为经济合作效果有限,使其与中国合作的积极性受挫,公众也因此不会感受到具体的利益,从而导致对中国缺乏了解的绝大多数人进一步产生焦虑心态。

(二)中国与中东欧双方民众对彼此认知不够

中国与中东欧国家既没有历史问题,也没有地缘政治冲突。借用李克强总理的话来说:"没有根本的利益冲突。"但是,中国对中东欧的了解远远不够,对其人民的心理变化尚不清楚。此外,双方在地理上属于亚洲和欧洲两大洲,国家制度、社会发展和宗教文化也各不相同。随着"一带一路"倡议的逐步推进,中国企业越来越多地投资中东欧国家。由于缺乏对当地文化的理解,不熟悉当地法律法规以及不明确当地公司运营模式,出现了许多误解和分歧,这导致了一些矛盾,导致中国公司和企业在中东欧国家投资受到阻碍。此外,中东欧国家的一些媒体也在给其公众传播负面的信息。这导致一些公众受到负面报道的影响,对中国的认识过于浅薄,甚至戴着有色眼镜看中国。

(三)双方合作意愿出现分化的趋势

中东欧国家在中国—中东欧合作框架下的合作意愿呈现出不同的趋势,主要是由于中东欧国家不同的政治身份的影响。中东欧国家经常被视为一个整体,但实际上这些国家参与到了不同的区域合作中。在中东欧的16个国家中,有11个国家加入了欧盟,有些国家已加入欧盟超过10年,克罗地亚也已加入欧盟4年。其余国家尚未加入欧盟,但其中4个已成为欧盟成员候选国:黑山、塞尔维亚、马其顿和阿尔巴尼亚。波黑尚未获得候选人地位。加入欧盟和欧元区的决定对这些国家的战略方向有重大的影响。因此，对于"一带一路"倡议，中东欧国家由于政治认同不同而有不同的态度，与中国合作的态度也出现差异。已经加入欧盟的克罗地亚在挑选外国合作伙伴时优先考虑欧盟，遵守欧盟标准，尤其在外交政策上与欧盟的步调一致。没有加入欧盟的塞尔维亚对"一带一路"倡议更加情有独钟，与中国合作不断深化，以促进其社会经济发展。此外，波兰和斯洛伐克等其他中东欧国家从重新独立以来一直依赖欧盟的援助。但是，近年来这些国家试图缓解欧债危机对各国经济的沉重影响，已开始将政策倾向中国，加大与中国的经济合作，但这种合作的长期性还需要进一步观察。此外，中东欧国家在各个方面存在一定的差异，特别是除波兰，捷克和匈牙利外，中东欧其他国家的经济整体规模不大，市场规模有限，没有技术方面的优势。这使中东欧国家的发展需求各不相同，缺乏一致的战略需求，这也将阻碍中国与这些国家在未来开展深入的合作。

中东欧国家参与"一带一路"倡议的程度已经开始有所分化。目前，中国在中国—中东欧合作框架下遇到的问题已开始多元化。中国与中东欧国家共同发布了《中国关于促进与中东欧国家友好合作的十二项举措》，体现了双方合作的决心和信心。随后，从《中国—中东欧国家合作布加勒斯特纲要》到《中国—中东欧国家合作贝尔格莱德纲要》的发展，所有国家都发挥了平等的作用，并致力于实现合作，其重点是双边合作的机制设计，运作形式和实施步骤。但是，随着"一带一路"倡议在中东欧国家的不断推进，中国与中东欧国家的经济合作水平和规模步调开始不一致。2015年，在《中国—中东欧国家合作苏州纲要》和《中国—中东欧国家合作中期规划》的制定过程中，我们将开始完善具体政策，从项目推广过程中寻找经验，分析未来的重点合作国家，然后有目的地与各国合作。因此，中国—中东欧合作的过程中所面临的挑战正逐渐发生变化。一方面，在经济发展稳定，项目发展顺利的国家，问题在于公司管理，投资建设和法律制度的实施。另一方面，在合作进展缓慢的国家，需要解决的问题是如何找到一个好的合作抓手，找出双方的优势领域，从而加强这部分中东欧国家参与的热情。

四 外部环境影响

（一）来自欧盟及其主要成员国的影响

在"一带一路"倡议包括的中东欧国家中，阿尔巴尼亚、波黑、马其顿、黑山和塞尔维亚等国家在积极寻求加入欧盟，其余国家都已经是欧盟的成员国。因此，中国—中东欧合作在深化双边合作时必须考量欧盟的影响。有学者表示，欧盟想把波兰的对华关系放置于欧盟的整体框架下，最终使波兰缺席贝尔格莱德峰会。2014年，中东欧国家合作秘书处成立大会暨首届国家协调员会议在北京举行。当时，欧盟外交和安全政策高级代表凯瑟琳·阿什顿表示担忧，欧盟极为担心，在经济步入困境、不能自给自足的情况下，中东欧国家会抛弃欧盟，寻求与能够促进其发展的国家进行合作，欧盟也害怕中东欧国家采取"亲中疏欧"的外交政策，对于把中国作为优先伙伴表示担忧。由于欧债危机，对于欧盟经济停滞以及无法提供更多援助的现实，使得中东欧国家认为没能达到入盟的预期效果，并且认为欧盟的未来是不确定的，所以它们开始把眼光聚集在中国身上。欧盟担心中国是在利用经济利益分化欧盟，阻止欧盟实施共同政策，而有部分欧洲大国反对中国在中东欧推进"一带一路"倡议。例如，德国总理默克尔曾质疑"中国与中东欧国家的双边重逢"，并表示"陷入困境的欧盟"必须接受中国的做法。[①]

（二）相关大国对"一带一路"倡议在该地区的挤压

"一带一路"背景下的中国—中东欧合作框架引起了美国的关注。冷战结束之后，中东欧国家在向西方的民主制度和市场经济的过渡中得到了美国在政治、安全和经济各方面的支持。此外，中东欧国家在面临安全问题的时候还要依靠美国主导的北约，美国也通过在当地设立教育机构、基金会、咨询机构等多种渠道在人文交流方面不遗余力地促进双方的文化交流，以传播西方的思想和价值观。美国也一直努力在欧洲寻找新盟友，并在该地区部署军事力量，中东欧国家也希望获得美国的"安全保护"来摆脱俄罗斯的阴影。随着美国的战略重心重新回到亚洲，欧洲对于美国来说吸引力有所下降，但美国仍不希望看到中国与中东欧国

[①] 刘作奎：《中国与中东欧合作：问题与对策》，《国际问题研究》2013年第5期。

家之间的关系进一步加强。虽然中国与中东欧国家的合作主要是基于经济贸易和人文交流方面，但美国仍然认为，中国正试图扩大其在中东欧的地缘政治的影响，这无疑会直接影响美国和中东欧国家的关系。简而言之，美国是世界上唯一的超级大国。中国提出的"一带一路"倡议必将提升中国的国际地位和国家形象。因此，它必然会遇到来自美国全方位的狙击。

随着中俄全面战略协作伙伴关系的新发展，两国在深化国防安全与政治合作关系方面迈出了新的步伐。在重大国际问题上，中俄两国采取了更加紧密合作的战略。当前俄罗斯对外政策更具针对性，以更加现实有效的方式处理与其他国家的关系，重新调整对中东欧国家的外交政策，即分析转型后中东欧的变化，具体分析各国具体情况，并采取区别对待的政策取向。这一更为详细的中东欧政策取得了一定的成功，并在很大程度上恢复了其在中东欧的影响。如今，"一带一路"倡议的不断推进，将在一定程度上引发俄罗斯担忧中国有可能通过中东欧逐步进入其"后院"，从而在某些领域对中国和中东欧国家施加压力。此外，日本政府和企业也加大了对中东欧的投资力度，加强经贸关系，扩大双边贸易。中东欧一直不缺少大国的关注，而中东欧国家与其他国家特别是大国在政治、经济、安全合作将不可避免地对中国的利益产生影响。因此，如何更深一步与中东欧国家建立关系，减少其他国家对中国的误会，是需要我们集中精力解决的问题。

第五节　应对"一带一路"在中东欧面临的挑战

"一带一路"倡议的核心是实现中国与沿线国家的互利共赢，但是，中东欧国家同中国合作中存在投资结果不理想，效果不显著，合作过程中对中东欧国家国别差异认识不足和合作项目缺乏稳定性和长久性等问题，这些问题影响"一带一路"倡议在中东欧地区的推进并影响中国—中东欧合作的进展。针对这些合作中出现的急需解决的问题，应从以下几个方面加以改进。

一 努力构建规则体系，建立成果评价追踪体系

努力构建规则体系，建立成果评价追踪体系，是我们目前需要解决的一个重要问题。中国在中东欧国家的投资和合作起步本来就比较晚，比起以美国、德国、日本为主的发达国家来说，本身就缺乏在时机上的优势。而且，在近年来的合作实践中发现，双方还缺乏一套符合双方共同利益且有利于进一步加强合作的规则体系。这些内容的缺乏导致中东欧国家在同中国合作的时候常常因为双方国内不同的法律法规而产生矛盾。这就需要双方政府和企业的共同努力，"一带一路"倡议经过多年的实践，并且正在发挥着重要的作用，因此双方通过协商建立完善的制度体系是非常必要的，也是目前双方的首要任务。在拥有一套统一制度的前提下，企业积极发挥自己的主观能动性来抓住一切发展机遇。政府应该努力为了企业的发展而服务，在中国—中东欧合作中，努力为企业扫清不必要的阻碍，使企业能够有效利用投资资金，实现其最大效益。另外，缺乏成果评价和追踪体系是"一带一路"倡议提出多年以来，一直存在的问题。尽管中东欧国家和中方都积极努力地想尽办法加强双方合作，实现双方经济的快速增长，但是在实际过程中，这一愿望并没有完全实现，中国对中东欧国家的投资总量并不少，投资的项目也很多，但是却并没有取得理想的成绩。波兰 A2 高速公路合作项目就是一个典型的例子，这条高速公路是从波兰华沙至德国柏林的一条高速公路，也是连接波兰和西欧的重要枢纽，这条高速公路由"中海外联合体"，即中国海外工程有限责任公司、中铁隧道集团有限公司、上海建工集团和波兰贝科马有限公司合作共同建设，在最初为了能够竞标成功，用低于政府预算一半的报价——13 亿波兰兹罗提（约 4.72 亿美元）成功夺标，但是由于前期规划不足，眼光不够长远，以及对波兰当地的法律法规不熟悉等各种因素的影响，导致该工程进行不下去，最后还面临着巨额的赔偿，甚至还被要求其三年内不得参与波兰市场招标。通过对这一失败经历的分析，在项目前期对项目进行有效评估，对正在进行或已经完成的投资项目进行跟踪调查，对项目成果评价的过程是十分必要的，它能够帮助投资方在不合理的投资项目及时止损，在有发展空间的投资项目上增加更多的优势，通过这种方式能使投资资金更加有效地被利用。

二 加强与欧盟的沟通，努力消除误解

加强与欧盟的沟通，努力消除误解，处理好同欧盟的关系对于中国发展与中东欧国家的合作来说至关重要。而目前欧盟与中国之间还存在着一定程度的误解。一方面，中东欧国家由于冷战后努力想要回归欧洲，于是积极加入欧盟，希望能为本国的发展寻求更多的机遇，但是由于其自身各方面实力本身就落后于原有欧盟成员国，再加上欧盟对其缺乏有效的政策和手段，导致中东欧国家与欧盟之间的问题错综复杂。随着欧债危机等多重危机的出现，双方矛盾愈演愈烈。而"一带一路"倡议使中国—中东欧国家关系更加紧密。再加上英国"脱欧"，欧盟更不希望中东欧国家在此时雪上加霜。而这些担心会很大程度地影响欧盟对中国的态度，这就需要中欧双方加强沟通和理解，因为中欧拥有共同的利益与目标，只有努力消除误解，共同努力，才能实现这些目标。除此之外，由于中国和欧盟拥有不同的法律体系和规则制度，导致双方在合作的过程中出现了诸多的问题与矛盾，这就要求中国企业在与中东欧国家进行贸易合作之前就要熟悉欧盟相关的法律法规和中东欧国家的法律法规，以此来减少这一过程中出现难以协调的问题。另外，双方政府更需要努力进行沟通，就出现较大差异的问题进行协商，寻找一个双方都能接受的方案。在不破坏双方共同利益的前提下，尽可能地制定一套有利于进一步加强合作的规则体系。应努力发挥双方的优势，共同致力于推进"一带一路"倡议的实践，在经贸方面努力创造更多的成果，使中国—中东欧合作机制真正发挥出最大的作用，并使其成为促进中欧关系的真正桥梁，实现这一目标需要双方政府和企业的共同努力。促进共同发展是中欧各国共同的追求和愿望，尤其是在当前欧洲一体化进程遇到层层阻碍，而中国也面临诸多挑战的关键时刻，中欧携手共同前行是双方最好的选择。"从当前中欧关系发展来看，老欧盟成员国，如英国、法国、德国、意大利、西班牙等国家纷纷加入中国倡导的亚洲基础设施投资银行，同时，中国也加入了欧洲复兴开发银行。"中欧双方都愿意加强全方位战略伙伴关系，'容克计划''一带一路'倡议成为双方战

略对接与合作的抓手。"① 在这样的情况下，中国与欧盟加强在中东欧地区的合作是顺应时代发展以及各方利益的最佳选择。因此，中国和中东欧国家共同努力消除欧盟对"一带一路"倡议的误解是可行的。

三 重视国别差异问题

中国与中东欧国家合作中既要注重整体利益，又要注重国别差异。由于中东欧国家包括波兰、匈牙利、捷克和斯洛伐克等16个国家，这16个国家本身在国内政治和经济发展状况等各方面都有不同，因此，中国在同中东欧国家合作时，要注意其不同的国情和经济文化的发展程度，积极扩大贸易规模。"既要把其看作一个整体，发挥规模效应，又要充分考虑不同国家的差异，实施差异化国别策略。对各个国家的文化、经济发展程度、宗教信仰以及市场环境等进行深入研究及调研，兼顾各个国家的发展利益诉求，以此为基础开展具有各国特色的贸易合作。"② 以捷克为例，从2012年中国—中东欧合作机制建立以来，中捷两国在"一带一路"框架内不断加强在投资、贸易、金融等领域的合作。就捷克本身而言，它在科技方面，特别是在新兴产业方面具有很强的竞争力，如纳米产业、生命科学、航天航空产业等，除此之外，软性隐形眼镜和抗HIV药物等也都属于捷克的优势产业，捷克政府和高校鼓励科技发展，并投入了大量的财力支持，使其科技水平不断提高，成为世界科技强国。匈牙利的支柱产业则是汽车工业，其生产的汽车和零配件被出口到世界各地。除此之外，它还是中东欧地区最大电子商品生产国。而斯洛伐克的优势产业是汽车生产、机械设备制造、制药业等。农业是波兰经济的重要组成部分，另外还有采矿业、化工业和汽车生产等。中东欧国家都拥有各自的优势产业，并且彼此之间有明显的差异性，这就要求中国同中东欧国家合作时，注意各国的不同情况，提出有针对性的合作方案，取长补短，努力填补短板，优势互补，以实现双方合作利益最大化。对于中东欧国家来说，要想实现更好的合作与发展，需要先努力发掘各自的

---

① 鞠维伟：《中欧关系下的"16+1合作"：质疑与回应》，《世界知识》2018年第7期。
② 崔卫杰、李泽昆：《中国与中东欧贸易合作：现状、问题与建议》，《国际经济合作》2018年第11期。

优势与短板,在自己的优势领域占据有利地位,从而使双方经贸合作更加紧密,先从点入手,然后由点到面,层层深入,最终实现扩大双方贸易规模的目的。扩大贸易规模,促进双方更好的合作才是目前中东欧国家和中国应该关注的方面,这需要中东欧国家与中国的共同努力。

四 重视务实合作的可持续性

增强经贸合作项目的可持续性,双方政府在这方面可以发挥其优势作用。以斯洛伐克中欧班列为例,在前期,政府通过提供技术和人力支持,帮助斯洛伐克与中国双方的企业制定多份合作备案。制定多种合作方案能够有效降低合作风险性,当遇到严重阻碍合作项目的情况时,有其他的选择可以有效应对,并且要保证新的方案也是有利于双方合作的优选方案而不是被迫采取的方案,通过多种优化方案的方式有效提高合作的效率和稳定性、持久性,增强双方合作的信心,使双方合作实现长期稳定的发展。同时,双方政府可以通过协商努力完善有关经贸合作风险补偿的法律法规,使合作的企业能够有效降低合作风险,减少投资的损失,在政府政策的帮助下,增强合作的自信,减少后顾之忧,更加积极地开展合作。除此之外,双方政府帮助企业在合作前预估风险也非常重要。通过双方的智库以及专业研究人员的调研和学习,对各种邻近国家之间发展趋势拥有充足的了解和判断,当前世界上各个国家由于不同的国情和不同的发展程度,以及文化、宗教等因素的影响,彼此之间的关系十分复杂,这就要求我们在合作之前,做好充分的市场调研,尽量避免遭遇风险的可能性,或是将风险性降到最低,为双方营造一个良好的合作氛围。

2019年4月12日,在第八次中国—中东欧国家领导人杜布罗夫尼克会晤期间,希腊正式成为中国—中东欧合作的成员,希腊的加入引发了国际社会的广泛关注。希腊一直以来都是中国在"一带一路"倡议中合作的国家,2014年2月,希腊发表深化及强化与中国全面战略伙伴关系的联合声明,2016年7月,中国也发表深化及强化与希腊全面战略伙伴关系的联合声明。"2017年5月,齐普拉斯来华出席首届'一带一路'国际合作高峰论坛。2018年8月,希腊与中方签订共建'一带一路'合作谅解备忘录。"① 希腊的加入并不是突发性的，它的加入更加体现了中国—中东欧合作机制的理念——一个包容、开放的区域合作机制，自建立以来，中国—中东欧合作机制致力于推动务实合作，促进但不限于双边合作，欢迎和鼓励开展三方乃至多方合作，对其他欧盟及域外国家保持开放。同时。希腊的加入也为中国—中东欧合作增添了更多的活力，希腊的加入对中东欧各国来说既是机遇，也是挑战，中东欧国家更应该积极寻找同希腊合作的切入口，为中国—中东欧合作的发展作出努力，带动各国的弱势产业，努力挖掘自身的独特优势，形成不可替代的地位。如果不积极主动地抓住机遇不断发展自己，在强大的竞争面前就会处于不利地位。虽然希腊的加入使"16+1"变成了"17+1"，但以中东欧为主体的合作框架没变，名称也不一定要变，中东欧国家仍然在这一机制中占有重要的地位，并且在未来的几年中，中东欧国家仍然是中国—中东欧合作发展的主力军，但是中东欧国家也时刻不能放松，也许在将来"17+1"还会变成"18+1"或"19+1"，而中东欧国家需要做的是不断增强自身的竞争力，使其在这一机制中长期处于优势地位。

综上所述，中东欧国家同中国的合作虽然存在着一些问题，但是中东欧国家同中国合作的前景广阔，双方具有共同的利益和一致的努力方向，这就表明双方为了实现共同追求能够携手并积极克服在合作过程中遇到的诸多问题和挑战。这也要求中东欧国家和中国，在合作过程中彼此尊重，互相理解，互相包容，加强交流沟通，实现合作共赢。面对如今复杂的国际环境，不断增强本国实力，才能使自身在国际上拥有更多的话语权，才不会陷于困境之中。近几年来，国际局势发生着巨大的变化，英国于2020年1月31日正式"脱欧"，对于欧盟来说其整体性遭到了破坏，在这样的情况下，对中东欧国家来讲，抓住历史时机，不断增强其在欧盟中的地位，努力在欧盟中拥有更多的话语权是符合其共同利益的，这也是推动欧洲一体化的有效手段。除此之外，由美国发起的全面贸易战愈演愈烈，其实质是美国争夺重新制定国际规则权力的一次"大战"，这是全球范围内的一次重新洗牌，任何国家都很难不受影响。虽然部分中东欧国家都是北约的成员国，且一直以来依靠美国的保护，

---

① 徐刚：《希腊加入"16+1合作"，引发四大疑问》，《世界知识》2019年第9期。

与美国的关系很"亲密",但是即便是这样,中东欧国家也应该为自己的利益考虑。在这样的情况下,即使中东欧国家之间存在着矛盾和问题,但是追求更好的发展和更高的国际地位是中东欧国家的共同追求,共同面对迎面而来的挑战是中东欧国家必须要做的事情。在这样的背景下,中东欧国家与中国携手同行,积极发挥"一带一路"倡议的作用,在中国—中东欧合作机制的框架内积极寻求发展机遇,努力消除不利于合作的阻碍,推动区域发展,为世界和平与发展作出贡献。

第 六 章

中国—中东欧合作的新增长点
——人文交流

"人文交流架起人与人之间情感和心灵的桥梁，是国与国之间加深理解与互信的纽带，它比政治交流更悠久，比经贸交流更深远，它比其他外交交流手段更具有基础性、先导性、广泛性和持久性。"[①] 人文交流机制的基础性、先导性、广泛性和持久性主要体现在交流过程中的主体除了传统国际社会主体上的政府和相关非政府组织外，还包括人民群众，因此，人文交流对受体的影响是潜移默化、悄无声息的，不易引起受众的曲解和疑忌。中国与中东欧国家，在冷战结束之后，重新认识和定义彼此成为两者最为重要的时代任务，推动和深化中国与中东欧国家之间的人文交流不但可以减弱"中国威胁论"的相关舆论，而且为中国与中东欧国家巩固和深化合作创造了良好的国际氛围，为中国与中东欧国家合作能够立竿见影地实施奠定了牢固的互信基础，并成为全新的增长点。

第一节 欧债危机背景下中欧人文交流

一 人文交流

（一）人文

翻阅《辞海》，"人文"是指："人类社会的各种文化现象。"因此，"人文"的概念并不是简明、一元的，而是指人的文化的重要性。故而人

[①] 刘延东：《深化高等教育合作 开创亚洲人文交流新局面》，《世界教育信息》2010 年第 12 期。

文的概念可以从广义和狭义两方面理解。从广义上讲,"人文"指代了一种优质文化,其是在人类的进步过程中不断累积起来的;同时它也是一种先进思想,可以引导和激励人类进步;最后它还指代物质文明和精神文明的总和,而这种文明是由人们在实践过程中不断创造积累的。狭义角度理解的"人文"则代表美学范畴中的哲学,其本质是敬重人、关爱人,其核心是人。由此,教育、历史、宗教、规章制度、艺术、法律法规、美学、文化等都可以包含在"人文"的概念内。人文是一种自古以来就存在的质朴理念。

(二)人文交流的内涵

人文交流是指跨国家或地区、跨民族之间的各种交流的聚合,但这种交流区别于传统意义上的政治、经济和军事领域的交流。人文交流在内容和形式上具有多样性,具体依据实际交流情况而定。人文交流在促进不同文化背景下的民众间相互理解、包容、信任方面具有积极作用。其主要以在科教、文体、旅游等多层次领域下的交流融合、互学互鉴为基本方式。从民意相通的层面上讲,在人文交流方面,通过友好城市建设、学术交流、人才流动、人文交流等方式,吸引各国人民了解本国文化,使各国人民了解彼此建立的合作机制和政策。人文交流既是各领域的交流互鉴,也是树立国家形象、提升民族文化软实力的战略。人文交流具有四个鲜明的特点。一是交流主体的多元性。人文交流的跨国参与主体包括政府间的互动机构、民间自发形成的交流群体、促进学生交流的教育机构、高级学术讨论的学者群体之间的互动、建立各种基金会和企业合作机制、技术领域的交流、个人影响等。通过弘扬各自的文化理念、行为模式、思想和技术,促进人们对彼此的了解,以支持各国的各种活动。这类自发形成的人文交流,是推进国家各层次深入、全面交流的基石。

二是交流方式的多样性。人文交流之所以具有灵活性和多样性,是因为人文交流涉及领域广、层次多、不受国际公约和外交约束。因此,只要是符合人民所需,符合双方的法律、法规,符合双方的民间习俗和规定,并符合有利于人民的交流方式,都是被允许和支持的。

三是交流效果的持久性。当前,国际社会中所有主权国家都有自己独到的文化风俗、政治运行体制、经济发展模式和宗教信仰等。不同文化交流应尊重彼此差异，在相互帮助和支持下增进相互了解和信任。人文交流将缓慢而稳步地逐步提升，能给交流双方留下良好印象，加深交流效果，使国家间的交流顺利而持久。

四是交流目的的明确性。人文交流的目的和任务是一致的，就是要不同国家或地区、不同民族的人民相互理解、相互支持。

(三) 人文交流机制的积极作用

第一，人文交流机制具有先导性、广泛性和持久性。"人文交流是沟通人心的桥梁，是增进国家间了解和信任的纽带。它们比政治交往更古老，比经贸交往更深刻，比其他外交交往方式更具有基础性、开拓性、广泛性和持久性。"[1] 中欧人文交流机制的基础性、开拓性、广泛性、持久性主要体现在，除了传统国际社会中的政府和相关民间组织外，双方还应让更多的民众参与到这个体系中来。中国有句形容两国关系密切的谚语非常贴切"国之交在于民相亲"。的确，虽然是中欧政府共同促成了"中英文化年""中法文化年""中意文化年"的成功。然而，如果"文化年"得不到当地人民的响应和关注，那么其就无法实现既定的目标和任务。因此，中欧人文交流机制的主要接受者也是双方的普通民众。"人之相知，贵在知心"，如果中欧双方能在丰富多彩的文化交流活动中以心相交，大力发展人文交流机制的基础性、先导性和广泛性的特点，抓紧双方百姓的心，减轻双方"敌意"，一如中国古语所言"以心相交，方能成其久远"，那么中欧"密切伙伴关系"的进一步发展则指日可待。

此外，化解中欧间的误解不可能一蹴而就，正所谓"冰冻三尺非一日之寒"，欧盟民众和其领导人对中国产生的认知偏差，是在长期的外交往来所产生的文化对撞中发展起来的，这种偏见甚至可以追溯到1840年的鸦片战争。西方列强用武力打开了中国的大门，从此，中国的愚昧、落后、贫穷和孤立与西方的自由、民主、科学和理性形成了鲜明的对比。中国的落后成为西方人固有的观念。"从文化交流的内容上，欧盟在国际上的身份地位使其主要目的是促进欧洲价值观和文化多样性及跨文化间的对话，而我国更期望提高欧洲人对中国文化和中国历史的了解，同时

---

[1] 刘延东：《深化高等教育合作　开创亚洲人文交流新局面》，《世界教育信息》2010年第12期。

宣传改革开放以来取得的巨大成就,减少'中国威胁论'的负面影响,这些客观上的差异制约着中欧文化对话与交流的深度,使很多活动变成了'自说自话'甚至'鸡同鸭讲'。造成这种困境的根本原因是冷战后中欧话语权的不对称,且这种局面短期内难以改变。"① 因此,中欧人文交流机制的存在和发展将是长期的。

第二,人文交流机制对公共外交具有促进作用。人文交流机制的有效作用也体现在促进一个国家的公共外交中。美国人埃德蒙·格利恩第一个提出了"公共外交"的概念,他认为,公共外交主要是指国家开展的一系列活动,是区别于传统的政治、经济等方面的外交行为。中国学者在公共外交领域的研究硕果颇丰。在赵可金的《公共外交的理论与实践》一书中,"公共外交"概念首次被引入中国,他认为公共外交是一个国家在国际社会增加其他国家对本国的承认的国际交流活动,以便树立一个良好的国际形象。公共外交一般由中央政府主导,并且可以适当地授权给地方政府、社会行为体,尤其是以外国媒体作为媒介与国外民众沟通和双向沟通活动。公共外交的主要任务是以传统的外交为手段,增强国外民众对所透露的外交信息的信任,塑造国家形象,传播价值观念,最终为国家利益服务。

一方面,从定义上可以看出,"公共外交"的主体是中央政府,其客体是国外民众。相比之下,人文交流机制在主客体方面则更加多元化,包括政府主导的活动和民间组织的人文交流活动。另一方面,公共外交由政府部门发挥主导作用。欧盟各国政府和公众由于受到历史因素的影响对中国政府产生了一些偏见和曲解,这可能导致他们的低热情,并对中国政府所领导的公共外交活动的重视不够。"人文交流主要集中在人文交流与合作领域相关内容的传播、交流与沟通,以影响外国受众。它是促进国家间友好合作的重要载体和工具。在观念上,它蕴含着以人为本的普世价值,又具有中国文化的个性化内涵。"② 因此,人文交流机制可

---

① 周弘:《中欧关系研究报告(2014):盘点战略伙伴关系十年》,社会科学文献出版社2013年版,第88页。

② 金正昆、唐妮娜:《当代中国外交的新路径:"人文外交"初探》,《教学与研究》2009年第8期。

以在一定程度上同公共外交取长补短，使公共外交工作更加有效。人文交流对受众产生的是潜移默化的影响，在消除减弱"中国威胁论"的声音时不易引起对方的曲解和不信任，为推动公共外交创造了良好的国际氛围，其坚实的互信态度可以有效推进公共外交活动的实施。

第三，国家软实力的提升需要人文交流机制的助力。一国的综合国力主要体现于其硬实力和软实力的强弱。硬实力是国家权力在一般意义上的体现。硬实力主要包括政治、经济、军事等可以感知的方面，可体现于有形的载体，是人们能够真实感知到的物质力量。软实力区别于硬实力，并不是通过强制或暴力手段来实现其目标，而是主要通过无形的方式潜移默化地使其他国家自主自愿地接受其文化影响，如通过政治、文化、外交政策等。软实力和硬实力都是一个国家综合实力的重要构成成分。软实力一经提出，就被提升到与传统硬实力同等或更重要的地位，这主要源于当今人们所处的时代是信息交互高度发达的时代。正如约瑟夫·奈所说，"硬软实力其实同等重要，但是如今正处于信息交互发达的时代，因而软实力的影响日渐凸显。"

现如今，和平与发展成为时代主题，我们理应充分发挥软实力的作用，通过和平手段有效解决争端，这符合历史发展的潮流。成为世界强国的前提是成为文化大国。一如赵启正先生所言："文化不是数学方程，只要算出了正确的答案，就可以完全否定掉其他的答案。不同的文化之间是能够共存的。"① 每一种现存的文化都有其存在的道理，在交流互动过程中，由于文化碰撞所产生新的文化成果的过程，也是双方相互了解，取长补短的重要过程。在文化交流时应秉持"取其精华，去其糟粕"的原则，不同的文化相互学习，赋予自己以新的时代内涵，实现各种文化扬长避短。德国学者阿克曼曾提出，文化交流有三个阶段：接触（因好奇而了解文化）—交流（增进感情）—合作（相互理解）。② 目前，中欧文化交流仍处于初级阶段。只有度过这一阶段后，文化的吸引力会指引交流双方去了解和探索不同的文化魅力。在此过程中，本土文化不停吐

---

① 赵启正：《公共外交与跨文化交流》，中国人民大学出版社2011年版，第123页。
② 凤凰网：《中国文化怎样"走出去"论坛5日全文实录》，2011年11月5日。http://culture.ifeng.com/huodong/special/zhonghuawenhua/content-3/detail_2011_11/05/10440086_0.shtml.

故纳新,增加了其文化魅力,增强了一个国家的软实力。

二 中欧人文交流机制的原则

了解欧债危机背景下中欧人文交流机制的发展现状时,首先我们要了解中欧开展人文交流合作应遵循的原则。

(一) 中欧双方在人文交流中的差异

中欧人文交流机制的原则是基于中欧在历史传统、意识形态、价值观、现实利益等方面的巨大差异建立起来的。双方要想以更合理的原则开展人文交流,就必须了解双方差异和矛盾的基本来源,只有这样,双方才能探寻人文交流多领域合作。中国因其独特的地理位置、气候、自然环境和地理环境形成了区别于西欧国家的人文传统。"欧洲过去强调的普世价值,实际上是欧洲价值观的普世部分,而不是真正的普世价值。非西方世界的崛起正在塑造其他价值观的普遍性,它们共同构成了人类普遍价值观的多元文化地图。"① 这是我们在同欧洲国家打交道时必须弄清楚的问题,我们决不能由欧洲领导。

同时,中欧之间的巨大差异也体现在意识形态和现实利益上。中国是国际社会中最大和最成功的发展中国家之一,中国面临着发达资本主义国家的民族国家联盟,面临着高度一体化的组织,两者间意识形态的冲突是一目了然的。在现实利益方面,中欧除了在政治、经济和文化方面的差异,现阶段两者在实际利益方面的根本差异在于发展中国家迅速崛起后想寻求更好、更快的发展,而作为一个经验丰富的"联盟"的欧洲为了保持其地位,则希望能迟滞中国前进的步伐。

(二) 中欧人文交流机制的原则

在厘清中欧人文交流机制实施环境的不同后,还需要明确中欧人文交流过程中所该秉持的原则。

第一,"以我为主,为我所用"是贯穿于中欧人文交流的总指导原则。在中国近代史上,由于长期与外界隔绝,中国闭关锁国,发展程度远不如进行了工业革命的西方国家,中国的大门在西方侵略者的坚船利炮下轰然倒塌。当然,今天中国的物质文明得到了极大的发展,综合国

---

① 王义桅主编:《全球视野下的中欧关系》,世界知识出版社2012年版,第30页。

力得到了显著增强。中国具有与欧洲国家在平等的基础上开展交流的实力。人文交流始终被中国列为对外交往的主要手段和途径，最终目的是为国家利益服务。因此，中国在人文交流中应时刻坚持"为我所用"的原则，不能本末倒置，盲目追求西方的认同而损伤了自己国家的利益，但也应注意识别积极因素，即欧洲的先进文化，不断丰富和发展我国民族文化，增强文化自信，最终实现伟大复兴中国梦。

第二，在人文交流过程中应以"平等对话，求同存异"为交流的原则。话语权不平等的问题一直是中欧交流中亟待解决的问题。我们应该以平等的对话原则作为中欧人文交流机制的落脚点，并以其作为中欧对话的基础条件。我们多次强调，中欧之间没有地缘政治冲突或根本利益冲突。中欧在文化、经济等方面具有很强的互补性。在中欧交流接触中，双方都应该客观地承认各自的差异。但我们不应否认，维护中欧关系长期可持续发展是符合双方的根本利益的。此外，双方也有许多共同之处。我们要正视这一事实，不能一味着眼于分歧，否则就会丧失合作的前提和可能性。

第三，在人文交流中，我们应坚持合作原则，要做到互谅互学，相互借鉴。中欧在文化、科技、产品贸易结构方面有很多互补的地方，在互动过程中，我们应充分挖掘欧洲国家在文化、教育、科学和技术等方面的优势，坚持取长补短，在相互借鉴、相互学习的良性互动中寻求对社会和文化的共同繁荣。莱布尼茨是近代欧洲著名的哲学家，他在《中国近事》中提及："中国人以观察见长，而我们以思辨领先，正宜两好合一，相互结合取长补短，用一盏灯点燃另一盏灯。"莱布尼茨的话正是印证了这个道理。

第四，中欧人文交流要强调合作双赢和共同发展。中欧同为世界两大经济政治行为体，致力于多边主义，在国际社会中发挥着重要作用。若中欧能够放下争端，寻求合作，将对国际社会大有裨益。相反，如果双方纠缠于彼此的矛盾和分歧，不断发生摩擦和冲突，不仅会影响国际经济体系的稳定增长和发展，而且也是国际和平环境的巨大忧患，正如古语所讲："以和为贵""合则两利，斗则两伤"。中欧在安全防务、能源战略、环保、社会治理、人文交流等领域加强合作具有巨大潜力和合作条件。我们应抛弃以往的偏见，通过人文交流加强沟通，促进彼此相互理解。只有这样，才能推动中欧关系的可持续发展，更好地维护和平。

三 欧债危机背景下中欧人文交流现状

中欧在各领域开展了大量人文交流，从亚洲"中国窗口"到欧盟官员来华培训；从分散的演出团体到组织策划大型艺术团体赴欧演出；从教育、科技、青年等领域的有限合作，到媒体、体育、妇女等领域交流的蓬勃发展；中欧人文交流的合作领域范围不断扩大，内容不断丰富。

（一）中欧高等教育合作

中欧高等教育合作所涵盖的内容广泛。欧盟与中国合作项目具体如下：中欧国际工商学院，甘肃基础教育项目，中欧高等教育合作项目，中欧人文交流培训项目，欧洲研究中心项目，伊拉斯谟计划"中国窗口"项目，中欧法学院、中欧工业职业教育项目等。中国对欧合作以"欧盟窗口"项目为主，包括中国政府向来华留学的符合条件的学生提供奖学金，以及为促进中欧语言交流而设立的"欧盟窗口"项目。

在2011年举行的中欧青年国际人才会议上中欧双方代表分别介绍了各自在对方国家交流中所形成的工作和生活经验，强调了尊重文化差异的重要性，介绍学习他国语言和义化的重要意义。中国定期为来自欧盟的学生举办"汉语桥"夏令营，欧盟官员被派往中国接受汉语和文化培训。加强双方的语言学习可以促进双方的文化理解。中欧在高等教育和语言多样性合作方面取得了瞩目成效。大体可体现于三个方面：一是合作机制。中国与欧盟成员国签订了多项有关高等教育合作的文件，与欧委会和欧盟成员国建立了多个经常性工作协商机制。二是多元化的结果。欧盟成员国孔子学院超过百所。三是规模深化扩大，教育交流与合作对话由中小学之间发展到高等教育；从孔子学院的初步建立到越来越多的中欧双边留学项目。

（二）文化领域

中欧在文化方面的合作内容丰富多彩，形式多样。通过文化交流，中欧在一些方面的交流取得了实实在在的进展，使中欧人民在不同的传统文化背景下和睦相处。"中欧文化对话年"开展的一连串具有民族特色的活动，特别是中国秧歌腰鼓训练班、中国健身气功训练班和欧洲教练训练班深受欢迎。"中国年"活动，有助于欧洲的孩子更了解中国，还可以帮助下一代增进双方相互理解，理解会促进友谊和合作的产生与发展。中欧文化高峰论坛讨论了"全球化、熔炉或新游戏""不同的世界观"和"美的概念"等问题，有助于两个文明彼此理解，相互包容，促进了中欧关系的进一步深化发展。"国之交在于民相亲"，为了使中欧人民以心相交，促进双方民众"心心相印"，中欧双方举行了各式各样的文化活动，如欧盟举办以"交融"为主题的美术展览，组织欧盟青年交响乐团来华演出，在比利时天堂动物园成功举办"中国日"活动；中国方面则举办了中国驻欧使团新年音乐会、中国当代摄影展，并组织"中华风韵"《逐梦天涯》在布鲁塞尔的首演等。不仅帮助中国人民了解欧洲文化精华，而且激发了欧盟人民对中国文化的浓厚兴趣，使更多的欧洲人自愿、积极地学习中国文化，从而提高了中华文化的影响力。

（三）其他领域

中华全国青年联合会与欧盟委员会合作举行了中欧青年领导人峰会，并通过了举办中欧青年交流年的倡议。中欧青年交流年举办的目的在于增进中欧青年之间的了解和信任，为中欧关系发展作出贡献，增进中欧人民友谊，促进中欧关系可持续发展。通过中欧青年交流年活动，将中欧青年交流合作提升到新的水平，使之可持续发展。

中欧在媒体领域的合作主要集中在"中国电影节"活动中。一个国家的电影无疑会深深地烙上自己的文化符号，以一种直观、可听、可看的形式向外国公众展示本国的风土人情。电影作为一种媒介，是中欧文化交流的重要手段之一。因为电影能够传达一个国家的价值取向和精神。

体育可以有效化解外交冲突。著名的"乒乓外交"打破了中美双方对立的僵局。从这个角度来看，体育在人文交流领域的力量不应该被低估。虽然不同国家的人有不同的意识形态、宗教信仰和价值观，但他们对体育有着相同的热爱。虽然不同民族之间的矛盾甚至冲突可能源于语言、文化、宗教信仰等方面的差异，但体育可以很好地解决无形的矛盾。在第二届中欧乒乓球友谊赛的开幕式上，欧盟委员会教育文化总司体育司长曼迪斯致辞并表示，体育运动可以成为在人文领域的交流纽带，在中欧双边关系中各政府应给予体育发展高度关注，因为它在人文交流中的作用举足轻重。除此之外，《中欧合作2020战略规划》中明确指出，中欧还将共同举办如中国电影节、征文比赛、中国时装周和中欧乒乓球友谊赛等活动。

第二节 中国与中东欧人文交流现状

欧盟东扩后，中东欧国家加入欧盟。中东欧国家作为欧盟新成员，对中欧关系的发展起着举足轻重的作用。深化中国与中东欧国家的彼此间了解，促进中国与中东欧国家间的友好关系，具有长远的战略意义。"一带一路"倡议与中国—中东欧合作机制使中国与中东欧国家的关系更加紧密。通过人文交流方式拓展与中东欧合作，有助于双方建立友好合作伙伴关系，也有助于利用现有合作机制，促进地区繁荣与和平。在"一带一路"倡议与中国—中东欧合作机制下，中国与中东欧国家开展全方位、多层次人文交流，增进中国同中东欧各国人民群众的相互了解，加强中国—中东欧合作的基础。

一 中国和中东欧人文交流现状

人文交流是巩固中国与中东欧国家友谊、实现共同发展和共同繁荣的重要途径之一。中国与中东欧国家在某些问题上存在争议，但在新时期通过人文外交推动了双方的政治对话和经贸合作，同时，中国与中东欧国家的人文交流也朝着全面、深入、多领域发展。

在《中国—中东欧国家合作布加勒斯特纲要》《中国—中东欧国家合作贝尔格莱德纲要》《中国—中东欧国家合作苏州纲要》《中国—中东欧国家合作索菲亚纲要》等一系列机制与合作文件的指引下，中国与中东欧各国开展了一系列人文交流活动，增进了双方的友好关系。例如，在中东欧国家中，波兰最早与中国正式启动了"中国—中东欧国家人文交流年"的活动，双方建立文化合作论坛、教育政策对话等官方合作平台，开展了多种形式的民间交流。在《中国—中东欧国家合作布加勒斯特纲要》的指导下，中方已为中东欧各国设置了 5000 个来华留学奖学金名额，以"人文架桥，教育筑梦"为主题的中国—中东欧国家教育政策对话在中国教育部主持下举行。在中国—中东欧合作平台下，双方探讨了教育领域的务实合作，例如，特色学科建设与人才培养互动、青年创业教育、体育交流等。首届中国—中东欧国家青年政治家论坛于2013年召开。2015年，以"青年、梦想、发展、未来"为主题的第二届中国—中东欧国家青年政治家论坛召开，旨在加强双方青年政治家之间的相互联系，探讨在"一带一路"倡议下的合作机制与战略。与此同时，中东欧国家代表还对中国新媒体、地方的经济发展、地方习俗等进行了实地考察。并基于调研结果召开了中国—中东欧高级别智库研讨会，该研讨会每年举办一次。此外，中国政府每年还为支持双方积极开展研究活动和学术交流提供了资金支持。[1] 在《中国—中东欧国家合作贝尔格莱德纲要》指导下，中国—中东欧新增3项人文交流活动和合作，共计15个合作项目。纲要指出，中国将支持双方建设多领域合作平台，包含多个主体，同时支撑中东欧国家项目，支持双方互译文学的出版、建立智库合作中心等项目。[2]

在随后的几年中双方人文交流大致可分为几类。一是高级智库研讨会所代表的学术交流。二是中欧媒体之间的交流。三是同捷克、匈牙利、波兰、罗马尼亚之间的艺术展览活动，如在波兰举办的面具皮影等艺术展览。四是与捷克、斯洛文尼亚、斯洛伐克、波兰等国举办的各类双边文化节。五是开展有各方参与的中欧文化对话。六是地方友好城市对接交流。七是出版中东欧国家语言版图书。特别值得一提的是在《中国—中东欧国家合作苏州纲要》的指导下，双方进行了第三届中国—中东欧国家高级别智库研讨会。同时，中国—中东欧国家智库交流合作网络正式启动，推动了中国—中东欧合作机制的发展。

二　中国与中东欧人文交流的重点

中国与中东欧国家的人文交流活动在"一带一路"倡议指导下更加频繁、内容更加丰富、形式更加多样、范围更加广泛。目前，双方人文交流的主要任务是促进文化交流，加强人员流动，在思想交融中相互学习。

---

[1] 中华人民共和国中央人民政府门户网站：《中国关于促进与中东欧国家友好合作的十二项举措》，http://www.gov.cn/jrzg/2012—04/27/content_2124456.htm。

[2] 《中国—中东欧国家合作贝尔格莱德纲要》，《人民日报》2014年12月18日第1版。

一是文化交流方面。这一方面主要以文化合作论坛和孔子学院为主。首先,每年举行一届中国—中东欧文化合作论坛,双方通过了文化合作行动指南,建议双方相互尊重和保持文化互访势头,希望各方有效调动资源,为文化交流提供可持续发展动力。在涉及文化遗产的管理办法,文物交互,文化创意产业的发展等方面交流与合作,促进双方艺术人才的流动。其次,双方通过孔子学院,充分发扬中华文化的文化魅力,为中欧在教育、人才流动等领域搭建友好合作平台。例如,孔子学院已经在匈牙利佩奇大学,匈牙利罗兰大学建立汉语教师培训中心;塞尔维亚孔子学院举行夏令营;刘延东副总理在访问克罗地亚期间与中东欧孔子学院的代表举行了座谈。到目前为止,中东欧国家已开设25所孔子学院,并从实体办学扩展到在线教学。孔子学院发展的良好势头表现在汉语专任教师和兼职教师的增多、中东欧国家汉语学生的增多。孔子学院的举办,为中欧人文交流平台的建立和稳定作出了积极贡献。

二是人员互联互动方面。在提升人员交流的频率、空间方面,中国正式开放免签过境手续,在特大城市欧盟成员国民众可在72小时内免签。中国与捷克和克罗地亚就旅游合作达成共识,中国和中东欧国家还支持双方互派100—1000个旅游团赴对方国家旅游。例如,2015年,来自中国和捷克共和国的游客数量同比增长39%。中国与中东欧第一个旅游合作促进办公室在中国—中东欧合作机制下成立。

三是双方高层次、高级别的沟通交流。中国和中东欧第一次地方领导人会议指出了区域合作作为促进双边合作的一个重要力量应得到重视,双方应积极拓展在经济、贸易、文教等方面的深入合作,以互补领域为切入点,用自己的文化资源加强文化交流,为合作奠定坚实的社会基础。[1] 双方地方领导人会晤已经形成机制,双方同意巩固两国省长协会制度,积极稳妥地落实平等工作机制,并将合作落到实处。习近平主席出席第三次双方地方领导人会晤时建议对齐中国—中东欧合作和"一带一路"倡议,将现有发展战略联系起来,以便完善双边合作机制,加强合作,实现共同发展。

---

[1] 新华网:《中国和中东欧国家地方领导人发起"重庆倡议"》,http://news.xinhuanet.com/world/2013 - 07/04/_n 6404937.htm。

四是智库交流与合作。当前，智库交流、高级别智库研讨会已成为中国与中东欧国家人文交流的重要方式。智库间的交流与合作为两国关系和"一带一路"的发展作出了重要贡献。目前双方具备了智库交流平台与合作网络，智库研究，学术交流，智库互动，高层智库研讨会等不断拓展与深化，其功能主要在于搭建高水平智库合作平台、推进智库合作、为"一带一路"倡议和中国—中东欧合作提供助力。

五是文化交流与合作。在中国与中东欧多姿多彩的文化基础上，中国与中东欧国家的文化互动更加突出。2016年，中塞以电影《桥》、"中国桥"和"汉语桥"为彼此交往的纽带，最终建立全面战略伙伴关系。老电影《桥》不但在中国人民心中被奉为经典，而且在连接两国高层领导人和人文交流方面仍发挥着重要作用。"中国桥"是指在塞尔维亚修建的多瑙河大桥，为两国在其他领域的合作打下了坚实基础。"汉语桥"是连接两国人民心灵的桥梁，是人文交流的桥梁。2016年，塞尔维亚举办了第一届中国同中东欧国家共同参与的文化创意产业论坛，同时将在贝尔格莱德建立中国文化中心。中国与中东欧国家建立友好城市多达30对，双方开展了如电影节，创建青年营等一系列文化交流活动，中国还在罗马尼亚开放"红龙商场"，不仅为罗马尼亚人提供廉价的商品，而且发挥了文化传播和文明联动的功能。

三 中国与中东欧人文交流的案例——以捷克为例

（一）中国与捷克人文交流的高速发展

1949年10月1日，中华人民共和国正式成立，10月6日，中国与捷克斯洛伐克正式建交。1993年，捷克斯洛伐克分裂为两个国家，中国承认捷克共和国的主权国家地位，并于1994年与捷克签署了外交协议。近年来，两国高层领导人互访、会晤频繁，为两国建立友好关系奠定了坚实基础。中国总理温家宝分别在2009年、2010年、2012年，于会议期间会见了捷克总统瓦茨拉夫·克劳斯，副总理张高丽在参加捷克共和国2014年"中国—中东欧国家领导人会晤"期间，分别会见了总统米洛什·泽曼和总理博胡斯拉夫·索博卡特。2008年，捷克总理米雷克·托波拉内克出席了北京奥运会。副总理兼外长杨·科胡特出席了上海世博会，参议院副主席率团访华，习近平主席和捷克共和国总统米洛什·泽曼进行了双边会谈。2014 年，泽曼总统于中捷建交 65 周年之际对中国进行国事访问。2016 年，习近平主席首次访问捷克，并以"庄园会晤"拉开帷幕，标志着两国关系正处于蓬勃发展时期。捷克方面表示，愿意积极投身"一带一路"，希望两国能够通过人文交流的方式，促进双边关系的发展。当前，中捷的重要协议包括两份公报和一份声明：《中华人民共和国政府与捷克共和国政府联合公报》《中捷外交部新闻公报》和《中华人民共和国政府与捷克共和国政府联合声明》。

（二）中国与捷克人文交流掀开新篇章

中捷教育合作交流取得丰硕成果。例如，双方签订《2012—2015 年教育交流协议》，双方开展教育部门负责人之间的定期交流。截至 2019 年，中国赴捷克留学人员超过 1000 人，捷克赴华留学人员 400 余人。在语言教学方面，捷克有三所大学设立了汉学专业，另有两所学校的专业选修课课程包含汉语教学；中国在捷克建立了汉语水平考试点；"汉语桥"比赛每年举行；中国在捷克建立了孔子学院，并为促进汉语在捷克的发展赠予捷克大量相关图书和其他相关资料。在中捷高校教育合作过程中，双方互派专家进行授课，互派留学生到高校交流，提供学术和信息交流，合作拓展科研领域。目前，中捷两国共有 7 对高等院校，包括中国人民大学和查理大学、浙江大学和捷克技术大学等建立了校际合作关系。中国教育部发布了 26 所捷克大学的名单，名单展示的高校所颁发的学位学历证书是受中国政府承认的，为中国留学生赴捷留学铺平道路，其中包括布拉格美术学院、布拉格表演艺术学院、查理大学、捷克技术大学等。中捷友谊深厚，文化交流源远流长，经历了跌入谷底又重新升温的过程。20 世纪 50 年代，两国交流互动次数多，交流佳，例如，捷克的《鼹鼠的故事》和《好兵帅克》等作品在中国广为流传，中国电影《祝福》则斩获了捷克电影节的奖项。60 年代以后，由于国际形势和双边关系的影响，双边交流进入冷淡期。1996 年后，双边关系缓和，人文交流实现了正常化，签署的相关文件和合作项目日渐增多。两国科技合作会议持续举办，从第 34 次科技定期会议商定项目 41 个，到第 38 次科技定期会议签署 23 个涵盖了医药、农业、材料等多个领域的合作项目，中捷双方不断加强合作。为便利人文交流，双方简化签证手续，开通直航。中捷冰球项目合作训练为体育竞赛方面的交流注入了新的活力。捷克共和国还积极推动将中医药纳入捷克国民健康保险。

(三) 中国与捷克人文交流的特点

中捷人文交流进入了新的时代,人文交流领域不断拓展,呈现出以下特点:

一是两国人文交流始终在友好互动中展开且交流领域不断拓展。中国和捷克人文交流虽然受国家关系而有所波动,但近年来总体呈现向好发展态势。中捷人文交流随着"一带一路"倡议的落实与中捷关系发展不断深化,尤其是在捷克总统访华和习近平主席访问捷克后,开启了新的历史篇章,两国在文化、旅游、教育、科技、人员往来等领域的交流得到进一步加强,赓续了两国人民传统友谊,扩大和巩固了新时期两国友好关系发展的民意基础。

二是两国虽然相距遥远,但双方同样具有悠久的文化传统,为双方人文交流奠定了基础。中捷两国在各自的发展中形成了不同的社会制度、经济体制和社会习俗,但两国同样具有悠久和灿烂的历史文化传统,两国人民在交往过程中形成了繁荣和发展人类文明的共同愿望,这为两国在新时期开展人文交流提供了丰富的历史与现实的文化资源,提供了对可供两国发展和人民交往互学互鉴的文明成果,为中捷两国人文交流的深化与拓展奠定了坚实基础。

三是民间交往频繁,发展势头良好。在中捷人文交流中,民间交流一直是举足轻重的方面之一。在全球化加速发展,人员往来便利的时代,中捷双方签署有关人文交流和贸易的合作协议,在不断拓展官方经贸合作和文化交流的同时,拓展民间友好合作,不断构建两国人文交流新机制,搭建民间交往新平台。在这一过程中,在捷华人华侨功不可没,华人华侨在捷克贸易制造和高端餐饮方面得到了长足发展,拥有了较强的经济实力,反过来有力地促进了双方在"一带一路"倡议下深化合作,在人文领域推动旅游业发展,简化签证手续、开通直飞、引进银联支付等方面发挥了重要作用。

(四) 中国与捷克人文交流的问题与挑战

纵观中捷两国的外交关系发展和人文交流的历史进程,我们不难发现,两国人文交流在取得巨大成就的同时也存在两大方面因素的影响。一是国家领导人对人文交流有举足轻重的影响。例如,捷克共和国独立后的第一位总统瓦茨拉夫·哈维尔，在就职后选择倾向美国和西方，中断了与中国的关系。在他执政期间，在涉及中国核心利益的问题上对捷克人民产生了错误的引导，造成了恶劣的影响。同时，哈维尔的思想影响了许多捷克政府官员、教师、研究人员，甚至导致部分人士误解中国，抵制中捷之间正常的文化交流。直到瓦茨拉夫·克拉斯就任总统后，中捷关系才缓慢恢复和进一步加强。缓和的外交关系成为两国开展各领域交流的重要支柱。二是外部因素给人文交流埋下祸根。在冷战结束后，捷克加入了欧盟和北约。这一变化的实质是捷克共和国希望借助西方国家强大的力量，实现本民族独立，维护自身的主权权益与安全。捷克渴望受到其他国家的尊重，被平等地对待，但在美欧有关国家的影响、捷克对外政策的自主性受到了极大的影响，在西方国家鼓噪"中国威胁论"的时候，捷克认为中捷之间观念、文化差异明显，同时受到之前历史事件的影响，从而在双边关系特别是双边人文交流方面出现严重的倒退。

第三节　中国与中东欧人文交流的新机遇、新挑战和新对策

一　中国与中东欧人文交流的新机遇

在"一带一路"倡议下，中国—中东欧合作国家合作进入新时期，中国在中东欧所有国家都有合作项目，此外，中国与中东欧国家还有多边合作。在"一带一路"倡议的指引下，中国与中东欧在人文交流方面涉及的领域和交流水平快速发展。

一是双方人文交流具有多元化潜力。中国优秀文化本身具有多元性和包容性，经过五千年的积累沉淀，中华文明拥有丰富的文化资源。例如，功夫、戏曲、篆刻、书法、杂技等文化艺术，是展示中国文化实力强有力的方面，汉服、旗袍等中华民族传统服装，以及茶、豆腐等各种各样的小吃和各式各样的饮食包含的传统文化资源是展示中国文化影响力的一种重要方式，忠孝仁义、知识渊博、礼义廉耻、爱好和平等优秀的思想深深地吸引着中东欧国家。中国的文化遗产为同中东欧国家开展人文交流提供了多种选择，提供了合作资源和渠道。中国尊重各国文化

以及各国所选择的适合各国国情的发展道路，为双方交流的互信、互动奠定了价值基础。为实现中国—中东欧合作的目标，中国与中东欧国家全面深入的人文交流可以更加多样化、多元化。

二是中国—中东欧合作人文交流具有强有力的机制保障。中国—中东欧合作平台是一个涉及众多领域的、深入的合作交流平台，可以为双方高等教育合作、艺术合作、智库研讨会提供机制保障。目前，中国与中东欧国家充分利用中国—中东欧合作机制，以多种方式、广泛扩大交流领域。不局限于外交、政治合作和小规模的民间交流，而是开展经贸、工业、基础设施建设、投资、旅游、教育等领域的交流。全方位是指在社会各层面建立沟通，包括高层领导人、地方领导人及其协调会议、企业对接、民间互动等，尽可能促进双方各方面的人文交流。采用多种合作方式，包括定期双边高级别智库研讨会，教育、文化展览、电影节、旅游年、图书互译，等等，以多种方式的合作促进中国与中东欧国家人民的相互了解。

三是"一带一路"合作中双方合作取得重大成果，为人文交流奠定了基础。中东欧是中国与欧洲大陆的对接区域，是连接亚欧的桥梁，更是"一带一路"倡议的重点地区。双方在"一带一路"倡议框架下，高层领导人会晤频繁，达成了一系列纲领性合作文件。同时，地方领导人积极对接，共同建设友好城市，实现互利共赢。政治稳定和长期合作为中国—中东欧合作人文交流机制建设提供了有力支撑，加强了双方对彼此的信任度，中东欧对中国的偏见正在逐步瓦解。中国与中东欧双边贸易持续增长，从基础设施单一投资增长到机械、互联网、新能源等领域的发展。中东欧国家急需中国的技术支持和资金援助，以推进双边贸易合作的进一步发展，双边贸易额不断扩大，经济交往频繁，区域经济一体化目标逐渐实现，为人文交流提供了更为坚实的经济基础。最高领导人之间的互访，就业和经济发展带来的经济总量的增长促使更多的中东欧民众进一步了解中国，加深了对中国理解和信任，成为双方人文交流的社会保障。

二 影响中国与中东欧人文交流的因素

对人文交流的评价涉及经济、政治、文化等诸多因素，在"一带一路"倡议指导下中国与中东欧国家的人文交流的影响因素主要包括相关多变的国际环境、欧美疑虑、中东欧国家形势、技术和意识形态制约等。

（一）国际环境的影响

中国与中东欧国家政治经济关系是影响双边人文交流的主要因素之一。"一带一路"倡议提出以来，中国—中东欧合作国家的交流合作已成为举世瞩目的焦点。2013年以来，双方经贸投资方面的合作年均增长150.07%。双方政治互信日益增强，国家领导人会晤互访的频率不断增加，中国—中东欧合作平台建设不断完善，在双边合作中越来越起到举足轻重的作用。双方致力于"一带一路"建设，双边人文交流范围不断扩大。中国与中东欧国家互联互通，人文交流各项措施得到落实。虽然"一带一路"倡议有助于加强欧亚大陆交流，加强中欧合作，但欧盟仍旧对中国和中东欧快速发展的关系保持警惕。中东欧位于欧洲心脏，是连接中国和欧盟的重要桥梁。然而，欧盟出于零和博弈的传统思维认为可施加于一个地区的影响力是恒定的，中国的影响力增强，势必削弱欧盟在该地区的力量。欧盟担心中国会对中东欧国家持续施加影响。在美国单极世界、美俄对抗、乌克兰危机全面爆发的时代背景下，美国如同欧盟一样，时刻警惕着中国与中东欧关系的动态变化。美国对此采取双管齐下的方式，一面进一步强化其在中东欧地区的军事力量部署，一面试图阻止中国在该地区获得较大的话语权。实际上，由于美国强大的军事实力，它对那些寻求北约庇护的中东欧国家有着很强的影响力。这可能会对中国与中东欧国家关系特别是人文领域的交流与合作的发展产生负面作用。

（二）观念和文化差异的影响

中东欧地处欧洲，而中国位于亚洲，不同的土地孕育不同的文明，双方文化传统的差异直接影响人文交流的成效。首先，中国有着本国悠久的古代文明，是东方文明的主要代表。而中东欧是西方文明的一个分支，它有自己独特的宗教信仰与文化传统。中国人民受到了中华文明历史演进的洗礼，而中东欧人民在各个阶段都受到了自身文化的影响。两国之间的文化差异，一方面体现在两种文明的融合与碰撞，另一方面也体现在民众的思想意识与思维习惯的差异，从而制约了两国文化交流的效果。其次，中东欧国家独特的历史是由欧洲和俄罗斯文化共同塑造的，这种文化交互使中东欧国家文化来源多元化，其文化归属感较弱。繁杂的文化迁移过程导致了中东欧与中国文化理念的差异，阻碍了文化交流的进程。再次，中国与中东欧国家对人文概念的认识不尽相同。中方认为，文化是一种简单的彼此尊重的文化概念；而中东欧国家则将人文视为一种以人为中心的文化活动。由于中国与中东欧国家的这一差异，通过人文交流打开外交局面是不容易的。然而，中国文化理念提倡"和而不同""天下大同""文明融合"而非"对抗"，这给予了中东欧国家尊重，使其放心与中国进行文化交流。最后，中东欧国家积极参与"一带一路"倡议、开展人文交流的内在动因在于看到中国所取得的成就，例如，改革开放推动中国经济快速发展，优秀传统文化、深厚的人文底蕴，以及和平共处的外交原则等。这不但可以为中东欧国家的发展提供借鉴，而且可以为中东欧国家的发展提供切实的帮助。

（三）技术因素的影响

中国与中东欧国家之间的人文交流也受到技术制约。首先，从地缘角度来看，中东欧国家与中国相去甚远，中东欧普遍基础设施发展水平不高，且各个国家情况各异。经济文化交流的交通基础薄弱，双方语言的差异导致沟通不畅，极大地阻碍了中国与中东欧国家人民之间的沟通。其次，从技术角度来看，改革开放以来中国实力大增，中东欧国家与中国的合作主要是寻求中国的技术援助，反过来，技术层面的原因也会影响文化领域的合作。在具体的合作层面，交通便利与否直接影响旅游业的发展；互译经典文艺作品是双方文化交流的重要方式，其中维护版权是一个重要的技术难题。上述所说技术因素直接影响交通、旅游的选择模式，以及举办大型旅游活动、文学和艺术作品的翻译和出版等，这直接关系文化交流并影响了中国与中东欧国家人文交流的发展。

三 中国与中东欧人文交流面临的新挑战

（一）"一带一路"倡议尚处于探索阶段

"一带一路"倡议提出以来，中国领导人多次明确表示，欢迎中东欧国家积极参与"一带一路"建设。与此同时，该倡议受到中东欧国家积极响应。双方关于"一带一路"合作的会谈取得了丰硕成果：第一，在政治层面上，双方高层领导人多次会晤，对"一带一路"倡议表示高度期待并表示愿意积极参与。如刘延东副总理访问捷克时，捷克表示愿积极参与。① 张高丽副总理访问塞尔维亚时，塞尔维亚明确表明愿推动"一带一路"建设。② 第二，双方积极开展多层次、多领域讨论，探讨如何构建"一带一路"合作。例如，关于如何推进旅游年、文化年的讨论，高层智库平台对接，以及关于"一带一路"主题的讨论。第三，要制定广义的、具体的、可执行的政策文件。如中国和匈牙利签署了《"一带一路"建设谅解备忘录》。③ 虽然，双方在"一带一路"建设方面做了大量工作，但"一带一路"倡议的实施尚处于探索阶段。很多中东欧国家仍在观察和讨论，没有开展实质性工作。在探讨如何构建"一带一路"合作的过程中，部分中东欧国家"一带一路"倡议还存在这样那样的误解和疑虑，阻碍了双方的合作与交流。

（二）现有合作机制的影响

首先是由于国情不同，中东欧国家在经济发展速度、市场需求、人口规模、文化观念等方面存在客观差异。一些国家积极参与"一带一路"倡议，充分利用现有合作机制，为本国吸引大量外资、筹集资金、开辟市场。但也有一些国家无法合理利用合作机制，无法借助合作机制的运作改善形势。因此，中东欧国家在对待"一带一路"合作上的意愿和态度存在明显不同。其次是中东欧国家各自的"政治身份"定位影响了其与中国合作的意愿。例如，至今还没有加入欧盟的中东欧国家，在选择同中国合作和加入欧盟之间有着一定的矛盾性。因此，在制定相关的外交战略及发展战略时，它们与中国合作的政策是模糊而不深入的。最后是中国对中东欧国家多样性的应对已从共同进步合作模式转变为多元发展模式。中方将根据中国与中东欧国家双边合作的规模、成效和速度，与经贸合作良好、人文交流频繁的国家探讨如何进一步推进多层次合作。我们将与还未加入"一带一路"合作的国家共同努力，寻求开放的工作环境，实现共赢。与参与较少的国家携手并进，寻找合适的契机，探索

---

① 中国—中东欧国家合作：《刘延东与捷克总理索博特卡举行会谈》（http://www.china-ceec.org/1/2015/06/17/41s6127.htm）。
② 中国—中东欧国家合作：《张高丽访问塞尔维亚》（www.china-ceec.org）。
③ 外交部：《中国与匈牙利签署"一带一路"合作文件》，http：//www.mfa.gov.cn/mfa_chn/zyxw_602251/t1271003.shtml。

第六章　中国—中东欧合作的新增长点——人文交流 / 175

互利领域。

（三）地缘政治的影响

中东欧国家的重要地理位置使其成为敏感的地缘政治区域。从中国与中东欧合作平台的提出和建立，到"一带一路"倡议的推进，一方面，中国与中东欧国家关系得到加强；另一方面，中国与中东欧国家也在这一过程中受到来自美国和欧盟的怀疑。如美国认为"中国的地缘政治存在和在此地区的影响力将会直接影响美国与中东欧国家关系的牢固度与活力"①。美国还从地缘政治的角度思考"一带一路"的稳定性，认为"一带一路"是"乌克兰危机持续酝酿中，一条脆弱的连接中国和欧洲大陆的运输线"②。欧盟则担心中方在中东欧地区以经贸合作为手段，改变中东欧地区对中国认知后，使欧盟在该地区的影响力降低，以致其无法实施统一的外交政策。③ 因此，欧盟选择收紧对中东欧国家的贷款和融资，迫使许多国家放弃与中国的大规模合作项目。故而在评价与中国的合作时，中东欧国家必须考虑到本地区的安全和全球稳定，这是实施"一带一路"合作的障碍之一。同时，一些中东欧国家也期望利用"一带一路"倡议与中国开展全面合作，以提升自身国际地位。例如，塞尔维亚非常希望中国的影响能够建立一个平衡的巴尔干地区，加大塞尔维亚在该地区的影响力。

四　如何应对中国与中东欧人文交流面临的新挑战

（一）以目标为驱动促进人文交流

在国家人文交流总体布局中，人文交流应以提升国家软实力和实现国家利益为目标。在这一过程中，亦应尊重对象国的文化传统、宗教信仰、风俗习惯等，从而为人文交流实践争取良好的人文环境、有效的人

---

① Center for European Policy Analysis, Navigating Uncertainty: U.S. - Central European Relations, http://www.academia.edu/3043638/Beijings_Central_and_Eastern_European_Charm_Offensive_The_Implications_of_Chinas_Growing_Presence_in_the_New_Europe.

② [英] 肖恩·唐南：《地缘政治阴影下的"新丝路"》，http://www.ftchinese.com/story/001058805。

③ Richard Turcsányi, Central and Eastern Europe's courtship with China: Trojan horse within the EU?, http://www.eias.org/sites/default/files/EU-Asia-at-a-glance-Richard-Turcsanyi-China-CEE.pdf.

脉资源和充足的项目运营保障。除了技术性、操作性的因素以外，还应当在更宽广的背景下，从更宏观的视角去理解和认识人文交流的崇高使命和未来发展道路。

"一带一路"倡议提出以来，《推动共建丝绸之路经济带和21世纪海上丝绸之路的愿景与行动》和相关政策表明了沿线国家合作共赢、共同发展的理念，同时也确定了合作的重点领域，绘就了发展路线。"一带一路"蓝图相对来说是固定的、有章可循的"参考坐标"，各国可以在"一带一路"多维空间"坐标系"范围内灵活发挥。国际化人才是推进沿线国家政府与企业、社会团体、国外媒体、外国专家学者等协调沟通与政策解读的主力军，为此，中国应明确国际化目标，确保促进中东欧各国各界对"一带一路"政策的正确理解，达成共识，促进民心相通。中国企业、高校等作为人文交流行为体应为中国与中东欧国家之间的公共外交服务，为"一带一路"倡议和中国—中东欧合作提供人才支持、智库咨询和科研支撑，发挥文化先行者作用，为建设"一带一路"倡议服务，为建设区域内国家命运共同体、利益共同体和文明共同体发挥积极作用，最终目标是实现区域内外国家和而不同的多元文化认同，促进国家间跨文化对话，增进彼此理解与互信，避免文明冲突，促进区域内外国家经济社会发展，为实现构建人类命运共同体的伟大目标不断努力奋斗。

（二）以项目为桥梁促进人文交流

中国与中东欧国家拥有丰富的人文交流合作项目资源。其中，高等教育人才培养的国际合作是重要的一项，人才培养国际合作包括联合建立合作办学机构及联合培养本科生、研究生项目。专业方向涉及语言学、区域学、艺术、经济、管理、设计、国际贸易等学科领域。除此以外，中国与中东欧国家之间还有着广泛的科研合作和访问学者项目，其主要形式是联合召开国际学术研讨会、合作出版科研成果、进行学者互访等。利用校际国际教育合作项目开展交流活动，是中国与中东欧国家高校服务中国—中东欧合作人文交流总体布局的重要一环。

中国高端科技、企业、基础建设等领域因缺乏高科技人才、高级管理人才和高端创新创业人才而屡屡受限。在"一带一路"倡议推进过程中，工程建设、设计施工、质量控制等基础设施建设方面，产权交易、电子物流、国际采购等国际贸易方面，科技转化、商务谈判、贸易往来等创新创业方面,都需要能力突出的"项目抓手"。教育先行,特别是高校要在国际化人才培养方面主动改革,以适应"一带一路"倡议所需的国际化人才发展要求。《国家中长期教育改革和发展规划纲要(2010—2020年)》明确指出:"加强国际交流与合作,开展多层次、宽领域的教育交流与合作,提高中国教育国际化水平,适应国家经济社会对外开放的要求,培养大批具有国际视野、通晓国际规则、能够参与国际事务与国际竞争的国际化人才。"[1] 项目建设中的人文交流活动更多以公民个人为主体,以他国公众为对象,以人文交流为主要内容,以公开活动交往为主要方式,以传递价值、提升国家软实力为目标。因此,加强各类国际化人才的培养,深化跨境教育合作,设立相关政府奖学金,增加沿线国家留学生和访问学者的招收名额,同时也加大派出留学人数,重点在小语种、工程技术、金融、政治法律、创新创业等领域人才培养,尽早培训和培养出人文交流实践项目中需要的建设者和领导者。

(三)以平台为依托促进人文交流

基于国际化平台的人文合作是人文交流的重要领域。中国与中东欧国家之间的高校国际化教学科研平台为人文交流实践提供了诸多机会。这些国际化平台包括:中国政府与欧盟共同创办的非营利性机构中欧国际工商学院、欧盟各个国家的孔子学院、欧盟语言文化中心、中欧研究中心、中欧国际青少年交流中心、中欧大学生交流基地等。基于国际化平台的高等教育人文合作,既有机制化项目,又有依托国际化平台进行的人文外交实践,从而具有影响对象国政策选择的可能性。此外,国内有条件的部门或相关高校可联合组建"一带一路"倡议专家智库,依托高校丰富的资源优势和学科优势,加大援外培训、学术交流和政策研究的力度,同时,作为相关高层次国际化人才培养的实践平台,为"一带一路"建设提供智力与人才支撑。中国和欧盟及中东欧国家在高校合作的平台上开展了多种多样的人文交流活动,从中欧高校交流与合作、亚洲连接"中国窗口"到欧盟官员赴中国参加培训;从零星的有高校教授到欧洲演讲,到有组织有规划的派出学术代表团访欧;从有限的教育、科技青年领域的合作,到深层次、

---

[1] 《国家中长期教育改革和发展规划纲要(2010—2020年)》,http://www.gov.cn/jrzg/2010-07/29/content_1667143.htm。

全方位教育领域的百花齐放，中欧以及中国—中东欧合作人文交流在合作的深度和广度上都取得了长足的进步，可以看出，以高校国际化的合作为依托是促进中国—中东欧合作人文交流的重要平台。

中国和中东欧国家的整体关系总体上是向前发展的，并且已经在政治、经济交往领域取得了令人瞩目的成绩，而问题总是和成就相伴而生的，我们也必须正视中国与中东欧国家在逐步深入的交往过程中产生的政治分歧和经济摩擦。中国与中东欧国家要想顺利地缓解和解决这种冲突，以推动中国与中东欧国家关系实现质的飞跃就需要催生出新的动力，而"人文交流"无疑是调和经济、政治矛盾最好的润滑剂，也是发展中国与中东欧国家关系除政治、经济之外明智的第三条途径。在和平与发展的时代主题之下，中国经济飞速发展，创造了中国经济的"奇迹"，中国国内强劲的经济、文化发展态势要求中国以更加开放的姿态迎接世界，同时需要中国开拓更广泛的国际市场。中国政府适时地提出了贯穿亚欧非大陆的"一带一路"倡议的构想，旨在通过与沿线各国的经贸往来，构建全方位、多层次、复合型的互联互通网络。"一带一路"东段连接了以中国经济为标志的生机勃勃的东亚经济圈，向西一直延伸到发达的、高度现代化的欧洲经济圈，进一步拓宽了中国与中东欧国家合作的渠道。在这一过程中，通过中国与中东欧国家人文交流合作的开展加速了双方交流合作，进而广泛、持续、深入地推动了中国与中东欧国家人文交流以及与沿线各国的文化互动，促进各国人民相知相交。借助这一历史契机，中国应重视发挥人文交流在推动中国—中东欧合作进程中的配合作用。面向未来，共同发展，是中国与中东欧国家双方的共识，也是中国与中东欧国家人文交流合作的共同心愿，这促使中国与中东欧国家之间在以往的人文交流合作的基础上有了新的发展。在此背景下，中国与中东欧国家只有通过客观地正视自身发展的历史、现实与未来，确定特色化的发展目标和发展途径，扩大人文交流与合作，才能最终推动中国与中东欧国家之间的人文交流发展进程。在文化相互理解的基础上，中国与中东欧国家应继续推进双方人文交流机制化可持续发展，携手打造中欧和平、增长、改革、文明的全面战略伙伴关系。

第七章

结论:中国—中东欧合作的前景评估

众所周知,中欧关系具有悠久的历史,近年来,中欧关系在"战略合作伙伴关系"的推动下有了新的举措,助力中国与中东欧关系的新发展,着重体现在中国—中东欧合作框架的提出及落实。2013年,习近平主席提出举世瞩目的"一带一路"倡议,"一带一路"倡议的提出给正处于迷茫期的全球经济带来了新的契机,同时也为中国—中东欧关系提供了新思路。在中国—中东欧合作机制的框架下,只有定期会晤、及时沟通,了解双方需求,才能逐步推进中国与中东欧国家之间经济合作与贸易关系的发展,只有以互利互信、合作共赢为目标,完善顶层设计,实现全方位沟通,关注差异,有针对性地与中东欧各国进行合作,以重点项目为范例拉动双方关系,才能真正促进中国与中东欧关系实现长远发展,为巩固和深化中国与欧盟战略伙伴关系"架起崭新的合作之桥"。

第一节 中欧关系的重要组成部分

一 中国与欧盟关系的重要性

(一)双边经贸关系高度依存

从经济角度来看,中欧关系的关键不仅仅是双边经贸领域的高度依存和互利共赢,更在于在当前一轮经济下行周期内对彼此经济发展战略提供互相支撑,对提振全球经济复苏信心、加速全球经济治理领域的革新发挥联合引擎的作用。

一方面，中欧经济高度相互依赖。中欧均在世界经济领域中占有举足轻重的地位，而中国货物贸易与外汇储备均高于其他国家，增长速度在新兴大国中也遥遥领先，对全球经济的影响不断扩大。欧盟是包括27个国家的国际行为体，对全球政治经济产生了重大影响力。中欧双方对于对方来说都是重要的经济伙伴，一方的发展或衰退必将对另一方产生关联影响。尽管双方在经济上存在相互竞争的因素，但双方经济之中互补的因素也是存在的，而且互补是大于竞争的，随着经济相互的促进发展，双方的产业内互补关系日趋显著。

首先，中欧之间的贸易对于双方经济发展有着不可或缺的促进作用。目前中国的出口更多地集中在欧洲，欧盟作为中国最大的出口目的地，多年以来一直是中国的第一大贸易伙伴，相应地，欧洲的出口也更多地集中在中国市场，并且中国也是欧洲的第二大贸易伙伴。根据欧洲统计局公布的2016年度中欧经贸数据：货物贸易方面，中国居美国之后，为欧盟第二大贸易伙伴，中欧货物贸易额占欧盟对区外货物贸易额的15%，而2006年这一数据仅为10%；欧盟从中国进口占其从区外进口额的比重也从2006年的14%增至2016年的20%；欧盟向中国出口的比重也从6%增至10%。服务贸易方面，中国居美国和瑞士之后，为欧盟第三大服务贸易伙伴，中欧服务贸易额占欧盟与域外国家服务贸易总额的4%左右。2010—2016年，欧盟对中国服务贸易出口几乎翻了一番，从不到200亿欧元增加到380亿欧元；进口增长相对温和，从170多亿欧元增加到270亿欧元。因而，欧盟对中国的服务贸易顺差从20亿欧元增加到110亿欧元。

其次，中欧相互投资规模庞大，且不断增长。在这种互相投资的模式中，中国更加依赖欧盟，对欧盟的投资需求程度更高，中国大量的外资来自欧盟。截至2015年年底，欧盟对中国投资存量为1680亿欧元，而中国对欧盟投资存量为350亿欧元。2015年，欧盟对华投资新设立企业1466家，同比增长13.1%，实际投入金额61.2亿美元，同比增长13.7%，比全国吸收外商直接投资金额8.6%的增长率高出5.1个百分点。[1] 然而，近些年来，这种不平衡的投资对比情况正在改变，中国对欧

---

[1] 商务部外资司：《2015年1—10月全国吸收外商直接投资情况》，http://www.mofcom.gov.cn/article/tongjiziliao/v/201511/20151101192162.Shtml。

盟国家的投资大幅增长,2014年,中国对欧盟非金融类直接投资高达98.5亿欧元,同比增长了约172%,[①] 历史上首次超过了当年欧盟对中国的投资,这表明中欧之间的投资已不再是中国更依赖欧盟,欧盟对中国资金的需求也更加迫切。

最后,中欧科技合作稳步开展。中国曾从欧盟获得了大量的先进技术,作为回报,欧盟也得到可观的经济收益。目前,中欧双方都认识到了科技合作的重要性,将其放在了战略合作中的重要位置上。中欧领导人都认可大力开展科技合作,并多次举行以科技合作为核心的会议。开展科技合作可以促进双方技术提升,提升双方经济竞争力,使双方在全球经济贸易中获取更有力的地位。所以说,开展科技合作对于发展中欧战略伙伴关系意义重大。目前,中欧科技合作重点在于开发清洁能源、应对气候变化、开发利用地球资源等多个方面。而且双方为了进一步深化彼此之间的合作,建立了联合研究中心,积极开展研究项目,深度合作、联合创新。此外,在欧盟成员国层面,中国也和欧盟的多个成员国在各个领域展开科技合作,共同创新。

另一方面,当前全球经济下行压力不减,世界需求市场萎缩,贸易额下降。中国和欧盟国家人口数量之和约为世界人口数量的25%,经济总量占全球三分之一,双方的经济合作可以产生巨大收益:欧盟连续11年是中国第一大贸易伙伴,中国是欧盟第二大贸易伙伴。2014年,中欧贸易额突破6000亿美元,比40年前增长了250多倍。这在全球经济危机爆发,整个金融市场面临巨大挑战的情况下,不仅是对中欧双方经济稳定和社会发展的支撑,而且是对世界经济活力的提振。同时,中欧双方都面临着调整产业结构、激发内需和就业、发展实体经济的挑战,而这些共同的挑战也带来了升级双方经贸和投资合作、对接发展战略的需要。当前国际经济形势的另一大特点是旧的经济金融体制面临改革,新的机制呼之欲出。欧洲既是大多数旧机制如世界银行、国际货币基金组织中的主导者,同时也是美国提出的跨大西洋贸易与投资伙伴关系协定(TTIP)等新机制的重要伙伴。因此,重视中欧关系,有助于推动国际金

---

① 中华人民共和国商务部、中华人民共和国国家统计局、国家外汇管理局:《2014年度中国对外直接投资统计公报》,中国统计出版社2015年版,第12页。

融经济体制改革和创新,进而制定和调整新一轮国际经贸规则。

(二) 推动双方政治互信与合作

从政治角度看,发展中欧关系不仅有利于双边关系平稳发展,还有利于实现双方的国际战略布局。中国与欧共体于 1975 年建交,2001 年确定全面伙伴关系,2003 年升级为全面战略伙伴关系。中欧双方在多年的交往互动中,构建起了支撑全面战略伙伴关系的三大支柱:2009 年开始进行的高层经贸对话,2010 年开始进行的高层战略对话,以及 2012 年开始进行的高层人文交流对话。2013 年 11 月,在中欧第 16 次领导人会晤上,双方通过了《中欧合作 2020 战略规划》,构建了欧盟与中国直到 2020 年的关系框架,确定了合作的四个主要领域,即和平、繁荣、可持续发展和人文交流,使双边战略关系再上新台阶。

欧盟拥有 27 个成员国,大部分是发达国家,联合国安理会的 5 个常任理事国有两个来自欧盟。欧盟在国际货币基金组织,世界银行和世界贸易组织等国际组织中有重要影响力。欧盟国家及其参加的相关组织,如北约、欧洲安全与合作会议是现行国际体系的重要组成部分,许多处理国际关系的行为准则来源于欧盟。因此,中国要想更好地融入国际体系,在全球事务中发挥自身影响力,可以将与欧盟发展关系作为突破口,把中欧关系放在重要位置。

放眼国际政治,中欧关系的重要性超越了以维持双边关系平稳健康发展为主要任务的传统意义,担负了增添外交亮点、营造友好外部环境、在中国外交整体布局中发挥积极作用的重要使命。中欧关系曾一度在中国外交战略总体布局中处于一个尴尬的位置,中欧关系虽无大的波澜,但也缺乏亮点,因此常常被边缘化。2013 年,中国政府对中欧关系的重视程度开始发生变化。时任外交部副部长宋涛指出:"随着时代的发展,中欧关系应在更高层次上取得更大发展。我们要以创造性思维,为中欧关系确立更高的目标,进一步挖掘和释放合作潜力,更好造福于中欧双方和世界。"中国政府对欧政策的转变与中国所处的国际政治格局的巨大变化以及中美关系的发展有着密切联系。一方面,由于美国自 2011 年开始在亚太地区推行再平衡战略,亚太地区,特别是中国周边地区的政治和安全环境向着不稳定性增强的方向发展;另一方面,中美之间也呈现出摩擦加剧的新态势。在此背景下,中欧关系继续保持良好的发展态势,对于中国营造一个友好稳定的国际环境具有越来越重要的意义。中国的发展需要全球和地区在政治、经济、文化环境等方面的和谐与稳定。中欧关系的发展对这样一个环境的建立起到了推动作用。中欧均为世界舞台上正在崛起的重要力量,并占据着亚欧大陆关键的地缘政治位置,布热津斯基曾指出:"欧亚大陆东西两端的稳定,将决定其中心地带的稳定,这个中心地带有着世界重要的战略能源但又受民族宗教等冲突的困扰,亚欧大陆的稳定意味着世界的和平"。而世界的和平与发展又有利于中欧双方各自的发展崛起。

总体上,中欧关系向着积极的方向发展,中欧双方都愿意展开多层次的合作来解决各领域的问题,从而加深中欧之间的战略合作。关于中欧关系中由来已久的问题——欧盟对华军售禁令和不承认完全市场经济地位,欧盟方面虽然作出了相应的回应,但并未使双方达成一致,解决矛盾。而对于欧盟方面来说,其关注知识产权和市场开发方面的问题还未得到解决。关于国际问题方面,双方领导人虽然有强烈的意愿进行地区和全球事务合作,但还没有取得什么重要进展。比如,关于全球气候变暖这一重要问题,欧盟已将其列入首要外交议程,中欧虽共同致力于该问题的解决,但在很多具体标准的制定上,双方仍存在诸多不同意见。中国参加了欧盟三国主导的解决伊朗问题的六方会晤机制,但关于对伊朗的制裁是否需要继续强化,中欧表现出不同态度。可以看出,中欧战略伙伴关系的发展道路上仍有障碍。因此,推动中欧政治关系稳步发展具有极强的重要性和必要性。

(三)促进全球治理问题解决

欧盟和中国的人口总和约占世界总人口的四分之一,经济总量占世界总量的三分之一,双方有能力并且有责任在全球治理中贡献自己的力量。因此,无论是中国还是欧盟,都在全球治理方面投入了大量精力。对于欧盟而言,参与全球治理首先可以促进自身的发展,其次也可以助力其国际地位的提升。出于这个原因,欧盟已经把全球治理当作其全球战略的五大主要方面之一,其渴望利用这些机会参与和促进全球治理以增强欧盟的利益。对处于快速崛起阶段的中国而言,全球治理可以为中国提供一个良好的国际环境来实现其宏伟的战略目标,中国要想在国际社会上提升自己的形象,必须全面参与全球治理。这也是中国成为一个世界强国的唯一途径。早在2013年3月南非德班举行的金砖国家领导人第三次会议上，习近平主席就表示，不管全球治理体系如何变革，中国都要积极参与，发挥建设性作用，推动国际秩序朝着更加公正合理的方向发展，为世界和平稳定提供制度保障。

在全球治理方面，中欧不仅在意识层面表现出积极的态度，而且具有良好的现实条件。罗马尼亚亚太研究所所长安德烈·伦古撰文提出新"G2"——中国—欧盟共治的概念，并对其表示了赞同。第一，中国和欧盟就多边主义作为全球治理的基本原则达成了共识。欧盟提出了"有效多边主义"的理念，中欧双方在多边主义方面有相同的诉求，双方有共同的利益，且认为国际多边主义制度之中的核心应当是联合国。在这一点上，中欧双方可谓不谋而合。习近平主席曾提出，《联合国宪章》奠定了现代国际秩序的基石，建立了当代国际关系基本准则。这也再一次印证，中欧双方关于联合国在国际秩序中的核心地位是一致认同的。按照全球治理理论的观点，全球治理应由各种行为体参与到全球性问题的治理当中，在各种行为体中，主权国家特别是大国在全球治理体系中发挥的作用是超过一般国家的。多边主义是为了反对当前国际秩序中存在的霸权主义、单边主义。中欧在坚持多边主义方面的共识顺应了国际秩序发展的民主化趋势，也在贯彻落实中加强了双方的合作，有利于全球治理实践的进一步展开。

第二，中欧在全球多边机制的存续和变革等重要议题上有着相似的看法和立场。中国和欧盟都参与建设了现行多边国际机制，为其作出了巨大贡献，对国际体系中的任何风吹草动都密切关注，如2008年全球金融危机爆发后，出现了逆全球化潮流，对国际多边自由贸易体系造成了巨大冲击。习近平总书记在党的十九大报告中指出，当今世界"没有哪个国家能够独立应对人类面临的各种挑战，也没有哪个国家能够退回到自我封闭的孤岛"。而欧委会也曾表达过，中国和欧盟的合作是一个重大的机遇，以"改善全球公共产品、可持续发展和国际安全，并应对多边体系中的全球和地区挑战"。中欧双方不仅对于全球贸易体系高度重视，还致力于推动国际货币金融体系的改革。具体来讲，欧盟支持提高中国在国际货币基金组织、世贸组织等国际机构中的地位和话语权，中国也坚持看好欧洲一体化，更看好欧元区的发展，这使中国和欧盟相互之间取得了更深的认同理解。中国认为 G20 有着重要的作用，促使它"顺利完成从危机应对机制向长效治理机制转变，巩固作为全球经济治理主要平台的地位"，在这一点上，中欧之间也有着相同的看法。

第三，中欧在诸多全球性问题上有着相同或类似的看法。无论是全球政治经济，还是传统和非传统安全，欧盟都肯定了中国作出的贡献，且希望进一步加深中欧之间的合作。例如，中国对于全球气候和环境治理的态度十分积极并且积极参与其中，如参加联合国气候大会，促成《巴黎协定》的通过。而这些问题，也恰好是欧盟相当关注的，对于中国作出的努力，欧盟给予了高度评价。与此同时，欧盟也更加需要来自中国的支持。有学者提出，中欧在关于全球治理的政策上可能有所差别，但双方态度是一致的，有协商处理的余地，"如果欧盟和中国认识到这一点并决定将更多的资源集中在其双边关系和在世界舞台上采取联合行动，就会取得具体的成果"。

二 中欧关系背景下中国与中东欧合作的发展

"一带一路"倡议的提出，为中欧关系的发展带来了新的机遇和挑战，中欧双方仍需不断加强对彼此的了解，增强信任，更好地开展合作。为了达到上述目的，中欧双方应当进行更多层次和方面的合作，同时强化双方全面战略合作伙伴关系。中国和欧盟双方应当共同应对机遇，迎接挑战，共同发展，同担风险；使中欧全面战略合作伙伴关系成为 21 世纪国际合作的典范。中东欧国家是发展中欧关系过程中的一支不可忽视的力量。冷战结束后，中东欧国家的迅速转型，使整个中东欧乃至整个欧洲的国家有了稳定的发展。尤其是在 2004 年中东欧国家加入欧盟后，中东欧国家积极参加欧盟的管理和决策，开辟了一条新道路来实现中欧合作——中国可以通过发展中国与中东欧国家的关系来获取中东欧国家在欧盟对中国事务决策上的支持，促成中欧合作。

中国和中东欧国家之间的经济贸易往来为中欧经贸合作和中国实施"走出去"提供了重要平台。目前，中东欧国家是中国进行对外投资的良好选择，中国与中东欧的经贸合作有很大的潜力。在中国—中东欧合作框架内，中东欧国家希望加强与中国的合作，同时中方也在努力扩展商品和投资进入欧洲的渠道。但是，中国企业走向欧洲的道路也并非毫无障碍：中东欧国家基础设施项目建设更多地利用欧盟的资金，对中方提出苛刻的条件，中方很难竞标成功；而欧盟技术标准与中国标准不同，中国企业的很多设备与人力资源无法达到欧盟要求，其在亚洲和非洲等地承包工程的经验也很难运用到与中东欧国家合作的项目中去。中国与中东欧国家的双边合作并不完全对等。由于欧盟内部还尚未做到完全用一个声音表达对华政策，中东欧国家在这种环境中，对于与中国的合作自然也会受到限制。因此，中国在与中东欧国家的合作中，不仅要同中东欧国家直接对话，也要同欧盟交涉。在中欧关系中如何利用这种"双轨制"发展与中东欧国家关系是中国面临的一个挑战。受欧盟政策的影响，中国与中东欧国家双边关系还存在着诸多不稳定因素。中国面临来自欧盟的限制和挤压，这大大增加了双边关系的复杂性。因此，只有增进相互了解和理解，中国和中东欧国家才能真正找到其共同利益点，进一步为发展和深化双边关系奠定坚实的基础。

（一）机制化合作背景下双边关系的发展

中东欧国家是中国在国际事务中的重要合作伙伴，更是中国全面外交的重要组成部分之一。中东欧国家加入欧盟后更加积极、频繁地参与国际事务，它们希望通过自身努力争取在欧盟中获得更大利益，增加在大国关系中的回旋余地。随着中国国力不断增强及在世界的政治和经济影响力不断提升，中国有必要促使更多欧洲国家对中国的快速发展表示理解。中国与中东欧国家在重大国际和热点问题上协调立场、加强战略对话与合作的必要性增强。

中东欧国家在地理位置上相邻，历史文化上也存在诸多相似之处，这些是使它们团结起来的有利因素。在这种背景下，中东欧国家内部试图建立新的合作机制。如V4国家开始讨论"优先团结"原则的可行性，即如果国家不是明确反对某一倡议，那么就应该支持它；如果某一国家与集团外某一国家就一个特别议题发生争执，其他国家就应该给予这个合作伙伴一定的优先支持。随着这种合作机制的出现，中国政府应该尽快与中东欧国家建立一种具体的合作方式，以一定的运作方式把中东欧国家同中国的关系紧密联系起来，通过双方的协商合作共同发挥作用。

（二）新时期中国与中东欧合作框架下的双边关系发展

新时期中国贯彻"走出去"战略，积极拓展海外市场发展对外贸易，构建对外战略通道。其中"一带一路"的建设和中国—中东欧合作机制是这种对外战略的重要体现。冷战结束以后，中东欧国家开始转型发展，政治和经济体制先后发生了翻天覆地的变化，中国和中东欧国家选择不同的意识形态，建立起不同的政治体制，以往以执政党关系为基础的国家关系不复存在。面对这种情况，中国从一开始就采取了不干涉别国内政、尊重中东欧国家人民选择的立场。中国政府希望在和平共处五项原则基础上发展同中东欧国家关系，并进一步调整了对中东欧国家的方针政策。

在中华人民共和国的对外关系史上，中国与中东欧国家关系经历了70年的曲折发展道路：从受制于对苏关系的起伏变化，到因制度和意识形态差异导致的分歧和疏离，再到21世纪的共同发展，直至现在中国—中东欧合作机制的构建，不仅反映出国际格局与时代主题的巨变，还显示出中国与该地区国家外交理念和发展战略的转型，更赋予21世纪的中国—中东欧关系新的生命力，进一步丰富了双方关系的战略内涵。新时期以来，中国—中东欧合作关系发展迅速，构建双方新型合作关系已经具备了坚实的基础和基本条件，中国—中东欧合作机制的建设也将成为今后相当长的一段时期内中国—中东欧合作关系发展的出发点和归属点。

中国与中东欧国家虽然在社会制度、国情、文化等方面存在差异，但这些因素都不会改变双方发展友好关系的共同愿望和坚定信念。中国和中东欧国家为了各自的利益，也会选择共同应对挑战，这才符合发展的潮流。为此，双方需要深化互利合作，扩大合作规模和领域，健全合作机制，扩大市场开放，实现中国与中东欧国家关系的全面发展。虽然冷战结束后中东欧国家逐步选择与中国社会主义制度不同的社会制度，但出于历史上的共同性，中东欧国家对中国的道路选择更为理解。而且，中国改革开放的成果经得起实践的考验，中国特色社会主义道路展现出旺盛的生命力与蓬勃的发展力。目前，"利益主导型"的双边关系日益成为中东欧国家与中国关系的主流。中东欧国家开始有意在经济、人文交往以及外交关系等方面寻求与中国的密切合作。实际上，冷战结束后，中东欧国家选择回归欧洲，中国对此持非常客观和理性的态度，并尊重中东欧国家在转型过程中选择的发展道路。中国的经济力量和国际影响力不断提升，但一些中国十分关切的问题（如欧盟对华武器禁运、承认中国的完全市场地位）同样需要中东欧国家的支持。因此，如何在意识形态和价值观念不同的情况下，发展同中东欧国家的友好关系，平衡推进和促进同中东欧国家关系的全面发展，确实是中国需要认真思考的重要问题。

三 中东欧国家推动下的中国欧盟关系发展前景

（一）经贸发展机遇增多

作为中欧关系三大支柱之一的经贸领域，仍然是中欧关系未来发展的基础与重心，中欧经贸关系在未来会迎来新一轮的发展。欧债危机对欧洲经济造成重创，欧盟正在努力寻求解决方案以将损失降到最低程度。对欧盟而言，中国持续不断的繁荣与发展是提振欧盟进一步繁荣的"正能量"。而中国作为世界上最大的发展中国家，人口众多，中国如此广阔的市场一定可以为欧盟走出困境提供帮助。中方对欧进行外贸投资，设立工厂、公司，可以为欧洲提供巨大的劳动力市场，缓解其就业压力。当下中欧双方的合作意愿强烈，特别是在经贸领域的合作成效不断凸显，双方通过拓展中欧经济合作的领域给双方经贸合作注入新的活力。长期以来，中欧之间的投资与贸易状况严重不匹配，其中重要的原因之一是缺乏双方之间的投资协定。2013年11月，中欧首脑会议期间双方宣布启动中欧投资协定谈判，会议发布的《中欧合作2020战略规划》和2014年中欧双方发布的《关于深化互利共赢的中欧全面战略伙伴关系的联合声明》都明确设定了中欧投资协定谈判的目标，即在中国与欧盟成员国已签署的投资保护协定基础上，尽早达成涵盖投资保护和市场准入的协定。[①] 2015年，中国政府发布了《推动共建丝绸之路经济带和21世纪海上丝绸之路的愿景与行动》，指出"'一带一路'贯穿亚欧非大陆，一头是活跃的东亚经济圈，一头是发达的欧洲经济圈"[②]，在同年的第十七次中欧峰会上，中欧双方宣布将"一带一路"与"容克计划"相对接，共

---

① 2020年12月30日，中欧共同宣布如期完成中欧投资协定谈判。
② 中华人民共和国外交部：《推动共建丝绸之路经济带和21世纪海上丝绸之路的愿景与行动》，http://www.fmprc.gov.cn/web/ziliao_674904/zt_674979/dnzt_674981/qtzt/ydyl_675049/zyxw_675051/t124957。

同促进中欧双方经贸的发展。特别是英国"脱欧"后，经济困难的欧盟将会更为积极主动地发展对华经济和贸易，深化双方经贸关系。中国新一轮的改革将为欧洲带来重大机遇，为中欧关系开辟新的前景，在"一带一路"倡议下，必将促进中欧之间的经济深化融合，共同打造欧亚大市场，"从根本上为中国和欧洲未来长期发展繁荣提供源源不断的动力"，促进中欧经济的长足、可持续发展。[①] 未来双方除了在传统领域加强合作，还会在高科技、城镇化、可持续发展等方面进一步挖掘合作潜力，推动中欧经贸关系的继续深化和可持续发展。

中欧未来在经贸领域的合作还会朝着机制更为完善，制度更为合理，双边互动更为频繁的方向发展。众所周知，过去，中欧在经贸领域很大程度上是"自然发展"的，很少考虑要在经贸领域建立相关的机制或完善相关的制度来对中欧经贸领域加以规划。中欧在经贸领域的发展势头迅猛，已经达到前所未有的广度和深度，如果没有相关的机制作为引导和规范，经贸关系未来将何去何从会成为一个很大的问题。在这样的背景下，一个能够及时沟通双方政策和意见，并能从顶层设计的角度指导中欧经贸发展方向的机制就呼之欲出了，中欧经贸高层对话作为中国—欧盟在经贸领域的最高对话机制在2008年建立，目前已经成为指导中欧经贸合作的重要平台。此外，中欧之间还在贸易政策、知识产权等方面建立了相关的对话机制。另外，中欧之间目前还缺少对风险规避、危机处理和管控的相关机制，这也是当下中欧贸易摩擦问题难以解决的一个原因，以至于出现类似于"光伏"争端这样较大的案例。当前，中欧双方在积极地尝试一些有益的探索，为双方能够管控未来争端和摩擦积极地合作，使未来经贸关系的发展更加健康。

当前，欧盟各成员国也争先发展对华关系，加强在经贸领域的合作。中国和德国的经贸关系在欧盟中占据着重要地位。在《中德合作行动纲要：共塑创新》中，双方要"本着平等和对等的精神进一步扩大广泛的经济关系"，推动中德全方位战略伙伴关系的发展，进一步巩固中欧经贸关系"压舱石"的地位。中国和法国在经贸领域的合作也迎来了新的发展，2016年

[①] 冯仲平、黄静：《中欧"一带一路"合作的动力、现状与前景》，《现代国际关系》2016年第2期。

中国对法国非金融类直接投资金额为4亿美元,同比上升62.6%。[1] 另外,中国与中东欧国家近些年的合作亦成为中国与欧盟合作的亮点,中国—中东欧合作机制成为双方交流的主要平台,中国和中东欧国家的经贸合作潜力巨大,未来,中国与中东欧国家将加强"一带一路"倡议的合作,推动中欧关系的发展。总体来讲,中欧之间的贸易额不断创造新高,贸易增长率也在不断提高,双方的合作规模日益扩大,在很多方面都取得了喜人的成绩。当前,中欧双方的合作存在巨大经济利益,双方将会更深层次,更多方面地进行经济贸易领域的合作,互惠互利,促使中欧经济得到长足的发展。

(二)政治合作互信增强

欧债危机爆发以来,随着欧盟及其成员国对华态度的变化,中国和欧盟政治互信不断增强,欧盟愈发意识到与中国展开合作的必要性。中国改革开放以及全球化时代的发展,使中欧之间的交往合作越来越紧密。2003年,中欧关系的发展迎来新的阶段,欧委会将中欧关系定位为"走向成熟的伙伴关系",提出发展中欧关系不能仅仅局限在经济贸易领域,政治和社会领域的合作要得到同等重视。2014年,中国国家主席习近平到访欧盟总部,中欧双方宣布共同打造"和平、增长、改革、文明"四大伙伴关系。随后,中国发布第二份对欧政策文件——《中国对欧盟政策文件:深化互利共赢的中欧全面战略伙伴关系》,该文件系统阐述了中国在未来的对欧政策及目标,对今后五年到十年的合作进行规划,推动中欧关系的进一步发展,强化了习近平主席对欧访问的成果。中欧关系迈上了一个更高的台阶,对中欧之间增强互信起到了很大作用,也对未来中欧政治关系能够继续沿着正确的轨道向前发展有很大的促进作用。当下中欧全面战略伙伴关系的重点就是要贯彻和落实习近平主席与欧洲领导人达成的重要共识,双方要共同打造"四大伙伴关系"。欧盟和中国是"真正意义上的战略伙伴",双方的合作机制成熟,合作领域宽广,希望未来能使中欧关系更进一步发展,推动双方务实合作。中方表示愿与欧方继续推进中欧和平、增大、改革、文明四大伙伴关系,欧方表示中欧双方应当走和平道路,走改革发展之路,推动中欧关系的发展,欧方

---

[1] 中华人民共和国外交部:《中国与法国双边关系》,http://www.fmprc.gov.cn/web/gjhdq_676201/gj_676203/oz_678770/1206_679134/sbgx_679138/。

的表态是对中国"四大伙伴关系"的回应。

双方未来将不断增强互信,中欧政治关系逐步走向新的阶段。政治对话作为中欧关系的"三大支柱"之一,对中欧关系实现机制化将发挥不可替代的作用,也对欧盟怎样看待中国具有重要的影响力。在全球化背景下,任何国家都不能做到独善其身,国家之间互相依赖,中欧也是如此。中欧双方对经贸发展、全球治理、国家安全等一系列议题持一致态度,认为"在国际形势复杂多变的背景下,中欧关系日益超越双边范畴,具有国际意义",因此将应对"气候变化、金融危机、能源资源安全、粮食安全、环境以及公共卫生安全、恐怖主义、大规模杀伤性武器扩散、跨国有组织犯罪、重大传染性疾病等非传统安全"这些"全球性的严峻挑战"作为中欧双方合作的方向。这也表明,中欧的合作已不再是简单的双边关系,而是具有全球意义的交往。中国和欧盟领导人的年度会晤作为中欧之间级别最高的政治对话,在中欧政治关系领域具有重要的象征意义,也表明在政治上中欧之间发展日趋成熟,而且,中欧领导人会晤的意义不仅仅局限于政治领域,也在于中欧其他领域的合作与交流,全面发展中欧关系具有重大意义,中欧峰会对中欧关系整体的发展方向起着决定性的作用,也是反映中欧关系发展的一面"镜子"。近年来,中欧之间的很多重大合作计划、协议、文件都是通过中欧峰会达成并宣布的,这也反映了当下中欧关系发展顺利,也表明未来中欧政治关系将继续深化与拓展。

2016年发表的《欧盟对华新战略要素》对华政策文件可以视作对中国在2014年发布的第二份对欧盟政策文件的回应,这两份文件形成了"对视",两份文件都是对中欧关系未来五年到十年的发展作出规划,指导未来的政策。在这份欧盟对华政策文件中,欧盟表示愿做中国"改革的伙伴",这是对中国提出"四大伙伴关系"的书面回应,表明欧盟有意愿与中国就改革方面保持交流与合作,也将中国视作改革的合作者。对于欧盟而言,继续深化和中国的政治关系,增强双方互信就显得很有必要,也是未来继续对华合作的基础。

中欧双边与多边合作也不应只局限在中欧之间。联合国、亚欧会议等国际机制都应成为发展中欧关系的平台。在联合国框架内的合作对欧盟和中国都具有很高的战略意义。欧盟在联合国内享有举足轻重的地位,英国、法国是安理会常任理事国,德国也在联合国发挥着重要影响。欧盟不仅是联合国重要的财政支持来源，欧盟成员国通过内部协调，在联合国大会投票中形成共同立场率高达95%，极大程度上左右着联合国决议的进程。大多数情况下，中国与欧盟在联合国的立场是对称的，中国原则上支持欧盟以共同席位加入联合国安理会，欧盟也在世界格局多极化进程中与中国保持了良好互动。中欧未来应继续在《联合国宪章》和国际法基础上建立更强、更有效的多边体系，推动国际秩序朝着更加公正合理的方向发展，并在中东、伊核、叙利亚等地区热点问题上加强协调与合作，为推动有关问题的妥善解决发挥建设性作用。亚欧会议成立近二十年，已经成为亚欧之间最重要的政府间跨区域对话合作机制，它的出现极具战略意义，补足了已有的美、欧、亚三角关系中欠缺的一边，是对跨大西洋伙伴关系、亚太经合组织的有益补充。中欧之间在这个新的跨区域框架下展开了良性互动，虽然经济联系的发展仍最为强劲，但2014年习近平主席在访问欧盟总部期间提出打造中欧"和平、增长、改革、文明"伙伴关系，为中欧在亚欧合作框架内的交流合作注入了新内涵，提升了新境界。

(三) 人文交流欣欣向荣

2014年，习近平主席访问欧洲，介绍了发展中欧关系的文明意义。中国是一个拥有五千年文化底蕴的古老国度，而欧洲则是许多现代思想的萌芽之地，这两种文明虽截然不同却都同样对世界意义重大。文明的发展更能推动人类的进步，发展中欧关系不能只谋求政治合作和经贸往来，也要注重文明间的互通互鉴。国家间的交往常常会由于政治体制的差异造成立场不同，进而导致合作难以开展。而经济合作又很容易出现利益分配不均的情况，这些都有可能导致国家间合作破裂。此时文化合作就体现出了其独特优势，国家间的文化交往不会产生重大冲突，而且很多时候可以相互借鉴从而达到共同进步的效果。政治、经济、文化三者的关系从来都是互相影响的，政治经济合作离不开文化的沟通，文化之间的碰撞更容易促进合作。因此，发展中欧人文交流与合作有着深刻意义，实现中欧文明的沟通借鉴，不仅可以使本国文化历久弥新，更可以推进人类文明的共同进步，这也使中欧关系有了更宏伟的意义。

中华文化是东方文明的一个重要组成部分，欧洲文化亦是西方文明的一个重要组成部分。随着全球化的发展，文化多样性逐渐被人们接受，这就为中欧文明相互借鉴发展提供了大的时代背景，中欧人文交流日趋繁盛，文明互鉴的趋势越发明显。中欧双方尊重彼此的差异性，努力开展各项文化合作，为中欧人文交流提供了便利的平台。2011年5月，中欧双方决定继"中欧高级别经贸对话机制"和"中欧高级别战略对话机制"之后，启动"中欧高级别人文交流机制"，为中欧关系建立"第三支柱"。《里斯本条约》签订以来，欧盟对外发展文化关系的权限和职能大大加强了，和中国建立高级别的人文交流机制变得顺理成章。2012年，中欧高级别人文交流对话机制建立，逐步成为中欧关系中不可或缺的一环，对中欧关系未来发展的高度与深度具有重大意义。中欧双方在人文交流机制上的合作与交流卓有成效，已经成为中欧相互促进了解和加强互信的重要平台。当下，中欧之间的人文交流机制已经形成了多个层级并且涉及内容较为广泛的交流机制。中国文化部与欧盟委员会教育文化总司先后建立了"中欧文化高层对话机制""中欧文化政策对话机制"，并共同发表过三个联合声明。双方近年来在思想领域的对话深入开展，智库合作稳步推进；双方合作连续举办"中欧文化高峰论坛"；启动中欧在文化遗产、文化创意产业及当代艺术领域的联合调研工作，目前已取得成果并即将得到应用。与此同时，中欧之间还制定了长期的合作计划，为未来中欧人文交流合作增加动力，也将不断稳定中欧关系。

欧盟对华外交中的重要一环就是对华的"公共外交"，这也是欧盟软实力的一种体现，因此中国需要在中欧关系中凸显自身的"公共外交"的实力与特点。中方对中欧关系提出"两大文明"的定位，将中欧双方的地位提升到一个很高的地位，这使中欧人文交流超越了一般的"文化交流"和"公共外交"，具有厚重的历史性和时空的跨越性。在2014年发布的新对欧政策文件中，中国提出，中欧之间应建立"文明伙伴关系"，凸显文明因素，并指出中欧关系的文明属性和历史渊源，强调要加强交流对话沟通，促进中欧之间的相互理解，互学互鉴，[1] 以"将东西方两大文明更紧密结合起来，树立不同文明和而不同、多元一体、互鉴

---

[1] 中华人民共和国外交部：《铺设友谊、理解、合作的桥梁——外交部长王毅谈习近平主席出席荷兰核安全峰会并访问欧洲四国和联合国教科文组织总部、欧盟总部》，http://www.fmprc.gov.cn/web/ziliao674904/zt_674979/ywzt_675099/2014zt_675101/xjpzxcxdsjhaqfh_675119/zxxx_675121/t1143461.shtml。

互学、共同繁荣的典范"。习近平主席在联合国教科文组织的讲话则进一步宣示了中国努力打造文明伙伴的信念，表明中欧之间文明互鉴的决心和信心。而将"文明"作为中国与其他国家和地区双边关系的一大定位，目前只存在于中欧关系中。共促人类文明进步的基本手段是加强人文交流与合作。随着中欧"一带一路"合作的不断推进，中欧人文交流将不止于人员往来的数字，将会真正达到"互联互通"的效果，架起中欧人文交流的桥梁。在欧盟对华政策文件《欧盟对华新战略要素》中，欧盟提出要将人文交流作为中欧关系的主流。这也表明，欧方也在积极推动中欧之间人文交流的发展，使之迈向更高的层次。中欧高级别人文交流机制的建立，为中欧人文交流发展勾勒出更为清晰的蓝图，相信在这一机制框架下，中欧人文交流必将得到进一步深化，为加强中欧关系发展、夯实中欧民意基础作出新的贡献。

第二节　多边合作的重要合作伙伴

中国和中东欧国家已经形成了中国—中东欧合作机制，但不容忽视的是，中国和中东欧国家在政治体制上存在差别，经济发展程度也不同，历史文明也具有差异性，且双方现在都处于转型阶段，这就使当前的合作机制并非那么完善。中国和中东欧国家可以顺应"一带一路"倡议，在尊重双方共同利益的基础上，实现创新，积极推进新型多边主义合作机制的建设。

一　借助合作机制，构建利益共同体

中国—中东欧合作机制为双方的合作提供了一个便利的平台，在中国—中东欧合作机制下，我们可以着力探索双方乃至多方的共同利益，找到合作的切入点，同时，在合作中注重协同性、互补性和平衡性。协同性是指要把"引进来"和"走出去"战略相结合，即中国把中东欧国家的优势文化、产业、技术引进来，把中国优秀传统文化思想、优势资源、企业、资金、特色产品等出口到中东欧国家，通过双方互补和深入合作，形成资源共享、项目共建、联合力量、促进发展等，最终实现有效配置双方拥有的资源，促进利益共同体的建立。此外，还要实现中央

与地方的协同发展,即中央政府设计好"一带一路"倡议的实施战略,做好地方与中东欧国家城市的友好合作、文化交流发展的布局。地方政府应该建立友好合作城市关系,积极开展城市间的交流与合作。互补性是指,中国与中东欧国家虽然有共同利益可以展开合作,但双方自身都存在一定的不足,在中国—中东欧合作平台和"一带一路"倡议下,双方需要知己知彼,发挥自身优势,实现优势互补。中国和中东欧国家只有通过互补才能顺利进行经济转型,从而更好地展开多层次合作。平衡性是指中国—中东欧合作平台下各国的利益需求和转型发展道路不同,合作时应注意平衡各国的实际需求。中东欧国家虽然已经与中国展开了多方面的合作,但这种需求不是可以一概而论的。中东欧国家与中国合作需求的不同不仅体现在不同领域中,即使是在同一领域不同国家的需求程度也是不同的,中国应区别对待不同的需求,尽力满足多方面、多层次的需求,实现利益需求的平衡。中国和中东欧国家展开频繁互动后,双方各行各业、各层次的交往加强,使双方政治、经济、社会和人文联系紧密,推动双方区域利益共同体的构建,利益共同体的搭建能够促进交流与合作全方位、多层次、多领域地开展。

二 强化已有合作机制的运行

目前,中国与中东欧国家的合作机制虽已经建立起来,从领导人会晤机制到各领域各层级的合作机制不断完善,为了让双方的交流合作更好地进行,双方应致力于强化已有的合作机制,并集思广益,为了完善合作机制出谋划策,使其更具有科学性,实现合作机制的创新。例如,可以通过国家高层领导人的会晤,引导舆论宣传和国家外交战略方向的选择,签署符合双方共同利益的宣言或纲领性文件,为人文交流奠定上层建筑基础;通过民间多领域的交流,如智库论坛的召开,投资和旅游等多行业博览会的举办,艺术节、美术展和电影节等文娱活动的举办等,为推动双方人文合作奠定民间基础;通过部长级、友好城市的对话和合作,以试点的形式率先落实双方制定的实施措施。总之,在强化已有合作机制的运行中,一方面要注重从政府层面发挥效力,做好战略布局工作,制定好各种详细的政策制度,并在经济上予以支持,另一方面也要注重发挥市场调配资源的配置作用,充分利用各种民间力量。

三 创新人文交流机制

"一带一路"倡议的落实绝非一朝一夕可以完成的,所以中国和中东欧国家人文交流机制的设计也需要持久完善、创新。

一是旅游合作机制。中国和中东欧国家多次举办年度旅游合作会议,这是一个很好的契机,可以商讨相关的旅游优惠政策,加大宣传力度,充分利用双方的旅游资源,吸引民众出境游,从而促成各种民间人文交流。二是人才交流的合作机制。中国和中东欧国家开展的多领域合作中,必然需要人才,这就存在一个人才引进与流出的过程。从政府层面来讲,可以设立专项资金给予扶持,鼓励本国人才"走出去",将别国人才"引进来"。而且本国与他国人才相遇,必将产生人文交流,在此过程中,人文交流机制也可以得到发展。三是文化交流合作机制。中国与中东欧国家有着不同的历史文明,双方之间的文化交流蕴藏着巨大生机,如文化年的举行、孔子学院的建立、汉语志愿者的服务等有助于在中东欧国家传播中华文化;各类留学生的派遣也极大地促进了双方之间的人文交流。人文交流机制的创新,有两方面需要重点关注。一方面是保障人文交流的整体性,双方人文交流时出现的不平衡状况需要重点监视、及时处理,而且关于双方人文交流的规模、内容的丰富性、交流的强度等都可以进一步扩大。另一方面是充分发挥地方政府的能动性,地方政府有强烈的意愿和很大的潜力去推动双方人文交流平台建设,地方政府有内在动力为人文交流提供新的交流渠道。

四 夯实人文交流基础

一是以经贸合作为连接点,夯实人文交流的物质基础。出于各种原因,中国和中东欧国家之间经贸往来效果并不是很显著,发展势头也不够迅猛。而"一带一路"倡议提出后,双方在经贸方面的合作大大加强,贸易额大幅增长,逐年稳步提升,贸易结构得到进一步完善。中国和中东欧国家经贸合作的联动共赢、包容共享打破了欧洲大陆发展不平衡的局面,为中欧关系的发展注入了新的动力。此外,双方合作项目的高质、高效竣工,也展现了互利同行的优越性。经贸合作的成效,为双方人文交流提供了物质基础,在这种经贸合作稳步发展的前提下,人文交流机制也可以更加完善。

二是鼓励多元主体积极参与，夯实人文交流的民间基础。中国—中东欧合作人文交流仅依靠政府的努力是不够的，也要充分发挥民间力量，使各个领域、各个层面之间的人文交流都活跃起来。从政府层面来讲，可以设立专项基金，在资金上支持人文交流；制定宽松便利的制度和政策，使人文交流有开展的环境。国家提出"一带一路"倡议，中国和中东欧国家的大型企业在进行合作时，势必要宣传自身以吸引合作，而在宣传企业文化的同时，也可以彰显中国文化，将中华文化传播至欧洲；人才之间的交流也带动了学科专业知识的交流，有助于中国和中东欧国家的学术发展；民间的人文交流可以通过旅游活动开展，宣扬中华文化、宣扬中东欧文明；社会团体可以利用电影节、画展、书籍翻译及出版等主题明确的人文活动，宣讲彼此文化的内在蕴含。

第三节 "一带一路"倡议的重要实践区域

步入新时代，中国外交政策呈现出新气象，尤其是在"一带一路"倡议提出后，发展中国与中东欧国家关系显得愈发重要。尽管"一带一路"倡议的落实还面临诸多挑战，尤其是在中东欧地区，但中国—中东欧合作机制的不断完善为发展中欧关系提供了持续拓展的平台，对于国际局势的变革产生了重要影响。

一 完善"顶层设计"和"协调规划"

中国倡导平等、互利、共赢、开放的和平理念，这种和平理念对"一带一路"倡议的布局和中国—中东欧合作机制的完善具有重要意义。在实践中，需要认真贯彻落实这种理念，并仔细评估政策落实的可行性，细化到政策的具体实施路径层面。通过这种方式，中国—中东欧合作机制不但可以促进中国与中东欧国家关系的发展，而且可以成为中国处理与别的国家、地区关系的范例，推动中国新型外交建设。为实现这一目标，我们必须以"一带一路"倡议为指南针，以中国—中东欧合作框架为实践平台，统筹布局，做好顶层设计。

（一）增强制度层面与中东欧的协调

李克强总理在第五届中国—中东欧国家经贸论坛上的致辞中明确强调："尽快落实互联互通项目在该地区的实施，加快推进区域交通基础设施建设，同'一带一路'倡议实现更有效的对接，这是中国—中东欧合作的重点之一。"①"一带一路"倡议和中国—中东欧合作框架二者相辅相成，"一带一路"倡议为中国—中东欧合作机制提供了大的战略背景和政策支持，而中国—中东欧合作框架又使"一带一路"倡议可以真正贯彻落实下去，这就需要我们处理好二者的关系，首先要做的是从制度层面研究出一套发展双边关系的合作机制。

一方面，中国与中东欧国家的合作跨越多个层级、多个方面，从上到下包括中央政府、地方政府和普通民众，涵盖了政治、经济、人文等方面。而且针对特殊领域的具体情况，建立起了专门的合作机制，如为了推动教育事业的发展，各国教育部联合举办了中国—中东欧合作高校联合会、中国贸促会举办中国—中东欧合作联合商会等。在合作过程中一旦出现问题，双方均有专门人士出面协调，中方代表为秘书处，中东欧国家则有专门的协调员。而且双方都尽量将合作细则做细做好，不放过任何一丝细节。可以看出，中国和中东欧国家都在努力促成双方合作，并争取将这种合作向系统化、机制化发展，这种合作机制也为"一带一路"倡议的落实奠定了良好的基础。但是我们还应该注意到，中国和中东欧国家的合作虽然发展势头良好，但部分国家对中国还是存在着一定的误解，这就需要中国真正做到开放、透明，认真倾听中东欧国家的诉求，具体问题具体分析，让每个国家得到自己真正想要的合作红利，惠及双方，使双方的合作有意义、有价值。

另一方面，中东欧国家政治、经济、文化水平参差不齐，与中国的交往程度也不一样。中国可以先选择一些发展水平较高，经济规模较大，基础设施完善，对华态度友善的国家展开合作。这就为与其他国家合作做了一个铺垫。而且，某一个国家与中方的合作必然是有限的，但如果在区域范围内，几个资源相近的国家联合起来与中方进行合作，提供整

---

① 李克强：《携手开创互利共赢合作新局面——在第五届中国—中东欧国家经贸论坛上的致辞》，http://news.xinhuanet.com/2015-11/25/c_128464484.htm。

体性投资，这样的效果势必会超过单独一个国家的。中东欧国家如果想要与中国开展这种整体性合作，首先其内部应该形成统一意见，即使无法做到完全一致，也应该积极进行磋商交流，互相之间达成协调。其相互之间搞好协调是中国与中东欧关系发展的前提。

（二）统筹国内各方与中东欧的协调

"一带一路"倡议的落实不仅需要中央政府的宏观政策支持，更需要地方政府的配合。从地方政府的角度出发，也不能只是单纯地上行下效，地方政府之间也要多加沟通。中国的省级行政区域，参与"一带一路"沿线国家基础设施建设的也不在少数。地方政府在与这些国家进行合作的时候还是要先以大局为重，不能只顾自己的利益，而为国家的对外交往带来困扰，使国家的总体战略布局陷入困境。同时，地方政府间要互相沟通，合作开展交往，避免某一省份孤身作战或者几个省份重复投资的情况发生。如果碰到"一带一路"沿线国家参与度不高的情况，可以先展开人文交流，明确对方国家真正的需求。如斯洛文尼亚需要对其林业的投资，我们就可以据此展开与其绿色资源方面的合作。总之，只有国内地方政府协调好了，才可以更好地实现与中东欧国家的合作，努力推进"一带一路"倡议的实施。

（三）加强与外部利益相关方的协调合作

中国与中东欧国家展开合作绝非是简单的双边关系，这其中还包含多边关系，甚至与其他外部利益相关方也有着紧密的联系。首先，中国—中东欧合作受到欧盟的影响。中东欧许多国家已经加入欧盟或者正在努力向欧盟靠拢，这些国家的外交政策势必受到欧盟对外政策的影响，或者说，其对外行为必须在欧盟限制的框架内进行。所以中国想要与中东欧国家展开合作，就必须得到欧盟的支持。欧盟方面已经注意到中国与中东欧国家的密切往来，并表现出一定的疑虑。中国要努力解除这种误会。中国与中东欧国家的合作本就属于中欧合作的一部分，目的都是为了加强亚欧大陆的联系。从《中国—中东欧国家合作布加勒斯特纲要》到《中国—中东欧国家合作贝尔格莱德纲要》都着重声明中国—中东欧合作有利于深化中欧全面战略伙伴关系，有利于加快中欧战略规划的落实，《中国—中东欧国家合作里加纲要》更是从细节层次阐述了具体与欧盟对接的领域，例如，实现"一带一路"倡议和泛欧交通网络的对接，加快推动亚欧大陆交通走廊的一体化等。总之，要想消除欧盟对中国的误会是一件任重而道远的事情，因为现有的机制还不成熟，无法发挥最大效力。但我们仍需不断努力，一旦得到欧盟的支持，许多与中东欧国家的合作就会变得相对简单。

其次，需增强与美国的协调。随着中国近年来在国际社会上地位的逐步提高，一些西方国家开始鼓吹"中国威胁论"，首当其冲的便是美国。美国不愿看到中国的壮大，影响其超级大国地位。中国与中东欧国家展开合作，不仅双方直接受益，整个欧亚大陆都会受益，这些合作项目的成功会进一步提升中国的国际影响力，美国不会坐视不管。而且，美国一直都在中东欧地区谋划战略布局，中国与中东欧国家的合作会让美国的利益受损，美国一定会出手阻挠。面对这种情况，中国应该进一步贯彻开放、包容、透明的原则，将与中东欧国家的合作项目置于阳光之下，接受来自多方的监督，消除美国的误会，实现共同利益，也可以使其他国家和国际组织参与进来，形成一种共同参与来解决全球事务的良好氛围。

最后，要增强中俄的协同。一方面，在历史上中东欧国家与俄罗斯联系密切，中东欧国家与中国开展合作或多或少地会受到前苏东历史的影响。另一方面，乌克兰危机后，俄罗斯采取武力方式，这让中东欧民众再一次陷入了恐慌，对俄罗斯产生畏惧心理。从中国与俄罗斯的关系来看，当中方提出"一带一路"倡议之后，俄罗斯提出了"欧亚经济联盟"，这两者存在着一定的相似性。中俄签署了《中华人民共和国与俄罗斯联邦关于"丝绸之路经济带"建设和欧亚经济联盟建设对接合作的联合声明》，但仍然需要注意的是，在日后"一带一路"沿线国家的基础设施建设中中国会与俄罗斯的项目有所交叉，会受到俄罗斯的影响，在推进过程中亦应考虑俄方利益。

二 重视中东欧国家的差异性

中国—中东欧合作机制作为"一带一路"倡议落实的一个有力平台，应该将它充分利用起来，探索与中东欧合作的更多可能性，加强地方合作和与第三方的合作，努力实现全面合作。不容忽视的一点是，中东欧国家的发展水平是参差不齐的，其对外政策也存在差异。这就需要我们在与中东欧国家进行合作时注意实行不同的政策，首先要发展同经济水平较高、双方经济互补性大、对华态度友好的国家之间的合作，例如，波兰、匈牙利、罗马尼亚和塞尔维亚等。波兰在中东欧国家中发展水平较高，影响力较大，国民素质较高，无论是进行政府间的交往还是民间交往都相对便利。而且波兰加入欧盟时间较早，与波兰开展友好合作也可以向其他中东欧国家发出友好讯号，吸引其与中国合作。匈牙利和罗马尼亚属于历史上与中国交好的国家，中国与其交往有着良好的历史基础。塞尔维亚尚未加入欧盟，它作为转型国家，中国展开与它的合作也是非常有必要的。总之，中国要发展与中东欧国家的关系，就要注重这些国家之间的差异性，采取不同政策。先发展与中国历史合作基础好的国家，形成吸引力，再以此带动与其他国家的合作，最终形成与中东欧国家展开全面合作的伙伴关系。

（一）关注中东欧各国及区域内不同集团的差异

中东欧国家对中国以及"一带一路"倡议的认同感是分为不同层次的，有些国家重视经济发展，出于经济利益考虑对此表示赞同；有些国家则是追随欧盟的政策，根据欧盟的外交政策调整本国的对华政策；而有些国家则不愿打破本国现有状态，对"一带一路"倡议表现出一定的排斥。出现这种情况是不可避免的，因为历史上这些中东欧国家的发展就是存在差异的，经济水平不等，宗教文化不同，尤其是经历东欧剧变后，各国对于政治体制的选择也是不同的。与此同时，中东欧各国参与了不同的次区域集团，如由匈牙利、波兰、捷克和斯洛伐克组成的V4集团；以及由这四国制定的新中欧自由贸易协定；还有除了塞尔维亚和马其顿之外的其他中东欧国家都参加了地中海联盟等。因此，中国要想更好地开展与中东欧国家的合作，就必须深入调研，对这些国家、次区域组织都做到足够的了解，知己知彼才可以更好地开展工作。

（二）关注各国经贸环境的差异

中东欧各国不仅在政治体制上存在差异，其经贸水平情况也是参差不齐的。首先，中东欧国家的外贸政策受到欧盟贸易政策的约束。中东欧有11个国家加入了欧盟，它们在进行对外贸易时需要遵守欧盟的贸易政策；而另外5个国家虽然尚未加入欧盟，但它们一直在为加入欧盟做准备，自然也在各种政策上向欧盟靠拢，也或多或少会受到欧盟经济体制的影响。此外，中东欧国家吸引外资投资的能力也是不同的。例如，波兰国内有14个专门的经济特区，并对其实施优惠政策，这在吸引外商投资方面有极大的助益；捷克将重点放在新技术领域，传统制造业、劳动性产业上的优惠就相对较少；斯洛文尼亚与捷克有相似之处，同样是减少对制造业投资的优惠政策，以此来促进其优势领域林业方面的发展；匈牙利为了让自己国内外生产企业尽量同步，对他国在本国的投资进行税收优惠，扶持国内生产型企业；塞尔维亚则主要是利用国家资助，吸引来自国外的投资，实现与其他国家合作。因此，中国要想与中东欧国家开展友好合作，必须因地制宜，针对不同的国情选择合适的投资政策，促进双方经贸发展。

（三）关注地缘政治博弈风险

中东欧地区地理位置特殊，连接欧亚两大洲，这种地缘上的特殊性也意味着该地区政治注定是不稳定的。尤其是乌克兰危机发生后，这片区域的安全面临着更大风险，人民对自己的生存环境也惶惶不安。乌克兰危机后，俄罗斯的反应，更是严重影响了中东欧国家对其的信任感，中东欧国家纷纷选择向美国靠拢。而且，克里米亚问题一直没有得到解决，中东欧国家对美国在本地进行的军事部署也选择了支持，期望以此来形成对俄罗斯的制衡。这一系列事件发生后，中国也受到了影响，中国原计划投资克里米亚深水港的计划也很难继续下去，不得不选择放弃。[1] 任何国家间的交往都受到国际环境的影响，中国与中东欧国家进行合作时更要注意观察国际大环境，分析好区域状况，以此来稳步推进"一带一路"倡议的落实和中国—中东欧合作的开展。

三 营造良好的合作氛围

中国与中东欧国家之间的合作并非一帆风顺，中东欧地区部分民众对中国仍存在许多误解和质疑。这其中的原因是多方面的，如宗教、历史等因素，此外还有意识形态因素，受欧美国家影响，许多报道多为负面。面对这种误解，中方需要加强与中东欧国家的交流，在这一过程中人文交流搭建起了沟通的桥梁，它可以在双方间有效传达信息。中国需

---

[1] 财经凤凰网，http://finance.ifeng.com/a/20140531/12455694_0.shtml。

要加强自身文化建设,弘扬负责任的大国形象,以此改变中东欧民众对中国的认知,营造良好的合作氛围。

(一) 加强软实力和国家形象建设

中国与中东欧国家的合作不是空泛的,而需要与各中东欧国家进行深入互动,进行系统调研,广泛采纳当地民众真正的民意态度,从而进行有针对性的合作。在中国—中东欧合作的合作框架下"一带一路"具体项目在实施的过程中,需要当地政府、企业的配合与支持,要加深彼此的认知,尊重当地法律法规,树立良好的国家、企业形象,有针对性地开展经济合作。另外,中国是世界上最大的发展中国家,近年来发展取得巨大成果,在国际社会的影响力越发深远,部分西方国家因此鼓吹"中国威胁论",在国际社会上诋毁中国,这就导致中东欧个别国家即使有着与中国合作的愿望却也畏缩不前。所以,中国加强自身软实力建设迫在眉睫,只有自身实力足够强大,才可以在国际社会上拥有更多的话语权。中国近些年来积极参与全球治理,树立起了负责任的大国形象,积极宣传"一带一路"开放、包容、透明的价值理念,加快双方从政府到民众的人员交往,增进中东欧国家人民对中国的了解,增强中东欧国家对与中国合作的认同感。

(二) 搭建好政党交流平台

加强党际交流是中国和中东欧国家在超越意识形态色彩的情况下构建的一条特色沟通之路。东欧剧变后,中东欧国家放弃历史道路,选择西方政治体制,与中国的政治体制截然不同,伙伴关系严重受损。在这种情况下,双方仍频繁往来,高层领导人进行互访,并没有断绝联系交流。2016年5月,第五届中欧政党高层论坛在北京顺利举行,随后又在郑州进行了中欧政党高层论坛经贸对话活动,中欧政党高层论坛已然成为中国和中东欧国家合作的又一个新型交流渠道。由此可见,政治制度、政党派别并不是影响双方交流的决定性因素,只要双方按照"独立自主、完全平等、相互尊重、互不干涉内部事务"的党际交往四项原则,超越意识形态,积极进行沟通交流,就可以更好地推进中国—中东欧合作。

(三) 搭建好智库交流平台

在中国—中东欧合作框架中,智库同样是不可忽视的一大要点。智库不仅可以为中国与中东欧国家的合作出谋划策,形成系统的合作体制,还可以充当双方沟通交流的桥梁。很多时候，双方政府由于政治立场无法达成共识，这时智库就可以出来协调交涉，取得另一番成果。目前，中国与中东欧国家的智库和研究机构交往不断增加。2012年，由中国和波兰共同主办的"中国—中欧四国智库圆桌会议"在北京举行。2015年中国与中东欧高级别智库研讨会，2016年中国—中东欧国家智库研讨会在北京顺利举行，各方就关注的议题展开讨论，体现了中国与中东欧国家对智库交流的重视。但是，中国智库对中东欧地区的研究还不是很完善，仍存在不少问题，如研究时间不够长、研究区域比较集中不具有分散性，智库自身建设还不够完善等。针对这种情况，中国需要从自身出发宣传，完善对智库的建设，扩大智库规模，提高智库质量。智库平台的搭建有利于宣传"一带一路"价值理念，使"一带一路"沿线国家更加理解中国如此做的良苦用心，使其更好地接受"一带一路"倡议。所以，中国和中东欧国家要更加充分地发挥智库作用，加强交流合作，为中国与中东欧国家政府汇集创新观点、为双边合作提供对策建议、为各国民众建构相互交流的桥梁。

（四）搭建好民间交流平台

"国之交在于民相亲，民相亲在于心相通。"目前，中国与中东欧国家都愈发注重人文交流，双方不仅建立起高层领导人会晤机制，还通过磋商探讨商定双方进行人文交流的细则，为中国与中东欧人文交流的发展出谋划策。例如，双方互派留学生和学者，举办人文交流年，推进旅游发展，这些都是民间力量，是中国与中东欧国家人文交流的重要力量。此外，很多西方民众对于中国有着误解与偏见，这就需要加强双方人文交流，实现对彼此的认同。比如，对于上了年纪的人，可以组织老年旅游团让其奔赴实地切身感受不同的文明；对于年轻人，他们接受新事物的能力较强，而且善于运用网络等新媒体，我们可以运用现代科技手段，通过网络、自媒体等新颖手段宣传、展现博大精深的中华文化。不断推进人文交流与合作，不仅是为了弘扬中国文化，更是为了得到别国的认可，彰显文化自信。"一带一路"倡议提出后，中国与中东欧国家的人文交流合作迎来了新的机遇。以此为切入点，为中国—中东欧合作框架的构建注入新血液，真正推进双方全方位、宽领域、多层次合作的开展。

第四节　推动构建中欧命运共同体的实践路径

构建人类命运共同体是中国积极引领全人类建设一个互利合作、共享共赢的新世界的选择，也是中国主动担负起负责任大国重任的选择。构建人类命运共同体不可能是一蹴而就的，将是一个漫长而艰难的过程，构建人类命运共同体的关键在于切实有效的行动。2013年，习近平主席提出"一带一路"倡议作为推动构建人类命运共同体的具体行动和重要实践平台。欧洲是"一带一路"倡议的重要沿线区域，中欧对世界发展具有共同的利益、对中欧合作具有共同的诉求。2014年习近平主席访欧之际明确提出要在中国与欧洲之间共同努力建设和平、增长、改革、文明四座桥梁，打造中欧"和平、增长、改革、文明"四大伙伴关系，推动构建中欧命运共同体。欧洲作为区域一体化起步最早的地区，在区域合作上具有丰富的成功经验，面对中欧关系的新发展、新要求，中国可以借鉴欧洲区域合作的成功经验，这不但有利于深化互利共赢的中欧全面战略伙伴关系，而且有利于为构建人类命运共同体提供有益的智力支撑。

一　人类命运共同体思想的提出

构建人类命运共同体思想是习近平主席关于深入思考"建设一个什么样的世界、如何建设这个世界"等关乎全人类发展命运的根本问题的重要阐述，也是习近平主席为促进全球治理体系变革、推进世界和平发展所提供的中国智慧和中国方案。党的十八大以来，中国特色社会主义进入了新时代，经济建设取得了越来越突出的成就，也获得了国际社会越来越多的关注和认可。与此同时，世界进入了大发展、大变革、大调整时期，亟须全新的治理理念和科学的发展理念，构建全新的更加公平合理的国际体系和秩序。面对这一重大且紧迫的时代课题，习近平主席指出："从顺应历史潮流、增进人类福祉出发，我提出推动构建人类命运共同体的倡议，并同有关各方多次深入交换意见。我高兴地看到，这一倡议得到越来越多国家和人民欢迎和认同，并被写进了联合国重要文件。我希望，各国人民同心协力、携手前行，努力构建人类命运共同体，共创和平、安宁、繁荣、开放、美丽的亚洲和世界。"① 构建人类命运共同体是中国积极引领全人类建设一个互利合作、共享共赢的新世界的选择，也是中国主动担负起负责任大国重任的选择，但若仅凭中国一国之国力、仅谋中国一国之私利是无法实现的，必须要通过合作共赢来广泛调动起世界各国参与构建人类命运共同体的积极性和主动性。党的十八大报告指出："合作共赢，就是要倡导人类命运共同体意识。"② 鉴于世界各国所处的不同发展阶段和不同利益诉求，构建人类命运共同体的核心就在于合作共赢，合作共赢既是构建人类命运共同体的行动准则，也是构建人类命运共同体的价值追求，其最终是要"在追求本国利益时兼顾他国合理关切，在谋求本国发展中促进各国共同发展，建立更加平等均衡的新型全球发展伙伴关系，同舟共济，权责共担，增进人类共同利益"③。

构建人类命运共同体的最基本问题，也是人们最关心和最应思考的问题，是构建一个什么样的人类命运共同体。党的十九大报告对构建一个什么样的人类命运共同体作出了明确阐述："建设持久和平、普遍安全、共同繁荣、开放包容、清洁美丽的世界。"④ 具体涵盖五个方面：一是政治上，"要相互尊重、平等协商，坚决摒弃冷战思维和强权政治，走对话而不对抗、结伴而不结盟的国与国交往新路。"二是安全上，"要坚持以对话解决争端、以协商化解分歧，统筹应对传统和非传统安全威胁，反对一切形式的恐怖主义。"三是经济上，"要同舟共济，促进贸易和投资自由化便利化，推动经济全球化朝着更加开放、包容、普惠、平衡、共赢的方向发展。"四是文化上，"要尊重世界文明多样性，以文明交流

---

① 习近平：《开放共创繁荣 创新引领未来——在博鳌亚洲论坛 2018 年年会开幕式上的主旨演讲》，2018 年 4 月 12 日，博鳌亚洲论坛，http：//www.boaoforum.org/newscenterothers/40253.jhtml。
② 胡锦涛：《坚定不移沿着中国特色社会主义道路前进 为全面建成小康社会而奋斗——在中国共产党第十八次全国代表大会上的报告》，2012 年 11 月 8 日，人民网，http：//cpc.people.com.cn/n/2012/1118/c64094-19612151.html。
③ 胡锦涛：《坚定不移沿着中国特色社会主义道路前进 为全面建成小康社会而奋斗——在中国共产党第十八次全国代表大会上的报告》，2012 年 11 月 8 日，人民网，http：//cpc.people.com.cn/n/2012/1118/c64094-19612151.html。
④ 习近平：《全面决胜建成小康社会 夺取新时代中国特色社会主义伟大胜利——在中国共产党第十九次全国代表大会上的报告》，2017 年 10 月 18 日，新华社，http：//www.xinhuanet.com/politics/2017-10/27/c_1121867529.htm。

超越文明隔阂、文明互鉴超越文明冲突、文明共存超越文明优越。"五是生态上,"要坚持环境友好,合作应对气候变化,保护好人类赖以生存的地球家园。"① 构建人类命运共同体不可能是一蹴而就的,将是一个漫长而艰难的前进过程,构建人类命运共同体的关键在于切实有效的行动。2013 年,习近平主席提出"一带一路"倡议作为推动构建人类命运共同体的具体行动和重要实践平台,"在'一带一路'建设国际合作框架内,各方秉持共商、共建、共享原则,携手应对世界经济面临的挑战,开创发展新机遇,谋求发展新动力,拓展发展新空间,实现优势互补、互利共赢,不断朝着人类命运共同体方向迈进。这是我提出这一倡议的初衷,也是希望通过这一倡议实现的最高目标。"② "一带一路"倡议从最初致力于实现中国与沿线国家合作共赢的理念,发展出实实在在的国际合作,并开拓出从构建沿线国家命运共同体到构建区域命运共同体,再到构建人类命运共同体的特色发展道路。

二 打造中欧命运共同体

中国和欧洲分处欧亚大陆东西两端,古丝绸之路曾将中国与欧洲连接贯通、互通有无,开启了中欧两大文明对话的先河。习近平主席指出:"作为最大的发展中国家和最大的发达国家联合体,中欧是维护世界和平的'两大力量';作为世界上两个重要经济体,中欧是促进共同发展的'两大市场';作为东西方文化的重要发祥地,中欧是推动人类进步的'两大文明'。"③ "一带一路"倡议是对古丝绸之路的继承和复兴,欧盟驻华大使史伟强调:"对中国国家主席习近平提出的'一带一路'倡议,我们应当心存感激。因为该倡议的提出,不仅让人们更加深刻地认识到深化投资、加强互联互通的必要性,还推动了更加

---

① 习近平:《全面决胜建成小康社会 夺取新时代中国特色社会主义伟大胜利——在中国共产党第十九次全国代表大会上的报告》,2017 年 10 月 18 日,新华社,http://www.xinhuanet.com/politics/2017 - 10/27/c_1121867529.htm。

② 习近平:《开辟合作新起点 谋求发展新动力——在"一带一路"国际高峰论坛圆桌峰会上的开幕词》,2017 年 5 月,新华社,http://www.xinhuanet.com/politics/2017 - 05/15/c_1120976082.htm。

③ 新华网:《习近平会见欧盟领导人:中欧都在走前人没有走过的路》,2013 年 11 月,http://www.xinhuanet.com/politics/2013 - 11/20/c_118225824.htm。

频繁的经贸、人文往来。"① 欧洲身处欧亚大陆最西端,既是"一带一路"倡议的重要沿线区域,也是"一带一路"倡议的终点,"一带一路"倡议推进中欧互联互通,实现中欧合作共赢,对构建中欧命运共同体发挥重要作用。欧盟是欧洲一体化的产物,也是中国最重要的战略伙伴之一。1975 年,中国与欧共体建交,2004 年,欧盟成为中国第一大贸易伙伴、中国成为欧盟第二大贸易伙伴,中欧关系经历了从建设性伙伴关系到全面伙伴关系,再到全面战略伙伴关系的稳步发展,尤其是 2014 年习近平主席在访欧期间明确提出,在中欧之间共同努力建设"和平、增长、改革、文明"四座桥梁,打造中欧"和平、增长、改革、文明"四大伙伴关系。中欧对世界发展具有共同的利益、对中欧合作具有共同的诉求,这构成了构建中欧命运共同体的现实基础,但是,中欧意识形态分歧、价值观念差异、文明模式冲突和社会制度矛盾也构成了阻碍构建中欧命运共同体的现实障碍。因此,在构建中欧命运共同体方面,中国可以借鉴欧洲区域合作的成功经验,这不但有利于深化互利共赢的中欧全面战略伙伴关系,而且有利于为构建人类命运共同体提供有益的智力支撑。

中国 中东欧合作是中国构建中欧命运共同体的全新样板,也是中国构建中欧命运共同体的现实缩影。自建立以来,中国—中东欧合作机制取得了长足发展,已进入全方位、宽领域、多层次的全新发展阶段,但合作机制仍不成熟,面临着深化合作的新挑战。因此,基于欧洲区域合作的成功经验,中国可以汲取功能主义的理论养分,助力中国与中东欧国家尝试合作新方式、创新合作新平台、开拓合作新思路,实现中国—中东欧合作机制的全方位、宽领域、多层次发展,深化互利共赢的中欧全面战略伙伴关系,推动构建中欧命运共同体。

首先,突出和优先经贸领域的"功能性合作",深入挖掘中国与中东欧经贸领域的"功能性合作"项目,改善中国与中东欧国家的经贸不平衡。中国—中东欧合作机制将重点放在投资经贸、金融、互联互通、科

---

① 人民网:《中欧关系的新机遇——访欧盟驻华大使史伟》,2017 年 5 月,http://world.people.com.cn/n1/2017/0518/c1002-29282799.html。

技创新、环保能源、人文交流、地方合作等领域,[1] 尤其是"一带一路"倡议纳入中国—中东欧合作机制之后,中国与中东欧将"互联互通"放到首要位置,匈塞铁路、欧中陆海快线和中欧班列等项目,获得了显著成功。中东欧国家的多样性丰富且差异性巨大,中国要想调动中东欧中小国家对华经贸合作的积极性和主动性,唯有将合作的关键置于"功能性合作",即能够真正满足中东欧国家经济发展需要,并让彼此民众从中受益的合作项目,既要将过去和现在依旧实施的"靠提供贷款输出资本,靠提供资本输出技术"的旧思路转换到"靠功能性合作带来民众福祉,靠民众福祉带来合作项目"的新思路上来,消除和避免被中东欧国家所厌恶的"国大则恩重"的观念,切实从关心和满足中东欧国家经济发展需要的角度深入挖掘经贸合作,以积极乐观、平等开放、公正透明的态度欢迎和对待中东欧国家,强化合作的"功能性",弱化合作的"主导权",突出合作的"市场化调节",避免合作的"政府性指令",靠深获民心的经贸合作调动中东欧中小国家对华经贸合作的积极性和主动性,助力中国与中东欧国家尝试合作新方式。

其次,合理构建"功能性"与组织形式相结合的合作平台,为中国—中东欧合作提供有效的机制平台。"为解决任何一个国内特殊问题的任何一项特殊功能,都将需要一种特殊的制度形式。"[2] 在此类机制平台发挥作用的过程中,既要避免"捆绑搭售"的发生,也要消除"民族主义"的喧嚣。其中,更要消除"真空"现象的重复出现。鉴于中国—中东欧合作在机制平台上的新创新和新进展——位于保加利亚索非亚的中国—中东欧国家农业合作促进联合会取得的合作成果,《中国—中东欧国家合作中期规划》明确提出"领域合作联合会是中国—中东欧合作领域合作的支柱"[3] "以双边和多边基础上推动中国与中东欧国家的企业、组

---

[1] 新华网:《中国—中东欧国家合作中期规划》,2015 年 11 月,http://news.xinhuanet.com/2015-11/25/c_128464366.htm。

[2] 肯尼思·W. 汤普森,《国际思想大师——20 世纪主要理论家与世界危机》,耿协峰译,北京大学出版社 2003 年版,第 239 页。

[3] 新华网:《中国—中东欧国家合作中期规划》,2015 年 11 月 25 日,http://news.xinhuanet.com/2015-11/25/c_128464366.htm。

织和协会之间的业务往来和业务合作"①,将成为实现中国与中东欧国家合作共赢的重要平台。但是,在现阶段领域合作联合会的有关成员只是将有利于彼此国家利益的信息负责任地放置于合作联合会之内,并不是将对本国政府的"忠诚"放置于合作联合会之内彼此分享,如果合作联合会的大国与中小国家不能也不愿意均等分享合作利益之时,合作联合会是否具有完善的机制来奖赏或者惩戒会员国,更进一步地说,合作联合会的未来发展目标将决定当下合作联合会的工作方向。因此,针对中国—中东欧合作务实合作,合理构建"功能性"与组织形式相结合的合作平台,是深化和拓展中国—中东欧合作机制的重要抓手和新的增长点,也是向其他欧盟国家进行"功能性溢出"提供试验平台和实践路径,进而对构建中欧命运共同体提供有益的经验借鉴。

最后,加强顶层设计,以政治交往反推经贸合作,推动中国与中东欧国家政府间主导的全方位、宽领域、多层次合作,夯实中国与中东欧国家长期合作的稳定性基础。在当代国际社会之中,中国—中东欧合作存在着区别于其他地区合作的特殊性:一方面,"中东欧国家本身没有组成区域合作组织",应该强调双方国家主导的政府间合作。中东欧国家虽不乏与中国合作的良好意愿,但没有一个常设机构和程序性安排来协调中东欧国家的立场和态度,也没有援助资金和协助机制来帮助和促进中东欧国家统一行动,无法作为一个整体对华开展活动。深化中国—中东欧合作,必须强调双方国家主导的政府间合作,通过中国与单一中东欧国家或中国与多个中东欧国家的政府间协议为前提,推动国家主导的全面合作;此外,"中东欧是欧洲一体化制度空间的有机组成部分",《中国—中东欧国家合作苏州纲要》和《中国—中东欧国家合作中期规划》明确了中国—中东欧合作与中欧合作对接,应该将中国—中东欧合作纳入中欧合作的大战略中整体谋划。马其顿、黑山、阿尔巴尼亚和塞尔维亚为欧盟入盟候选国,波黑与欧盟已签署《稳定与联系协议》,并有望成为入盟候选国,其余11国均为欧盟成员国,中国—中东欧合作已成为中欧合作框架下重要的次区域合作平台。因此,深化中国—中东欧合作,

---

① 保加利亚共和国农业和食品部:《中国与中东欧国家农业合作促进联合会》,http://china2ceec.org/zh/Activity。

应该以中欧政府间合作为指导方向，强调双方国家主导的政府间合作，以中国与中东欧国家的双边或多边的政府间协议为前提，推动国家主导合作，积极引进双方国家所有的跨国公司，抓住"一带一路"倡议契机，利用中国向沿线国家所提供的资金、技术、产能，以中国与中东欧国家双边或多边的政府间协议中的重点项目为"点"，不断铺开和发散政府间合作领域和范围，尽快形成"线"的合作规模，助力中国与中东欧国家开拓合作新思路。

中国—中东欧合作以中国与中东欧国家的双边政府间协议为基础，以在投资经贸、金融、互联互通、科技创新、环保能源、人文交流、地方合作等领域功能性合作为突破口，以领域合作联合会为合作平台，拓展和深化中国—中东欧合作。《中国与中东欧国家领导人会晤新闻公报》《中国—中东欧国家合作布加勒斯特纲要》《中国—中东欧国家合作贝尔格莱德纲要》《中国—中东欧国家合作苏州纲要》《中国—中东欧国家合作中期规划》中并未对中国—中东欧合作设置明确的政治合作目标。但是，对中国而言，中国—中东欧合作除了实现既有经济目标之外，更重要的是作为深化中欧全面战略伙伴关系的全新样板；对中东欧国家而言，中东欧国家政治上倾向于欧盟，军事上倾向于北约，但面对欧美经济增长整体疲软的现状，中国可以为中东欧国家经济发展提供强有力的支撑。中国与中东欧国家的国家社会制度、意识形态及文化观念差异巨大，中国—中东欧合作不会发展成为类似欧盟的高度分享国家主权的一体化组织，中国—中东欧合作作为中国与中东欧国家处理与欧盟战略关系和推动双方互利合作的有效机制将更加具有吸引力。因此，中国将推进中国—中东欧合作全新发展，以期深化互利共赢的中欧全面战略伙伴关系和推动构建中欧命运共同体。

参考文献

一 中文文献

（一）专著

陈新：《匈牙利看"一带一路"和中国—中东欧合作》，中国社会科学出版社 2017 年版。

《党的十九大报告辅导读本》，人民出版社 2017 年版。

潘德礼：《原苏联东欧国家政治转轨比较研究》，社会科学文献出版社 2015 年版。

伞锋：《在危机中重新认识欧盟》，中国社会科学出版社 2015 年版。

宋新宁、张小劲主编：《走向二十一世纪的中国与欧洲》，（香港）社会科学出版社 1997 年版。

王义桅：《"一带一路"机遇与挑战》，人民出版社 2015 年版。

王义桅主编：《全球视野下的中欧关系》，世界知识出版社 2012 年版。

王逸舟、谭秀英主编：《中国外交 60 年（1949—2009）》，中国社会科学出版社 2009 年版。

吴恩远主编、孙力副主编：《俄罗斯东欧中亚国家发展报告（2010）》，社会科学文献出版社 2010 年版。

伍贻康：《伍贻康文集·欧洲一体化发展轨迹研究》，上海社会科学院出版社 2015 年版。

伍贻康主编：《欧洲一体化的走向和中欧关系》，时事出版社 2008 年版。

谢益显：《中国外交史 1979—1994（第四册）》，河南人民出版社 1995 年版。

谢益显主编：《中国外交史：中华人民共和国时期 1949—1979 年》，河南人民出版社 1988 年版。

徐静:《欧盟多层级治理与欧盟决策过程》,上海交通大学出版社 2015 年版。

杨逢珉:《欧洲联盟的中国经贸政策》,华东理工大学出版社 2000 年版。

[比利时] 尤利·德沃伊斯特、门镜:《欧洲一体化进程——欧盟的决策与对外关系》,中国人民大学出版社 2007 年版。

张海洋:《欧盟利益集团与欧盟决策:历史沿革、机制运作与案例比较》,社会科学文献出版社 2014 年版。

张利华、史志钦主编:《中国与欧盟关系研究》,中国社会科学出版社 2012 年版。

张利华主编、王亮副主编:《中欧文化外交及影响》,知识产权出版社 2014 年版。

赵进军主编:《新中国外交 60 年》,北京大学出版社 2010 年版。

赵启正:《公共外交与跨文化交流》,中国人民大学出版社 2011 年版。

中国人民大学重阳金融研究院主编:《欧亚时代——丝绸之路经济带研究蓝皮书 2014—2015》,中国经济出版社 2014 年版。

周保巍、成键主编:《欧盟大国外交政策的起源与发展》,华东师范大学出版社 2009 年版。

周弘、[德] 贝娅特·科勒-科赫:《欧盟治理模式》,社会科学文献出版社 2008 年版。

周弘、沈雁南副主编:《欧洲蓝皮书·欧洲发展报告(2011—2012):欧债危机与欧洲经济治理》,社会科学文献出版社 2012 年版。

周弘主编:《中欧关系研究报告(2014):盘点战略伙伴关系十年》,社会科学文献出版社 2013 年版。

朱晓中主编:《欧洲的分与合——中东欧与欧洲一体化》,中国社会科学出版社 2017 年版。

朱晓中主编:《曲折的历程:中东欧卷》,东方出版社 2015 年版。

庄起善等:《中东欧转型国家金融银行业开放、稳定与发展研究》,复旦大学出版社 2008 年版。

邹磊:《中国"一带一路"战略的政治经济学》,上海人民出版社 2015 年版。

(二) 论文

艾米里亚诺·福萨提:《欧盟对亚洲的机制》,《欧亚观察》2002年第3期。

鲍宏铮:《欧洲一体化与再工业化中的欧盟中东欧成员国》,《欧亚经济》2017年第3期。

鲍宏铮:《英国脱欧对欧盟中东欧成员国经济的影响》,《欧亚经济》2016年第6期。

步少华:《中欧"次区域合作":动力与未来方向》,《国际问题研究》2016年第2期。

蔡云:《欧洲主权债务危机发展态势及其影响》,《现代国际关系》2011年第11期。

曹辛:《如何在欧洲推动"一带一路"?》,《企业家日报》2015年7月19日。

常冬辉:《密特朗希拉克时期法国对华关系比较研究》,硕士学位论文,华东师范大学,2007年。

陈斌:《"一带一路"倡议下中国与中东欧人文交流研究》,硕士学位论文,山西大学,2017年。

陈广嗣:《捷克和斯洛伐克的大选及其以后的政局》,《苏联东欧问题》1990年第6期。

陈寒溪、刘诗琦:《英国对香港事务的干预及其对中英关系的影响》,《战略决策研究》2018年第1期。

陈宏铭:《东南亚的总统制:菲律宾与印尼宪政体制的形成与演化比较》,《中华人文社会学报》2007年第7期。

陈新丽:《萨科齐外交政策研究》,硕士学位论文,武汉大学,2011年。

陈志敏:《欧盟的有限战略行为主体特性与中欧战略伙伴关系——以解除对华军售禁令为例》,《国际观察》2006年第5期。

程群、朱柱:《简析英国防务预算削减的实质与影响》,《军事历史研究》2011年第3期。

程云洁:《"丝绸之路经济带"建设给我国对外贸易带来的新机遇与挑战》,《经济纵横》2014年第6期。

崔宏伟:《"一带一路"倡议与容克投资计划对接前景分析》,《德国研究》

2016 年第 1 期。

崔洪建：《观察英国"退欧"问题的多重视角》，《欧洲研究》2015 年第 4 期。

崔洪建：《中国—欧盟关系的结构性变化及前景》，《国际问题研究》2018 年第 1 期。

崔卫杰、李泽昆：《中国与中东欧贸易合作：现状、问题与建议》，《国际经济合作》2018 年第 11 期。

邓蓉：《多维视角下中国与维谢格拉德集团国家关系研究》，硕士学位论文，山西大学，2014 年。

丁升：《欧盟对华军售难以解禁的原因及其影响》，《法制与社会》2011 年第 16 期。

丁一凡、冯仲平、李靖堃、王展鹏、田德文：《英国与欧盟：延续与变革》，《欧洲研究》2013 年第 1 期。

董一凡：《特雷莎·梅的执政理念》，《中国领导科学》2018 年第 5 期。

范丽萍：《中国与中东欧国家农业经贸合作探析》，《世界农业》2013 年第 2 期。

房乐宪：《欧洲议会对华涉藏决议的政治内涵分析》，《欧洲研究》2009 年第 5 期。

房乐宪、关孔文：《欧盟对华新战略要素：政策内涵及态势》，《和平与发展》2017 年第 4 期。

冯敏、宋彩萍：《运用"一带一路"发展中国与中东欧关系对策》，《经济问题》2016 年第 1 期。

冯仲平：《当前欧盟对华政策的四大特性》，《现代国际关系》1998 年第 5 期。

冯仲平：《欧盟发展前景与中欧关系》，《现代国际关系》2012 年第 9 期。

冯仲平：《欧洲安全观与欧美关系》，《欧洲研究》2003 年第 5 期。

冯仲平：《新形势下欧盟对华政策及中欧关系发展前景》，《现代国际关系》2011 年第 2 期。

冯仲平：《英国脱欧及其对中国的影响》，《现代国际关系》2016 年第 7 期。

冯仲平：《英国脱欧及其对中国的影响》，《现代国际关系》2016 年第

7期。

冯仲平：《中欧需要"建设性接触"——对当前中欧关系的几点看法》，《欧洲研究》2009年第5期。

弗拉基米尔·戈涅茨、邵文实：《"中欧"的重新确立与回归欧洲——斯洛伐克和捷克的想法与概念（1989—2004—2014）》，《国际社会科学杂志》（中文版）2016年第2期。

高歌：《2015："欧洲化"视角下的中东欧》，《世界知识》2016年第1期。

高歌：《离心与向心——2017年中东欧国家与欧盟的关系》，《当代世界》2018年第1期。

高歌：《西方民主制度在中东欧的命运——析外部因素对"民主化"进程的影响》，《俄罗斯学刊》2012年第1期。

高歌：《中东欧国家"入盟"：愿景与现实》，《欧亚经济》2017年第3期。

高歌：《中东欧国家在欧盟中的地位和作为》，《俄罗斯东欧中亚研究》2014年第3期。

高晓川：《1989年捷克斯洛伐克天鹅绒革命中的民意压力与捷共妥协》，《当代世界与社会主义》2018年第1期。

高晓川：《"欧尔班现象"折射欧洲裂痕》，《文汇报》2018年4月14日。

高晓川：《中东欧国家"入盟"前后经济增长变化》，《欧亚经济》2017年第3期。

高晓川：《中东欧经济转轨再认识——以捷克为主要例证》，《探索与争鸣》2015年第5期。

耿步健、沈丹丹：《论全球治理的中国方案及其价值基础》，《江苏大学学报》（社会科学版）2019年第1期。

耿枫：《20世纪90年代以来的中国与欧盟关系》，《国际关系学院学报》2004年第4期。

顾逞涛：《中国与中东欧贸易在"一带一路"战略下发展面临的机遇及挑战》，《经济师》2017年第3期。

郭爱君、毛锦凰：《丝绸之路经济带：优势产业空间差异与产业空间布局战略研究》，《兰州大学学报》（社会科学版）2014年第1期。

郝菲菲:《中国与波兰的双边贸易发展对"一带一路"进程的影响》,硕士学位论文,对外经济贸易大学,2018年。

何蓉、连增、游洋:《欧盟在中国市场经济地位问题上的态度演变分析》,《国际论坛》2018年第3期。

贺婷:《"欧尔班现象"初探》,《俄罗斯学刊》2017年第6期。

贺婷:《欧尔班政府的经济政策及其前景》,《欧亚经济》2017年第3期。

贺之杲:《中国企业并购欧洲企业的成功案例——烟台万华收购匈牙利宝思德公司》,《国际融资》2018年版。

侯钦瀚:《在"一带一路"背景下分析捷克对中国经济的影响》,《辽宁师专学报》(社会科学版)2016年第3期。

《"后欧洲大选时代的中欧关系"学术研讨会综述》,《国际关系研究》2018年第4期。

胡俊超、王丹丹:《"一带一路"沿线国家国别风险研究》,《经济问题》2016年第5期。

胡勇:《南南合作视野下的中国—中东欧国家合作》,《社会科学》2017年第10期。

扈大威、房乐宪:《中国与中东欧国家次区域整体合作:中欧关系的新亮点》,《教学与研究》2018年第3期。

黄丹琼:《"新欧洲"民粹主义与欧盟内部裂痕》,《世界知识》2017年第21期。

黄栋:《欧盟解除对华武器禁运事件中的美国因素》,《外交评论》(外交学院学报)2010年第5期。

黄正柏:《略论德国1990年统一以来对外政策的连续性与新特点》,《武汉大学学报》(人文科学版)2007年第2期。

贾少学:《"一带一路"科技人文交流趋势研究》,《科学管理研究》2015年第6期。

保建云:《论全球治理体系变革的中国方案:来自中国改革开放的贡献》,《国家治理》2018年第47期。

江欣珂:《小国参与欧洲一体化的策略及其作用探析》,硕士学位论文,外交学院,2016年。

姜俐:《欧洲一体化进程中维谢格拉德集团合作发展及其地位》,《俄罗斯学刊》2019年第3期。

姜俐:《入盟十年对中欧维谢格拉德集团经济发展的影响——以捷克为例》,《俄罗斯学刊》2014年第6期。

姜俐:《英国"脱欧"对中东欧国家经济的影响》,《欧亚经济》2017年第3期。

姜琍:《"16＋1合作"和"一带一路"框架内的中国与斯洛伐克经贸合作》,《欧亚经济》2019年第3期。

姜琍:《欧盟的条件性对中东欧国家政治转型的影响——以斯洛伐克为例》,《国外理论动态》2014年第7期。

姜琍:《欧元区债务危机对中欧维谢格拉德集团四国的影响》,《俄罗斯中亚东欧市场》2012年第11期。

姜琍:《"入盟"后捷克经济第二次走出衰退迈向复苏》,《欧亚经济》2014年第5期。

姜琍:《维谢格拉德集团合作的演变与发展前景》,《俄罗斯中亚东欧研究》2011年第4期。

姜琍:《乌克兰危机对维谢格拉德集团四国能源合作的影响》,《欧亚经济》2015年第6期。

金茜、房乐宪:《冷战后欧盟对台政策内涵及其前景分析》,《西北大学学报》(哲学社会科学版)2016年第3期。

金淑清:《中欧区域组织维谢格拉德集团的形成及发展》,《东欧》1996年第3期。

金正昆、唐妮娜:《当代中国外交的新路径:"人文外交"初探》,《教学与研究》2009年第8期。

鞠维伟:《维谢格拉德集团军事防务合作初探——从欧盟战斗群的视角》,《俄罗斯东欧中亚研究》2019年第1期。

鞠维伟:《中欧关系下的"16＋1合作":质疑与回应》,《世界知识》2018年第7期。

康任伍、马骥:《中国对外开放30年回顾及争论辨析》,《改革》2008年第10期。

孔刚:《当前欧盟对华武器禁运问题评析》,《新东方》2013年第1期。

孔寒冰:《"16＋1"国家的差异性与"精准"的经贸合作》,《世界知识》

2017 年第 1 期。

孔寒冰、韦冲霄:《中国与中东欧国家"16+1"合作机制的若干问题探讨》,《社会科学》2017 年第 11 期。

孔田平:《维谢格拉德集团的地位与中欧的未来》,《俄罗斯东欧中亚研究》2015 年第 4 期。

孔田平:《中东欧经济转型的成就与挑战》,《经济社会体制比较》2012 年第 2 期。

孔田平:《中国与中东欧国家经济合作现状与发展趋势》,《国际工程与劳务》2014 年第 10 期。

李丹:《论全球治理改革的中国方案》,《马克思主义研究》2018 年第 4 期。

李华:《中欧关系评析》,《国际问题研究》2005 年第 6 期。

李姣、张利华:《欧洲议会"涉藏决议"的出台及其影响》,《国际政治研究》2010 年第 3 期。

李俊:《浅析中国与中东欧务实合作》,《国际研究参考》2014 年第 2 期。

李俊、王媛媛、刘晨:《波兰"新发展模式"解析》,《现代国际关系》2016 年第 6 期。

李梅峰:《欧盟东扩对成员国利益分配及决策效率影响分析——公共选择视角》,硕士学位论文,华东师范大学,2010 年。

李仁真:《创新国际合作机制 打造"一带一路"升级版》,《边界与海洋研究》2017 年第 3 期。

李纬:《中国与波兰、捷克、匈牙利近二十年经贸合作发展述评》,《生产力研究》2012 年第 4 期。

李文红:《人权外交的新版本——默克尔的价值外交》,《国际论坛》2009 年第 3 期。

李秀蛟:《俄罗斯智库专家对"一带一路"的评析》,《西伯利亚研究》2015 年第 3 期。

李雪平:《"一带一路"的合作机制:法律缺陷、复杂挑战与应对策略》,《理论月刊》2017 年第 1 期。

李尧:《试析欧盟成员国对北约和 CSDP 态度的变化》,《欧洲研究》2013 年第 4 期。

李永全:《走向务实的中国与中东欧国家关系》,《世界知识》2017年第1期。

李子涛:《宁波:以人文情怀拥抱中东欧》,《文化交流》2016年第7期。

理查德·图尔克萨尼、邴雪:《"16+1合作"平台下的中国和中东欧国家合作及其在"一带一路"倡议中的作用》,《欧洲研究》2015年第6期。

梁倩:《"一带一路"倡议加速与中东欧国家双边经贸》,《经济参考报》2017年第4期。

林炜铃、邹永广:《"一带一路"沿线旅游合作空间格局与合作机制》,《南亚研究季刊》2016年第2期。

林学军:《全球创新链视角下建设创新型国家战略研究》,《东南学术》2018年第4期。

凌胜利、李粲:《中东欧三国加入欧元区进程及其前景展望》,《欧亚经济》2014年第3期。

刘成:《道德还是利益:布莱尔政府的外交思想与实践》,《世界历史》2006年第1期。

刘国奋:《2008以来台欧关系浅析》,《台湾研究》2017年第1期。

刘华:《"16+1"合作机制下中国与维谢格拉德集团关系研究》,《当代世界与社会主义》2017年第3期。

刘键:《中匈经贸关系全面深化》,《经济日报》2015年12月19日。

刘进、杨莉:《"一带一路"沿线国家的高等教育现状与发展趋势研究(七)——以斯洛伐克为例》,《世界教育信息》2018年第12期。

刘丽荣:《"一带一路"与中欧合作:对接发展的机遇与障碍》,《复旦国际关系评论》2015年第1期。

刘明礼:《试析欧元区的困境与前景》,《现代国际关系》2013年第7期。

刘曙光:《中欧经济外交发展新态势》,《理论学刊》2016年第5期。

刘延东:《深化高等教育合作 开创亚洲人文交流新局面》,《世界教育信息》2010年第12期。

刘彦斌:《英国工党在布莱尔执政时期的对华政策的研究》,硕士学位论文,北京外国语大学,2017年。

刘作奎:《波兰的外交政策走向与中波关系》,《当代世界》2016年第

7 期。

刘作奎:《新形势下中国对中东欧国家投资问题分析》,《国际问题研究》2013 年第 1 期。

刘作奎:《"一带一路"倡议背景下的"16＋1 合作"》,《当代世界与社会主义》2016 年第 3 期。

刘作奎:《英国"脱欧"导致欧盟内部结构变化及对中东欧国家的影响》,《欧亚经济》2017 年第 3 期。

刘作奎:《中国与中东欧合作:问题与对策》,《国际问题研究》2013 年第 5 期。

刘作奎:《中欧的民意认知差异及其根源》,《当代世界》2014 年第 8 期。

刘作奎、鞠维伟:《"第三届中国—中东欧国家高级别智库研讨会暨'中国—中东欧国家智库交流与合作网络'揭牌仪式"会议综述》,《欧洲研究》2016 年第 1 期。

龙静:《新型大国关系理念与中欧关系》,《国际关系研究》2017 年第 1 期。

卢晨阳、李博轩:《维谢格拉德集团在西巴尔干国家入盟问题中的角色探析》,《国际论坛》2019 年第 2 期。

卢新华:《希拉克总统执政时期的中法关系研究(1995 年 5 月—2007 年 5 月)》,硕士学位论文,华中师范大学,2007 年。

陆可凡:《"一带一路"背景下中国与中东欧国家贸易影响因素研究——基于引力模型的实证分析》,《中国经贸》2017 年第 5 期。

陆聂海:《新世纪欧盟对华政策的调整及我国对策研究》,硕士学位论文,福建师范大学,2008 年。

马骏驰:《德国与维谢格拉德国家的经贸、投资关系探究——对中国与东欧合作的启示》,《欧亚经济》2015 年第 6 期。

马晓云:《卡梅伦政府对华政策述评》,《现代国际关系》2014 年第 9 期。

茅银辉:《波兰对外关系的变化及中波关系的机遇与挑战》,《现代国际关系》2016 年第 6 期。

梅兆荣:《新形势下中德关系的挑战与未来》,《德国研究》2010 年第 2 期。

梅兆荣:《中欧关系新观察》,《红旗文稿》2009 年第 4 期。

门洪华：《中国国际战略演进及其经验总结》，《教学与研究》2009 年第 10 期。

慕阳子：《法国总统马克龙》，《国际研究参考》2017 年第 11 期。

[波黑] 娜塔莎·马里奇、魏玲：《务实制度主义：中国与中东欧国家的合作》，《世界经济与政治》2018 年第 7 期。

倪红福、夏杰长：《中国区域在全球价值链中的作用及其变化》，《财贸经济》2016 年第 10 期。

潘诺、汪信君、郭亮：《马克龙的经济政策及对中法合作影响》，《国际金融》2017 年第 9 期。

庞昌伟：《能源合作："丝绸之路经济带"战略的突破口》，《新疆师范大学学报》（哲学社会科学版）2014 年第 2 期。

庞中英：《"全球治理中国方案"的类型与实施方略》，《学术界》2018 年第 1 期。

彭润：《"一带一路"对欧的媒介化公共外交：政府议程与媒体议程的关系论证》，硕士学位论文，上海外国语大学，2018 年。

彭毅：《马克龙访华对中欧关系的影响》，《中学政治教学参考》2018 年第 9 期。

乔玉强：《人类命运共同体：应对全球治理困境的中国逻辑》，《理论月刊》2018 年第 4 期。

邱研：《默克尔时期的德国对华政策探析》，《领导科学论坛》2015 年第 19 期。

曲兵：《英国新首相特雷莎·梅》，《国际研究参考》2016 年第 10 期。

桑百川、杨立卓：《拓展我国与"一带一路"国家的贸易关系——基于竞争性与互补性研究》，《经济问题》2015 年第 8 期。

商情：《中欧双边投资协定研究——波兰》，《经济研究》2017 年第 5 期。

尚宇红、高运胜：《维谢格拉德四国入盟十年对欧盟市场出口绩效分析——基于 CMSA 模型的实证研究》，《欧洲研究》2014 年第 4 期。

沈亚梅：《探析全球治理转型中的"中国方案"》，《和平与发展》2017 年第 6 期。

盛毅、余海燕、岳朝敏：《关于"一带一路"战略内涵、特性及战略重点综述》，《经济体制改革》2015 年第 1 期。

石柳、张捷:《东亚主要经济体的比较优势、贸易互补性与竞争性研究》,《产经评论》2013年第2期。

宋黎磊、王宇翔:《新形势下中国对中东欧国家公共外交探析》,《现代国际关系》2013年第8期。

宋锡祥、傅萧扬乐:《〈欧盟—哥伦比亚、秘鲁自由贸易协定〉透视及其对中国的启示》,《国际商务研究》2017年第4期。

宋晓敏、莫伟:《"2008—2009年中欧大使论坛暨欧洲蓝皮书发布会"综述》,《欧洲研究》2009年第2期。

苏科伍、马小利:《中国对外开放不断扩大的辉煌历程——基于对外贸易视角的思考》,《毛泽东邓小平理论研究》2018年第7期。

苏庆义:《欧日签署自贸协定影响几何》,《国际贸易研究系列》2018年第7期。

孙存良、李宁:《"一带一路"人文交流,重大意义、实践路径和建构机制》,《国际援助》2015年第7期。

孙海潮:《马克龙积极评价"一带一路"释放出何信号》,《理论与当代》2017年第11期。

孙盛囡、高健:《英国脱欧与中英关系的发展趋势》,《当代世界》2018年第4期。

孙艳:《新形势下中欧经贸关系发展及制约因素分析》,《当代世界》2018年第12期。

T. 切克利娜、筱穹:《维谢格拉德集团国家的对外经济关系》,《国际经济评论》1993年第9期。

梼杌:《受益于一带一路,中国和波兰经贸合作多元化发展》,《中国对外贸易》2019年第5期。

汪伟民:《"希拉克主义"——法国对外政策调整评述》,《欧洲研究》1996年第5期。

王朝晖:《希拉克的外交遗产》,《世界知识》2007年第9期。

王春岩、尚宇红:《维谢格拉德集团国家文化价值观动态研究》,《国外社会科学》2016年第6期。

王桂军、卢潇潇:《"一带一路"倡议与中国企业升级》,《中国工业经济》2019年第3期。

王海良：《论英国的跨世纪外交战略》，《国际观察》1998年第2期。

王海运、赵常庆、李建民等：《"丝绸之路经济带"构想的背景、潜在挑战和未来走势》，《欧亚经济》2014年第4期。

王灏晨、李喆：《"一带一路"倡议下中东欧投资环境分析》，《宏观经济管理》2018年第1期。

王宏禹、严展宇：《规范导向与市场需求：欧盟贸易政策的张力及其表现》，《欧洲研究》2018年第2期。

王金标、冯仲平：《欧盟实行更积极的对华政策——试析欧盟新的对华政策文件》，《现代国际关系》1995年第8期。

王俊岭：《扩大开放，中国说到做到》，《人民日报》（海外版）2018年10月30日。

王珂：《英国脱欧条件下的中英关系论析》，硕士学位论文，山东师范大学，2018年。

王岚：《全球价值链视角下双边真实贸易利益及核算——基于中国对美国出口的实证》，《国际贸易问题》2018年第2期。

王明国：《构建中国—中东欧国家人文交流与合作新格局》，《当代世界》2016年第7期。

王明国：《中国对中东欧国家人文外交：发展、挑战与对策》，《江南社会学院学报》2015年第2期。

王楠：《默克尔政府对华外交政策分析》，《江南社会学院学报》2014年第3期。

王鹏：《后欧盟时代的英国政治经济与中英关系》，《当代世界》2016年第9期。

王屏：《21世纪中国与中东欧国家经贸合作》，《俄罗斯中亚东欧研究》2007年第2期。

王秋怡：《全球治理中的中国方案及其贡献》，《当代世界》2018年第4期。

王朔：《奥朗德政府的对华政策》，《国际研究参考》2013年第8期。

王素：《维谢格拉德四国集团兴衰沉浮》，《进出口经理人》2018年第4期。

王威：《"一带一路"背景下中国对东盟投资的法律风险及对策》，《改革与战略》2017 年第 12 期。

王巍:《深化中国与维谢格拉德集团关系建议》,《学术交流》2017 年第 9 期。

王雅梅:《什么是"多速欧洲"》,《理论导报》2018 年第 9 期。

王一诺:《近年来国内有关中东欧研究的状况》,《俄罗斯中亚东欧研究》2011 年第 3 期。

王义桅:《"一带一路"的中国智慧》,《中国商报社会科学》2017 年第 1 期。

王易:《全球治理的中国方案:构建人类命运共同体》,《思想理论教育》2018 年第 1 期。

王毅:《奥朗德执政以来的法国外交及中法关系》,《当代世界》2013 年第 6 期。

王友明:《评析默克尔的"价值观外交"》,《国际问题研究》2008 年第 4 期。

王原雪、许志瑜、张晓磊:《"英国脱欧"对中英和中欧贸易投资的影响》,《国际经济合作》2016 年第 12 期。

王振华:《浅析布莱尔的"枢纽外交"说》,《欧洲研究》2002 年第 6 期。

王振华:《英国外交的几个问题》,《浙江学刊》2003 年第 3 期。

王志军:《欧元区金融一体化发展与稳定性安排的困境》,《国际金融研究》2009 年第 3 期。

王卓:《匈牙利市场风险探析》,《国际工程与劳务》2015 年第 8 期。

王琢:《人文交流构筑和谐和睦之基》,《中国文化报》2012 年 6 月 12 日。

卫平东、孙瑾:《中国对"一带一路"沿线国家直接投资的风险监管体系研究》,《国际贸易》2018 年第 11 期。

文瑞:《"一带一路"战略背景下的中欧经贸合作》,《国际经济合作》2015 年第 5 期。

吴江:《默克尔"4.0 时代"德国对华政策展望》,《理论视野》2017 年第 11 期。

吴兰德:《金砖国家金融一体化程度研究》,《合作经济与科技》2016 年第 20 期。

吴孟克：《如何应对"16+1合作"面临的挑战——专访中国社科院欧洲研究所中东欧研究室主任刘作奎研究员》，《世界知识》2018年第15期。

吴万宝：《欧洲安全战略之研究》，《研究与动态》2004年第10期。

吴正龙：《入盟后中东欧国家的尴尬处境》，《北京日报》2018年9月23日。

吴志成：《"一带一路"倡议与中国—中东欧国家合作》，《统一战线学研究》2017年第6期。

伍志文：《金融一体化和金融脆弱性：跨国比较研究》，《经济科学》2008年第6期。

郗润昌：《法国外交战略重新调整探析》，《外交学院学报》1996年第2期。

夏添：《〈英国发展报告（2015—2016）〉发布会暨"英国脱欧与中英关系"论坛综述》，《欧洲研究》2017年第1期。

项佐涛：《新民粹主义在中东欧的兴起》，《新产经》2012年第6期。

徐刚：《希腊加入"16+1合作"，引发四大疑问》，《世界知识》2019年第9期。

徐刚：《新民粹主义：中东欧政治现象的解读》，《学习时报》2013年7月8日。

徐刚：《中东欧社会转型中的新民粹主义探析》，《欧洲研究》2011年第3期。

徐刚：《中国与中东欧国家关系：新阶段、新挑战与新思路》，《现代国际关系》2015年第2期。

徐建炜、艾西亚、张佳唯：《英国"脱欧"会影响中欧贸易吗？》，《国际经济评论》2017年第3期。

徐久香、方齐云：《基于非竞争型投入产出表的我国出口增加值核算》，《国际贸易问题》2013年第11期。

徐科峰：《欧盟体系中国家集团的利益表达探析——以维谢格拉德集团为例》，硕士学位论文，上海外国语大学，2017年。

徐美娜、沈玉良：《产品内分工、中美顺差利益——贸易与一个笔记本电脑企业的微观视角》，《世界经济研究》2011年第4期。

徐兴利:《一带一路开启食品产业新纪元——波兰食品期待中国市场》,《食品界》2016 年第 7 期。

闫国栋:《万华实业跨国并购及其协同效应研究》,硕士学位论文,西南财经大学,2014 年。

闫俊屹:《冷战后德国外交政策微探》,硕士学位论文,黑龙江大学,2015 年。

杨海霞:《开启园区并购模式》,《中国投资》2018 年第 3 期。

杨韶艳:《"一带一路"建设背景下对民族文化影响国际贸易理论探讨》,《西南民族大学学报》(人文社会科学版)2015 年第 6 期。

杨勇、冯霞:《中国—东盟政治合作机制研究》,《太平洋学报》2012 年第 3 期。

杨元华:《欧盟对华政策的两面性》,《党政论坛》2006 年第 12 期。

姚铃:《欧债危机以来的中欧经贸合作发展》,《国际经济合作》2014 年第 5 期。

姚铃:《"一带一路"战略下的中国与中东欧经贸合作》,《国际商务财会》2015 年第 2 期。

姚巧华:《人类命运共同体——全球治理体系变革与重构的中国方案》,《学习论坛》2018 年第 8 期。

[保加利亚] 叶夫根尼·坎迪拉罗夫、王永香:《中国—中东欧国家外交关系 40 年回顾:成就、挑战与展望——基于保加利亚的视角》,《西安交通大学学报》(社会科学版)2018 年第 6 期。

弋亚群、刘益、傅琪波:《"国家竞争优势"理论之浅见》,《中国软科学》1999 年第 1 期。

易小明、胡俊:《法国新总统萨科齐外交政策初探》,《现代国际关系》2007 年第 8 期。

尹翔硕:《进入新经济时期的美国贸易逆差——兼评中美贸易不平衡问题》,《世界经济研究》2001 年第 2 期。

尤蕾:《匈牙利:连接中国与欧洲的走廊》,《小康》2018 年第 3 期。

于军:《中国—中东欧国家合作机制现状与完善路径》,《国际问题研究》2015 年第 2 期。

喻锋:《欧洲新安全观:观念内涵及其战略文化分析》,《欧洲研究》2006

年第 6 期。

翟朝辉：《"16+1"机制将成中欧关系发展新坐标》，《经济日报》2017年 3 月 30 日。

翟朝辉：《维谢格拉德集团风头渐起》，《经济日报》2016 年 9 月 20 日。

翟伟：《波兰奶农发展"一带一路"提升波中双边贸易合作》，《农产品市场周刊》2017 年第 19 期。

张飚：《"全球英国"脱欧后英国的外交选择》，《现代国际关系》2018 年第 3 期。

张丹、张威：《中国与中东欧国家经贸合作现状、存在问题及政策建议》，《中国经贸导刊》2014 年第 27 期。

张殿军：《习近平对外人文交流战略思想伦略》，《社会主义研究》2016 年第 4 期。

张冬杨、王琰：《"捷克工业 4.0 倡议"与"中国制造 2025"对接领域探究》，《物联网技术》2018 年第 5 期。

张凤超：《金融一体化理论的建构》，《东北师大学报》2005 年第 4 期。

张海燕、郑亚莉：《"一带一路"框架下产业合作的关联扩散效应分析——以中捷产业合作为例》，《浙江学刊》2018 年第 5 期。

张寒：《希拉克执政时期外交理念——以其对华政策为例》，《黑河学院学报》2013 年第 4 期。

张健：《欧盟发展态势与中欧关系》，《现代国际关系》2018 年第 5 期。

张健：《中东欧地缘政治新态势》，《现代国际关系》2016 年第 6 期。

张杰、陈志远、刘元春：《中国出口国内附加值的测算与变化机制》，《经济研究》2013 年第 10 期。

张晶晶：《中国与中东欧国际友好城市间推进旅游合作发展的探讨》，《对外经贸实务》2015 年第 8 期。

张令娟：《"一带一路"背景下的中国与欧盟经贸关系研究》，《价格月刊》2018 年第 7 期。

张隆兴：《萨科齐政府对华政策探析》，硕士学位论文，山东师范大学，2011 年。

张双悦、邬晓霞：《丝绸之路经济带建设：2014 国内文献综述》，《兰州财经大学学报》2015 年第 5 期。

张斯齐：《"一带一路"背景下中国—中东欧合作关系发展研究——以"16+1"合作框架为依托》，硕士学位论文，山西大学，2017年。

张微娜：《卡梅伦政府时期的英国对华政策》，硕士学位论文，华中师范大学，2017年。

张颖：《丝绸之路经济带大物流系统协调发展机理研究》，《价格月刊》2014年第12期。

张咏华：《中国制造业增加值出口与中美贸易失衡》，《财经研究》2013年第2期。

章百家：《改变自己影响世界——20世纪中国外交基本线索刍议》，《中国社会科学》2002年第1期。

赵怀普：《"布莱尔外交"评析》，《国际论坛》2008年第3期。

赵俊杰：《从默克尔"变脸"看德国对华政策调整》，《世界知识》2014年第15期。

赵俊杰：《一年来的中欧关系评述》，《和平与发展》1999年第2期。

赵柯：《德国外交"再平衡"及对中国的影响》，《国际问题研究》2017年第4期。

赵柯：《解析默克尔政府的对华政策》，《欧洲研究》2010年第5期。

赵柯、丁一凡：《"失衡"的中欧关系：解析欧盟对华政策调整》，《当代世界》2018年第4期。

赵明昊：《深化中匈友好合作伙伴关系 推进中国—中东欧国家合作》，《人民日报》2014年2月13日。

赵明龙：《人文交流，海上丝绸之路建设不可或缺的内容》，《东南亚纵横》2014年第11期。

赵如涵、吴心悦：《法国媒体中的"马克龙访华"报道分析》，《对外传播》2018年第2期。

赵睿、贾儒楠：《浅议"一带一路"战略中的国别风险管控——基于国别经济风险评估模型的研究》，《上海金融》2017年第3期。

赵永升：《马克龙对华经济新政的表与里》，《经济》2018年第3期。

赵永升：《中国的资本马克龙的两难之择》，《经济》2018年第7期。

赵勇、张明霞：《金融危机后的中国对外贸易政策：特征、成效及问题》，《新视野》2017年第3期。

赵玉焕、李彦敏：《中国光电设备制造业出口增加值及在全球价值链中的地位研究》，《国际贸易问题》2018年第1期。

郑丹青：《外资进入对企业出口贸易增加值的影响研究——基于生产要素收入视角》，《经济问题探索》2016年第2期。

郑丹青、于津平：《增加值贸易视角下双边贸易利益再分解——以中美贸易为例》，《世界经济研究》2016年第5期。

郑腊香、张之炎、谢钟杰、陈瞭宇：《奥朗德上台对中欧关系的影响》，《南方论坛》2012年第8期。

郑腊香、张自楚：《试析奥朗德对华经济外交》，《现代国际关系》2014年第12期。

中国现代国际关系研究所中东欧课题组：《中国对中东欧国家政策研究报告》，《现代国际关系》2003年第11期。

周弘：《论中欧伙伴关系中的不对称性与对称性》，《欧洲研究》2004年第2期。

周弘：《中国与欧洲关系60年》，《欧洲研究》2009年第5期。

周弘：《中欧关系中的认知错位》，《国际问题研究》2011年第5期。

周谦：《入盟对中东欧国家的利与弊》，《中国党政干部论坛》2004年第8期。

周庆行、金陶陶：《建立中日韩自由贸易区的可行性研究》，《重庆科技学院学报》（社会科学版）2008年第10期。

周泉恭、王志军：《欧盟国家金融监管结构发展分析》，《当代财经》2006年第4期。

周谭豪、李化人：《法国新任总统马克龙的执政理念探析》，《国际研究参考》2017年第7期。

周鑫宇：《英国对华政策新思维》，《国际问题研究》2016年第1期。

朱力宇、代秋影：《对欧洲议会涉华人权决议的回顾与若干评析》，《人权》2011年第1期。

朱立群：《欧盟究竟是个什么样的力量》，《世界经济与政治》2008年第4期。

朱晓中：《冷战后中国与中东欧国家关系》，《俄罗斯学刊》2012年第1期。

朱晓中:《入盟后中东欧国家的发展困境》,《国际政治研究》2010 年第 4 期。

朱雪宝:《德国的新亚洲政策及创建开拓型中德关系》,《国际经济合作》1994 年第 1 期。

庄起善、曹焕:《中东欧国家金融银行业开放过程中的潜在风险分析》,《世界经济研究》2011 年第 10 期。

庄起善、吴玮丽:《为什么中东欧国家是全球金融危机的重灾区?》,《国际经济评论》2010 年第 2 期。

庄起善、张广婷:《国际资本流动与金融稳定性研究——基于中东欧和独联体国家的比较》,《复旦学报》(社会科学版) 2013 年第 5 期。

邹嘉龄、刘春腊、尹国庆、唐志鹏:《中国与"一带一路"沿线国家贸易格局及其经济贡献》,《地理科学进展》2015 年第 5 期。

二 英文文献

(一) 专著

Agh A., *The Politics of Central Europe*, American: SAGE Publications, 1998, p. 20.

Albert W. Levi, *The Humanities Today*, Indiana: Bloomington: Indiana University Press, 1970, p. 57.

Andrzej Jagodzinski, *The Visegrad Group: A Central European Constellation*, Bratislava: International Visegrad Fund, 2006, p. 26.

David C. Kang, *China's Role in the Future of Europe*, Beijing Review, January 16, 2012.

Fredrik Soderbaum, Palgrave Macmillan, *Theories of New Regionalism*, 2003, p. 30.

Gilbert Rozman, Palgrave, *China's Foreign Policy: Who Makes It, and How Is It Made*, 2013, p. 37.

Gyorgy Racz, *Visegrad 1335*, Bratislava: International Visegrad Fund, 2009, p. 8.

Helen Wallace, Mark A. Pollack and Alasdair R. Young, eds., *Policy-Making in the European Union*, Oxford: Oxford University Press, Seventh Edition, 2015, p. 13.

Herbert Victor Wiseman, *Political Systems: Some Sociological Approaches*, London: Routledge and Kegan Paul Ltd. , 1966, p. 41.

Herman Lelieveldt and Sebastiaan Princen, *The Politics of the European Union*, Cambridge: Cambridge University Press, Second Edition, 2015, p. 25.

Ian Bache, Simon Bulmer, Stephen George and Owen Parker, *Politics in the European Union*, Oxford: Oxford University Press, Fourth Edition, 2015, p. 33.

Klaus Eder and Willfried Spohn, *Collective Memory and European Identity: the Effects of Integration and Enlargement*, Burlington, VT: Ashgate Pub. Co. , 2005, p. 14.

Wojciech Przybylski, Vit Dostal, Pavlina Janebova, Tomas Strazay and Zsuzsanna Vegh, eds, *V4 25 Years: The Continuing Story of the Visegrad Group*, Bratislava: International Visegrad Fund, 2016, p. 9.

（二）论文

Agnes Szunomar, "Hungarian and Chinese economic relations and opportunities under the Belt and Road initiative", *China-CEE Institute*, 2017.

Alice D. Ba, "China and ASEAN: Renavigating relations for a 21st-century Asia", *Asian Survey*, 2003.

Andrew Moravcsik, "Marxist Populism", *Prospect*, 2007 (12).

Anna Sacio-Szymańskaa, Anna Kononiukb and Stefano Tommei, "Mobilizing Corporate Foresight Potential among V4 Countries-Assumptions", *Rationales and Methodology*, 2017.

Bejtush Gashi, "The Role of Small Countries Diplomacy in National", *Regional and Global Security Environment*, 2017.

Bernath Gabor and Vera Messing, "Infiltration of political meaning-production: security threat or humanitarian crisis", *CEU School of Public Policy*, 2016.

Béla Galgóczi and Jan Drahokoupil, "Condemned to be left behind? Can Central and Eastern Europe emerge from its low-wage model?", 2017.

Brantly Womack, "China between region and World", *The China Journal*, 2009.

"Defense expenditure and economic growth in Visegrad group countries: a panel data analysis, Tereza Ambler", *Mathematical Methods in Economics*, 2017.

Edward Molendowski, "An Internationally Competitive Economy: a Comparison of Poland and the Visegrad Group Countries in the Post-Accession Period", *Comparative Economic Research*, 2017.

"European integration of the Western Balkans: Can the Visegrad Group countries serve as role models?" European Movement in Serbia, *Slovak Foreign Policy Association, EUROPEUM Institute for European Policy, Center for EU Enlargement Studies, Centre for Eastern Studies*, 2015.

Eva Ivanová and Jana Masárová, "Performance evaluation of the Visegrad Group Countries", 2018.

Felbermayr Gabriel, "TTIP in the Visegrad Countries", 2017.

"Fostering the catching-up process of Central Europe: The need for an innovation-oriented cohesion policy", *Institute for International Relations Prague*, 2015.

"Friedrich Ebert Stiftung, Current migration trends in V4 countries: Focus on migration from Ukraine Slovak Foreign Policy Association", 2015.

Gary Marks, "Liesbet Hooghe and Kermit Blank, European Integration from the 1980s: State-Centric v. Multi-level Governance", *Journal of Common Market Studies*, 1996.

Ivana Slobodníková, "Book Review: Poland And Slovakia: Bilateral Relations In The Multilateral Context (2004–2016)", 2017.

Jana Liptáková, "The importance of Visegrad Group", *Visegrad Countries Special*, 2009.

Jan Stehlík, "Prepared for the Worst: Counter-terrorism in the Visegrad, Prague", 2017.

Juha Jokela, Multi-speed Europe, "Differentiated integration in the external relations of the European Union", *Finnish Institute of International Affairs*, 2014.

Konstantia Adam, "Branding European Union: A stakeholder-based view to interpret European identity crisis", 2017.

Marcin Kaczmarski, "The New Silk Road: a versatile instrument in China's policy", *OSW COMMENTARY NUMBER*.

Martin Šebeňa, "Chinese Trade and Investment in the Visegrad Countries: Mapping Increased Exposure and Volatility", *China-CEE Institute*, 2018.

"Monetary Policy Transmission and the Labour Market in the Non-eurozone Visegrad Group Countries in 2000 – 2014", *Evidence from a SVAR Analysis*, 2017.

Rafal Tuszynskb, "Polish Perspectives on CEE-China 16 + 1 Cooperation: the Unexpected Ukraine Factor", *In Europolity*, 2015.

Richard Louis Edmonds. "China and Europe since 1978: A Europe Perspective", *Cambridge University Press*, 2002.

Richard Q. Turcsanyi, "Central European attitudes towards Chinese energy investments: The cases of Poland, Slovakia, and the Czech Republic", *Energy Policy*, 2017.

Rick Fawn, "Visegrad: Fit for Purpose", *Communist and Post-Communist Studies*, 2013.

Tal Dingott Alkopher, "Socio-psychological reactions in the EU to immigration: from regaining ontological securityto desecuritisation", 2018.

Theor Soc, Piotr Ozieranski and Lawrence Peter King, "Governing drug reimbursement policy in Poland: The role of the state, civil society, and the private sector", 2017.

"Ties of Visegrád countries with East Asia: Trade and investment Centre for Economic and Regional Studies HAS", *Institute of World Economics*, 2015.

Tinatin Akhvlediani and Katarzyna Śledziewska, "Implications of the European integration: revisitingthe hypothesis of 'hub-and-spokes' model.", *BALTIC JOURNAL OF ECONOMICS*, 2017.

Tomas Meluzin, Stanislav Skapa, Nina Bockova, "Europa 2020 Strategy target in R&D sector: Visegrad group countries", *Institute of Economic Research Working Papers*, 2017.

Tomáš Strážay, "Jewel or thorn? V4 in 2017 from Slovakia's perspective", 2017.

Tomáš Strážay, "Visegrad 2016: more challenges than opportunities", 2017.

"True and false remedies for long time unemployment in Visegrad countries", *Center for Social and Economic Research*, 2014.

"V4: Energy security and energy markets, challenges ahead Central European Policy Institute", *Wilfried Martens Centre for European Studies*, 2015.

"V4 and the internal market: Benelux of the 21st century?", *Association for International Affairs*, 2016.

"V4 in the European Parliament: Punching above its weight?", *Central European Policy Institute*, 2015.

(三) 官方报告

"Assessing the Importance of External Factors on the Perception and Development of V4 policies EUROPEUM Institute for European Policy", Central Europea Policy Institute, November 2015.

"Co-Chair's Statement of Meeting of Foreign Ministers of the Visegrad, Nordic and Baltic states", Gdańsk, Poland, February 20, 2013.

"Common Declaration of Germany and the Visegrad Group on the EU Southern Neighbourhood Policy, Bratislava", Slovakia, March 3, 2011.

"Conclusions of the Conference of the Ministers of Regional Development of the Visegrad Group Countries, Bulgaria and Romania", Sliač, Slovakia, June 26, 2007.

"Consultation of the V4 Political Directors of the V4 countries' Ministries of Foreign Affairs", Tokyo, Japan, February 2, 2010.

"Declaration of Prime Ministers of the Czech Republic, the Republic of Hungary, the Republic of Poland and the Slovak Republic on cooperation of the Visegrad Group countries after their accession to the European Union", Kroměříž, Czech, May 12, 2004.

"Declaration of the European Council and Presidency report on strengthening the European common policy on security and defence", Presidency Conclusion, Cologne European Council, 3 and 4 June 1999.

"Declaration of the Presidents of Parliaments of the V4 countries", Košice, Slovakia, November 13, 2006.

"Declaration of the Prime Ministers of the Visegrad Countries", Visegrád,

Hungary, October 10, 2006.

"Declaration of the Summit of V4 Prime Ministers R Regional Energy Security Summit", Budapest, Hungary, February 24, 2010.

"Declaration of V4 Energy Ministers", Bratislava, Slovakia, January 25, 2011.

"European Commission, European Security Strategy: A Secure Europe In A Better World", 2003.

"EUROPEAN COMMISSION, Regionalism and Development: Report of the European Commission and World Bank Seminar", Brussels foreign government document, 1998.

"Exploring possibilities of deepening the internal cohesion of the V4: Polish and Slovak perspectives Slovak Foreign Policy Association", October 2015.

Gary Marks, "Structural policy and Multi-level governance in the EC: A. Cafruny and G. Rosenthal", The State of the European Community: The Maastricht Debate and Beyond (Boulder 1993).

"German foreign policy toward the Visegrad countries: Patterns of integrationin Central Europe", German Council on Foreign Relations, September 2014.

"Guidelines on the Future Areas of Visegrad Cooperation at official summit of the Prime Ministers of Visegrad Group", Kroměříž, Czech, May 12, 2004.

"Ian Bache, Europeanization and Britain: Towards Multi-level Governance? paper prepared for European Union Studies Association (EUSA) Biennial Conference", in Austin, Texas, March 31 – April 2, 2005.

"Joint Article 'We Offer You Our Helping Hand on the EU Path' of V4 Foreign Ministers", Prague, Czech, November 11, 2015.

"Joint Communiqué of the Visegrad Group Ministers of Defence", Niepołomice, Poland, February 2, 2017.

"Joint Communiqué of the Visegrad Group Ministers of Foreign Affairs with their Counterparts from the Luxembourg Presidency and Germany", Prague, Czech, September 11, 2015.

"Joint Declaration of Intent of V4 Prime Ministers on Mutual Cooperation in Innovation and Digital Affairs (Warsaw Declaration)", Warsaw, Poland,

March 28, 2017.

"Joint Declaration of Meeting of Interior Ministers of the Visegrad Group and Slovenia, Serbia and Macedonia", Prague, Czech, January 19, 2016.

"Joint Declaration of the Presidents of the National Parliaments of the Visegrad Group Countries", Warsaw, Poland, June 3, 2009.

"Joint Declaration of Visegrad Group Energy Ministers on Gas Transit Through Ukraine", Ostrava, Czech, October 5, 2015.

"Joint Letter to EC of the Prime Ministers of the Visegrad Group Countries", Prague, Czech, June 2012.

"Joint Paper of the Visegrad Group, Bulgaria, Croatia, Romania and Slovenia on Cohesion Policy after 2020", Warsaw, Poland, March 2, 2017.

"Joint Press Statement from the Meeting of Ministers of Foreign Affairs of the Visegrad Group and the Republic of Korea", Bratislava, Slovakia, July 17, 2014.

"Joint Press Statement of Presidents of the Visegrad Group and Austria and Slovenia", Prague, Czech, December 12, 2014.

"Joint Statement by the Visegrad Group and the Benelux countries on the situation in Ukraine", Oxford, United States, September 25, 2012.

"Joint Statement of Ministers of Foreign Affairs of the Visegrad Group on the Western Balkans", Gödöllő, Hungary, October 31, 2013.

"Joint Statement of Summit of the Heads of Government of the Visegrad Group", Prague, Czech, June 22, 2012.

"Joint Statement of the 11th meeting of chairmen of the Foreign Affairs Committees, Defence and Security Committees and EU Affairs Committees of the parliaments of the Czech Republic", Slovakia, Poland and Hungary, Warsaw, Poland, June 22, 2004.

"Joint Statement of the Foreign Ministers of the Visegrad Group", Budapest, Hungary, March 2, 2010.

"Joint Statement of the Foreign Ministers of the Visegrad Group Countries and of Bulgaria, Estonia, Lithuania, Latvia, Romania and Sweden", Warsaw, Poland, November 24, 2008.

"Joint Statement of the Heads of Government of the Visegrad Group Countries",

Bratislava, Slovakia, June 19, 2015.

"Joint Statement of the Heads of Government of the Visegrad Group Countries", Prague, Czech, September 4, 2015.

"Joint Statement of the Heads of Governments of the V4 Countries", Bratislava, Slovakia, September 16, 2016.

"Joint Statement of the Heads of Governments of the V4 Countries", Brussels, Belgium, December 15, 2016.

"Joint Statement of the Heads of Governments of the V4 Countries", Warsaw, Poland, July 21, 2016.

"Joint Statement of the Heads of Governments of the Visegrad Group Countries: Towards Union of Trust and Action", Prague, Czech, June 28, 2016.

"Joint Statement of the Ministers of Foreign Affairs of the Visegrad Group Countries and Moldova", Štiřín, Czech, October 25, 2007.

"Joint Statement of the Prime Ministers of the Visegrad Group Countries on the 25th V4 Anniversary", Prague, Czech, February 15, 2016.

"Joint Statement of the Visegrad Group and Slovenia on the Western Balkans", Prague, Czech, November 4, 2011.

"Joint Statement of the Visegrad Group and Ukraine", Kyiv, Ukraine, December 16, 2014.

"Joint Statement of the Visegrad Group Foreign Ministers on the V4/IVF activities towards the Eastern Partnership", Prague, Czech, March 5, 2012.

"Joint Statement of the Visegrad Group Heads of Government on Strengthening the V4 Security and Defence Cooperation", Budapest, Hungary, October 14, 2013.

"Joint Statement of the Visegrad Group on the Eastern Partnership at the Meeting of V4 Foreign Ministers R Eastern Partnership", Bratislava, Slovakia, May 15, 2015.

"Joint Statement of the Visegrad Group on the Western Balkans at the Meeting of the Ministers of Foreign Affairs of the Visegrad Group and Western Balkans partners", Warsaw, Poland, October 25, 2012.

"Joint Statement of the Visegrad Group Prime Ministers", Warsaw, Poland,

November 5, 2008.

"Joint Statement of V4 Interior Ministers on the Establishment of the Migration Crisis Response Mechanism", Warsaw, Poland, November 21, 2016.

"Joint Statement of V4 R Slovenia Prime Ministers Meeting", Ostrava, Czech, December 10, 2007.

"Joint statement on Cooperation in Developing Capabilities, Solidarity in Sharing Responsibilities by the Ministers of Defence of the Czech Republic, the Federal Republic of Germany, the French Republic, Hungary, the Republic of Poland and the Slovak Republic", Warsaw, Poland, March 6, 2013.

"Joint Statement on Migration at Extraordinary Summit of V4 Prime Ministers and Prime Ministers of Macedonia and Bulgaria", Prague, Czech, February 15, 2016.

"Joint Statement on the Eastern Partnership of the Visegrad Group at the meeting of Ministers of Foreign Affairs of the Visegrad Group and the Eastern Partnership countries", Prague, Czech, May 4, 2016.

"Joint Statement on the Enhanced Visegrad Group Activities in the Eastern Partnership at V4 Prime Ministers' Summit", Bratislava, Slovakia, June 16, 2011.

"Joint Statement on the Occasion of the First Summit of Prime Ministers of the Visegrad Group and the President of the Republic of Korea", Prague, Czech, December 3, 2015.

"Joint Statement on Visegrad Group Plus Japan Partnership based on common values for the 21st century", Warsaw, Poland, June 16, 2013.

"Joint Statement Summit of the Heads of Government of the Visegrad Group, Budapest, Hungary", July 20, 2010.

"Karina Jutila, Terhi Tikkala, The Nordic Council and EU: Together or Apart?", Think Tank e2, Helsinki, April 2009.

Kazimierz Dolny, "Joint Declaration of the Prime Ministers of the V4 Countries on the EU", Poland, June 10, 2005.

Krynica, Poland, "Communiqué of Prime Ministers of the Visegrad Group after the meeting with Prime Minister of Ukraine", September 6, 2016.

"List of Decisions on Fields of Cooperation between the Visegrad Group Countries and the Benelux during the Meeting of National coordinators of V4 and Benelux representatives", Bratislava, Slovakia, February 12, 2005.

"Long-term Vision of the Visegrad Countries on Deepening Their Defence Cooperation", Visegrad, Hungary, March 14, 2014.

"Mathias Albert, Governance without government: reflections on the orders of the European Union, paper presented at the 1997 Conference of the European Communities Studies Association", Seattle, 1997.

Peterson, J., Sjursen, H., "Acommon foreign policy for Europe?: competingvisions of the CFSP", European Public policy series, Routledge, London, 1998.

"Press Release of the Polish V4 presidency after the Official Summit of the Prime Ministers of the Visegrad Group Countries", Wieliczka, Poland, June 3, 2009.

"Press Statement from the Meeting of the Secretary General of the Nordic Council of Ministers with the Representatives of the Presidency of the Visegrad Groupin", Prague, Czech, May 14, 2008.

"Press statement of the meeting of Prime Ministers of the Visegrad Group (V4) countries, President of the French Republic and the German Chancellor", Warsaw, Poland, March 6, 2013.

"Press Statement of V4 R Japan Foreign Ministers Meeting, Hamburg, Germany", May 28, 2007.

"Press Statement of V4 R Portugal Prime Ministers Meeting, Bratislava, Slovakia", June 18, 2007.

"Press Statement on the Occasion of the Summit of V4 Prime Ministers and the President of the French Republic", Bratislava, Slovakia, June 19, 2015.

"Russia and the Visegrad Group: The Ukrainian challenge Russian International Affairs Council", June 2015.

"Speech by G. Robertson at the Annual Session of the NATO Parliamentary Assembly", Amsterdam, 15 November 1999, NATO Speeches.

"Speech by Herman VAN ROMPUY", President of the European Council at the Central Party School, Europe and China in an interdependent world.

"Statement by President Barroso following executive-to-executive meeting with Chinese Premier Wen-Beijing", 29th April, 2010.

"Statement of the 5th meeting of the European Union Affairs Committees of the national parliaments of the Visegrad Group Countries", Cracow, Poland, January 16, 2007.

"Statement of the Visegrad Group Ministers of Foreign Affairs on the situation in Ukraine", Cracow, Poland, December 7, 2004.

"Statement of Visegrad – 4 and Baltic – 3 Foreign Ministers, Brussels, Belgium", November 13, 2006.

"Summary of Meeting of Ministers of Agriculture of the Visegrad Group countries and Bulgaria and Romania", Warsaw, Poland, April 29, 2009.

"The Visegrád Group-A Rising Star Post-Brexit? Changing Distribution of Power in the European Council", March 27, 2017.

"Tobias Etzold, The Case of the Nordic Councils-Mapping Multilateralism in Transition No. 1", International Peace Institute, December 2013.

"Visegrad Group Ministerial Statement on the Western Balkans", Bratislava, Slovakia, October 22, 2010.

Vit Dostal, "Trends of Visegrad Foreign Policy", Association for International Affairs (AMO), November 11, 2015.

"V4 Joint Declaration Regarding European Council Issues", Brussels, Belgium, December 12, 2015.

三 电子资料

《关于中欧政治对话框架的简介》, http://eeas.europa.eu/delegations/china/eu_china/political_relations/pol_dialogue/index_zh.htm。

《李克强在第六届中国—中东欧国家经贸论坛上的主旨演讲（全文）》, 新华网, http://news.xinhuanet.com/politics/2016 – 11/07/c_1119859651.htm。

《李克强在第五届中国—中东欧国家经贸论坛上的致辞（全文）》, http://news.xinhuanet.com/2015 – 11/25/c_128464484.htm。

《刘延东与捷克总理索博特卡举行会谈》, http://www.china-ceec.org/1/2015/06/17/41s6127.htm。

《温家宝称中国与中东欧国家关系迎来春天》，http：//gb.cri.cn/27824/2012/04/26/3245s3660073.htm。

［英］肖恩·唐南：《地缘政治阴影下的"新丝路"》，http：//www.ftchinese.com/story/001058805。

《"一带一路"重写中国与中东欧经贸合作清单》，http：//news.xinhuanet.com/fortune/2016-06/14/c_129059091.htm。

《中国关于促进与中东欧国家友好合作的十二项举措》，中华人民共和国中央人民政府门户网站，http：//www.gov.cn/jrzg/2012—04/27/content_2124456.htm。

《中国和中东欧国家地方领导人发起"重庆倡议"》，新华网，http：//news.xinhuanet.com/world/2013-07/04/_n6404937.htm。

《中国—捷克教育合作与交流简况》，http：//www.moe.edu.cn/publicfiles/business/htmlfiles/moe/moe_853/201005/87458.html。

《中国与匈牙利签署"一带一路"合作文件》，http：//www.mfa.gov.cn/mfa_chn/zyxw_602251/t1271003.shtml。

《中国—中东欧国家合作贝尔格莱德纲要（全文）》，新华网，http：//news.xinhuanet.com/world/2014-12/17/c_1113667695.htm。

《中国—中东欧国家合作布加勒斯特纲要（全文）》，新华网，http：//news.xinhuanet.com/world/2013-11/26/c_118305064_2.htm。

《做长期稳定合作共赢的好伙伴——在第六届中国—中东欧国家经贸论坛上的主旨演讲》，http：//news.xinhuanet.com/politics/2016-11/07/c_1119859651.htm（5.2）。

"Can China Be a New Strategic Partner for Poland"，http：//Libertword.com/2011/02/25/681/htlm.

"Competing Norms and Strategic Visions：A Critical Appraisal of V4 Security Potential，Šárka Kolmašová，Europe-Asia Studies"，https：//www.tandfonline.com/loi/ceas20.

"Current state and prospects of biotechnology in Central and Eastern European countries. Part I：Visegrad countries（CZ, H, PL, SK）"，ISSN：0738-8551（Print）1549-7801（Online）Journalhomepage，https：//www.tandfonline.com/loi/ibty20.

Ewa Cieślik, "Towards more (un) balanced trade. Production linkages between China and the Visegrad countries: country-level and sector-level analysis", European Planning Studies, Journal homepage, https: //www. tandfonline. com/loi/ceps20.

"Hungary's Turn to the East: Jobbik and Islam, Europe-Asia Studies, Journal homepage", http: //www. tandfonline. com/loi/ceas20.

Janusz Bugajski, "Visegrad s Past, Present and Future", http: //hungarian-review. com/article/visegrads_. past_present_and_fu-ture. Konrad Godlewski.

"Looking for the sectoral interdependence: evidence from the Visegrad countries and China", EwaCieślik, 2019, https: //doi. org/10. 1007/s11135 – 019 – 00854 – 0.

"Looking for the sectoral interdependence: evidence from the Visegrad countriesand China", Ewa Cieślik, 19 March 2019, https: //doi. org/10. 1007/s11135 – 019 – 00854 – 0.

Richard Turcsanyi, "Central and Eastern Europe's Courtship with China: Trojan Horse within the EU?", http: //www. eias. org/sites/default/files/EU-Asia-at-a-giance-Richard-Turcsanyi-China-CEE. pdf.

"The battlefield is in Brussels': Islamophobia in the Visegrád Four in its global context", Ivan Kalmar, http: //www. tandfonline. com/loi/rpop20.

Towards more (un) balanced trade. "Production linkages between China and the Visegrad countries: country-level and sector-level analysis", Ewa Cieślik, European Planning Studies, https: //www. tandfonline. com/loi/ceps20.

"*Valerie Hanson. The Silk Road*", Oxford University Press, 2012.